西元一九六八年左右，摩頓森一家造訪吉力馬扎羅山腳下曼巴村查嘎部落的友人。

西元二〇〇七年，摩頓森一家造訪住在巴基斯坦桑度斯的胡笙一家人。

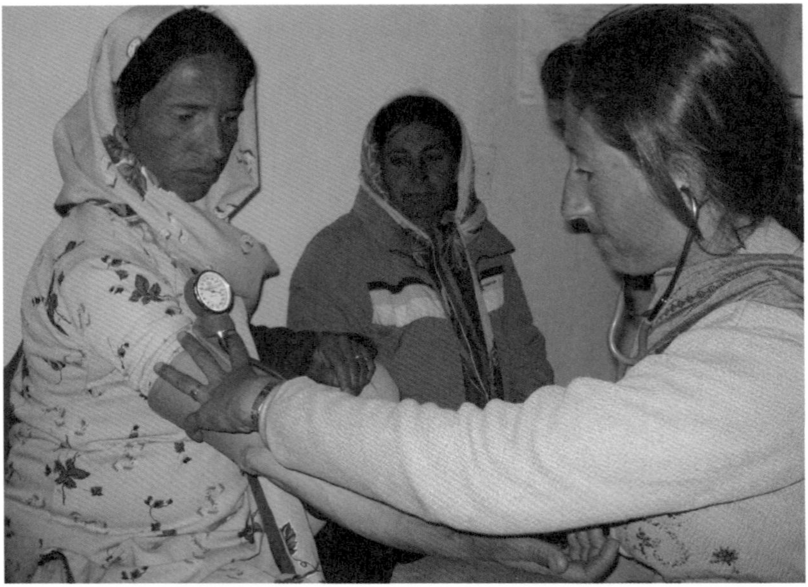

中亞協會母嬰保健獎學金得主娜絲琳，在巴基斯坦查普森河谷幫懷孕八個月的佳米爾量血壓。

吉爾吉斯家族在阿富汗瓦罕區的波札貢拜自家的圓頂帳篷前。

阿富汗巴達桑省西娃河谷舉行的「馬背叼羊」運動競賽。

西元一九九九年，吉爾吉斯游牧民族在巴基斯坦查普森河谷首度要求葛瑞格為他們建校時，費瑟．貝格把沙爾法拉茲．可汗的麵粉送給他們。

阿富汗小帕米爾的吉爾吉斯牧人，牽著雙峰駱駝運貨到波札貢拜。

中亞協會的巴基斯坦籍職員：後排左到右：費瑟・貝格、穆罕默德・納茲爾、沙爾法拉茲・可汗、中亞協會執行長葛瑞格・摩頓森。前排左到右：阿波・拉扎克、蘇利曼・敏哈斯、哈吉・古拉姆・帕爾維、薩都拉・貝格。

一九九九年巴基斯坦桑夏圖難民營的阿富汗寡婦哈提佳（左）、她的姐姐和她們的子女。

沙爾法拉茲．可汗和他的愛馬卡吉爾攝於阿富汗的波札貢拜。卡吉爾在二〇〇九年跋涉越過險峻的艾爾沙德山口後倒地身亡。

在北瓦濟里斯坦的拉茲馬克附近綁架葛瑞格．摩頓森的瓦濟里人。葛瑞格在一九九六年七月，在當地被拘留八天。

二〇〇五年十月，巴基斯坦大地震後，法爾札娜（最右）和諾塞里女子學校的學生。

巴基斯坦大地震後，聯合國難民署親善大使安潔莉娜·裘莉與佳里哈比布拉難民營裡的兩個月大嬰兒。

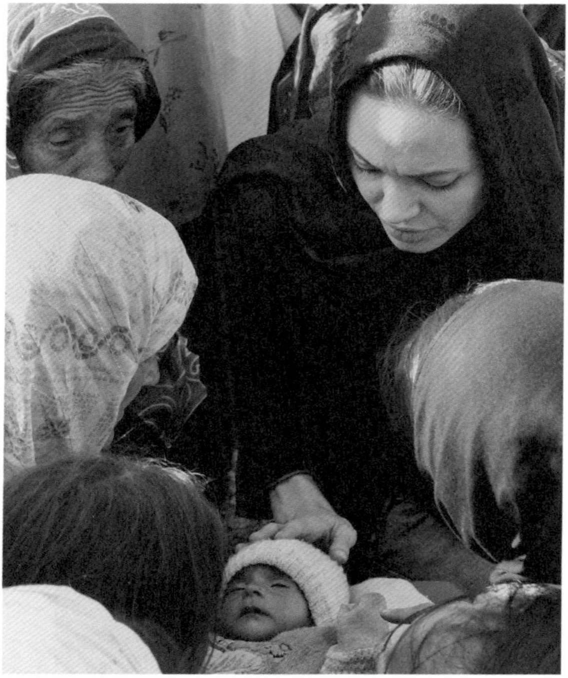

佛吉雅在蒙大拿波茲曼市康寧漢先生的跆拳道學院接受訓練。來自於巴基斯坦尼蘭姆河谷一座小村莊的佛吉雅於二〇〇八年通過律師考試，成為當地首位女性律師。

年紀輕輕的孤兒修車工阿都。他來自於阿富汗的普里昆利，全身沾滿油污，在修車廠工作換取食物和棲身之處。

二○○五年大地震後，巴基斯坦自由喀什米爾的岡狄皮蘭女中學生在戶外上課。有一百零八位學生在此次地震中喪生。

二○○五年大地震後，在巴基斯坦自由喀什米爾的尼蘭姆河谷重建的諾塞里女子學校。

哈吉・古拉姆・帕爾維（左）和曾為塔利班分子的中亞協會老師蕭卡特・阿里。

自由喀什米爾獲得中亞協會獎學金的學生，在拉瓦爾品第閱讀中亞學會的《希望之旅》。

二〇〇七年，毗連巴基斯坦邊界的阿富汗庫納爾省索村的戶外學校。

帕維・柯薩兒，瓦罕第一位高中畢業女性，現在在阿富汗的瓦爾吉安村接受母嬰保健訓練課程。

阿富汗瓦罕走廊的寡婦，魯賓娜。

西塔拉（星星）學校，二〇〇八年落成開學時有一千六百名學生。該校位於阿富汗和塔吉克邊界附近的伊什寇生。

葛瑞格・摩頓森和薩哈・可汗（葛瑞格左邊、著棕袍）及瓦希德・可汗（葛瑞格右邊、著綠袍）攝於阿富汗巴達桑省。

前塔利班分子、現擔任中亞協會瓦罕走廊會計的毛拉・穆罕默德一家人攝於阿富汗康都德村。

沙爾法拉茲・可汗（左）和瓦奇爾・卡瑞密在阿富汗的庫納爾省與納瑞前進作戰基地指揮官克里斯多夫・柯蘭達上校合影。

約翰・柯爾比上尉（左）、參謀首長聯席會議主席麥克・穆倫上將（右）和葛瑞格・摩頓森於二〇〇九年在阿富汗潘傑希爾參加普許顧爾女子學校落成典禮。

娜吉芭在喀布爾的中亞協會女子教育中心上課。

葛瑞格、開伯爾和阿蜜拉・摩頓森（左到右）造訪巴基斯坦司卡度的古爾托瑞難民營的女學生。

西元二〇〇九年三月二十三日，葛瑞格・摩頓森獲頒巴基斯坦最高公民獎章「巴基斯坦之星」後，正要離開札達里總統官邸。

STONES *into* SCHOOLS

三杯茶2

石頭變學校

葛瑞格・摩頓森 著
Greg Mortenson
劉復苓　張毓如 譯

來自各界的迴響

李偉文（荒野保護協會榮譽理事長）

不管是一群多麼平凡的人，只要他們有著共同的理想，那麼他們就能夠面對驚人的挑戰，並完成他們從未想過能夠實現的成就。

邱一新（旅行作家／TVBS周刊發行人）

旅行的可貴在於，有時會幫生命開啟另一扇窗。當我閱讀《三杯茶》後，從旅行這扇窗，看見了夢想的力量，但三杯茶2《石頭變學校》則讓我看見了心存善念的力量，體會到以寬容忍耐面對不公不義，其實不是軟弱，而是一種強大信念的表現，所以作者才能實踐旅行的初衷與承諾。

高文音（年代新聞主播／「聚焦360度」節目主持人）

我的新聞節目長期關懷教育議題。教育是一件偉大的事業，它不單單只是老師的責任，或是家長的責任。它是每一個人的責任。

《石頭變學校》每一位書中人物，僅僅憑著一份自己的夢想，不問為什麼，做不做得到，只因為心的力量夠大，勇於追求。

這就是對自己負責，能夠活出美好的堅強原動力。

這份信念，看似柔軟，其實勇氣堅定，這是很多人現在每天所求的——勇氣。

我推薦這本書。跟著書中的情境走，你會聞到愛的味道。

戴勝益（王品集團董事長）

一棵在平地上可長到高及十丈的大樹，若將幼苗植栽在小花盆上，此樹則是僅供人欣賞的小盆栽，因為花盆限制了它成長的空間。

外在環境是如此，但內心力量卻是無比巨大，教育更是影響深遠。《石頭變學校》一書是突破環境困境、延伸教育力量的展現，教育正是破除外界限制的最大根源！

國際媒體推薦

《追風箏的孩子》作者卡勒德．胡賽尼

葛瑞格的哲學並不複雜。他真心相信阿富汗戰爭的勝利關鍵，絕對不是槍砲和轟炸，而是書本、筆記本、鉛筆等社經福祉工具。他告訴我們，若不讓阿富汗兒童受教育，整個國家都將走入破產厄運，永遠沒有繁榮富饒的一天。儘管伊斯蘭教輿論反對他、儘管塔利班和其他極權分子威脅他，他還是竭盡所能讓這一天永遠不會到來。

《世界是平的》作者湯馬斯．佛里曼

我承認，來到阿富汗很難不問：我們為什麼在這裡？誰在乎塔利班？蓋達組織的勢力已不存在。如果他們的領袖想要東山再起，用巡弋飛彈對付就好了。

但每當我開始撰寫專欄，總會有件事讓我遲遲無法下筆。這星期的事件更是撼動我的心。我參觀了《三杯茶》作者葛瑞格．摩頓森在興都庫什山脈偏遠地區為女孩子開設的學校。我必須說，在親眼目睹那些三人共用一張桌子、等著上課學習的阿富汗小女孩臉上綻放喜悅的表情之後，我很難下筆寫出：「讓我們抽腿脫身離開這裡吧！」

紐約時報記者、《女人半邊天》作者紀思道

「比起用飛彈轟炸或是在這個國家追著塔利班跑，學校是更有效、更划算的選擇。」美國退役軍人摩頓森先生說。

因此，一位孤身住在最便宜旅館的蒙大拿人所做的事，比布希政府的整體軍事外交政策機構更能促進美國在該區域的利益。

美國參謀首長聯席會議主席麥克．穆倫上將

葛瑞格比大多數人都了解（而他也做得比其他人都多）一個簡單的真理：當所有人都有機會學習，尤其是我們的孩子，那麼大家的生活才會變得更好。他幫助阿富汗的小孩學習和成長，不僅塑造了這個地區的未來，並給予一整個世代無限希望。

華盛頓郵報

摩頓森對於阿富汗人民深具信心，尤其是那些說服他建造更多學校的人。他認為他們能夠摧毀塔利班勢力，並克服這個國家反對女子受教育的陳舊文化偏見。摩頓森也許不切實際，但過去十年來他的生活就是面對一個又一個的不可能。

加拿大國家郵報

如果你因為許多致命爆炸事件而對阿富汗的前景十分憂心，你應該閱讀《石頭變學校》這本書。

……美國在阿富汗丟下的炸彈，對當地家庭和社區帶來「附帶損害」，留下的是一輩子的不滿和仇恨。但摩頓森在那裡所建造的每所學校，則帶來相反的結果，更重要的是，提供了該國兒童對未來的寄望。

洛杉磯時報

《石頭變學校》一書有更多角色，要了解更多地區，有更多障礙需要克服，更多歷史需要消化。有時，這些「更多」可能需要你放慢速度並仔細閱讀。但不要洩氣——透過《石頭變學校》努力去了解這個地區，其成果是值得的。

書單雜誌

中亞協會促進和平的目標是透過學校，而不是炸彈，這讓鐵石心腸的人都會大聲讚賞。但輕描淡寫地稱這是一本鼓舞人心的書，卻藐視了所有在阿富汗的辛勤工作和募款的努力。摩頓森所寫的不亞於拯救未來，而他的冒險遠遠勝出其他長征。摩頓森沒有登上K2頂峰，但是他已經達到了那個高度。

紐約時報

這本新書以強烈、固執己見的敘述方式讓我們了解（以第一人稱敘事，比《三杯茶》的第三人稱敘事更有力），他從一開始就不謙卑，也從不害羞。這本新書記錄了他對巴基斯坦前總統（佩爾韋茲·穆夏拉夫）和阿富汗總統（哈米德·卡札）的惱怒，他們對於摩頓森先生的中亞協會工作只口惠而不實，從未提供任何幫助。……

這樣的發展連極富戲劇性的《三杯茶》也望塵莫及，而這似乎是一項「不可能的任務」。這本書是否有更加翻天覆地的事件發展？事實上，的確有一些，包括在二〇〇五年襲擊喀什米爾、摧毀許多學校的大地震。摩頓森形容：在短短四分鐘時間消滅了整整一代識字兒童。儘管他接著又將工作深入更北、蘭居塔吉克南邊的瓦罕走廊，但他似乎從不覺得自己能夠抵擋任何危機。

這兩本書都展現了他的堅強信念，那就是正確的教育可以彌合巨大的差距，這個信念發揮了勢不可擋的鼓舞作用。

野獸日報

摩頓森強調，《石頭變學校》的主角是在阿富汗和巴基斯坦的人民，而不是他。……然而摩頓森低估了自己的魅力。新書中最扣人心弦的是那些比較個人的時刻——在賓州出席活動前遭受恐慌發作襲擊；他對於成為組織募款的喉舌、而非實地工作者，愈來愈顯沮喪；他為了十年來一直試圖抵達的偏遠村莊而長途跋涉，卻在阿富汗生了重病……

獻給——

阿富汗和巴基斯坦人民

以及全球被剝奪受教權利的一點二億名學童

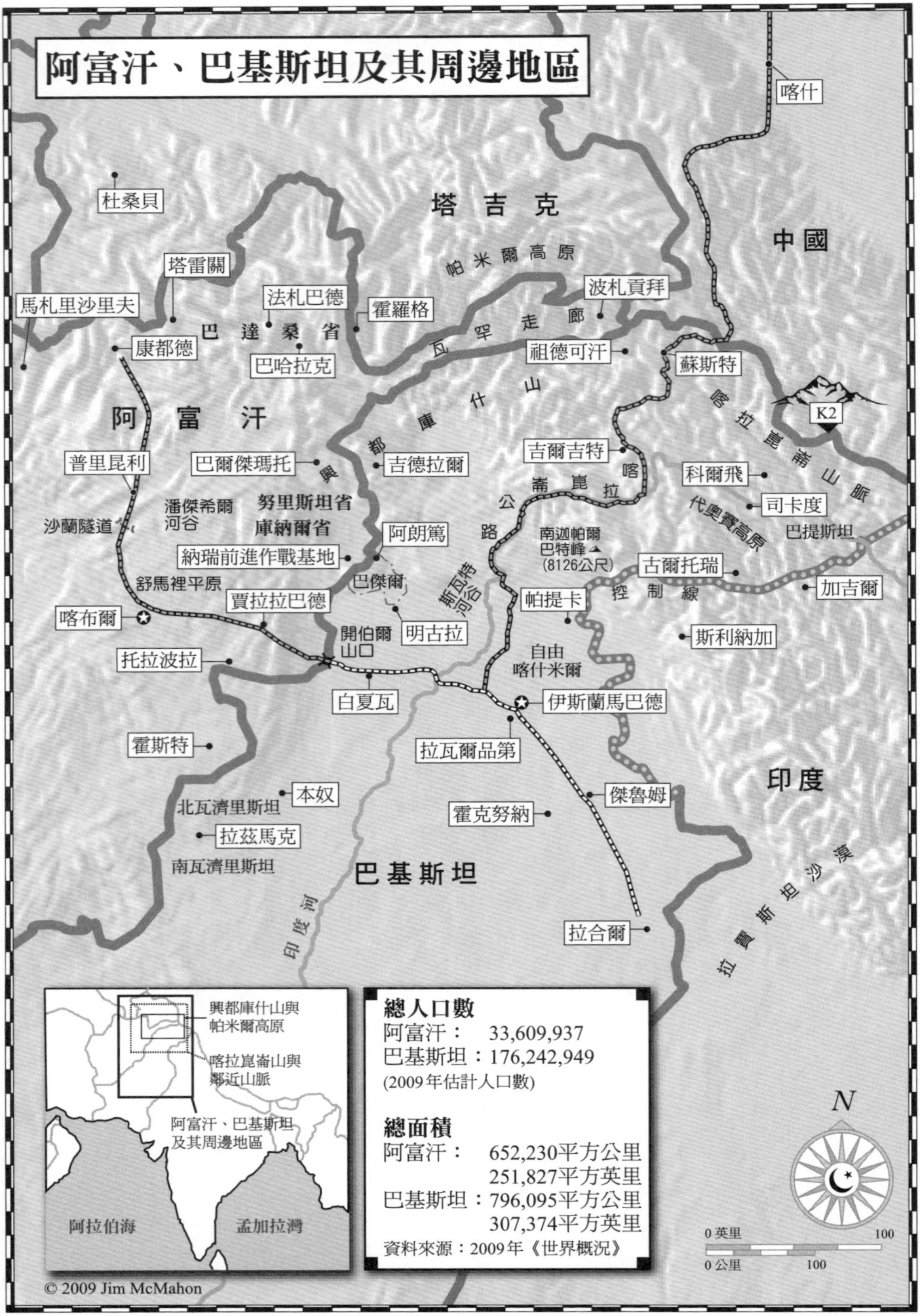
阿富汗、巴基斯坦及其周邊地區
喀什
塔吉克
中國
杜桑貝
帕米爾高原
塔雷關
馬札里沙里夫
法札巴德
霍羅格
波札貢拜
巴達桑省
瓦罕走廊
康都德
巴哈拉克
祖德可汗
蘇斯特
阿富汗
興都庫什山
K2
喀拉崑崙山脈
普里昆利
巴爾傑瑪托
吉德拉爾
吉爾吉特
科爾飛
喀拉崑崙公路
潘傑希爾河谷
努里斯坦省
庫納爾省
司卡度
沙蘭隧道
代奧賽高原
巴提斯坦
阿朗篤
南迦帕爾巴特峰
(8126公尺)
納瑞前進作戰基地
古爾托瑞
巴傑爾
斯瓦特河谷
控制線
加吉爾
舒馬裡平原
賈拉拉巴德
帕提卡
喀布爾
明古拉
開伯爾山口
斯利納加
托拉波拉
自由喀什米爾
白夏瓦
伊斯蘭馬巴德
霍斯特
拉瓦爾品第
印度
本奴
傑魯姆
北瓦濟里斯坦
霍克努納
拉茲馬克
南瓦濟里斯坦
巴基斯坦
印度河
拉合爾
拉賈斯坦沙漠
興都庫什山與帕米爾高原
喀拉崑崙山與鄰近山脈
阿富汗、巴基斯坦及其周邊地區
阿拉伯海
孟加拉灣
總人口數
阿富汗： 33,609,937
巴基斯坦：176,242,949
(2009年估計人口數)
總面積
阿富汗： 652,230平方公里
251,827平方英里
巴基斯坦：796,095平方公里
307,374平方英里
資料來源：2009年《世界概況》
N
0 英里 100
0 公里 100
© 2009 Jim McMahon

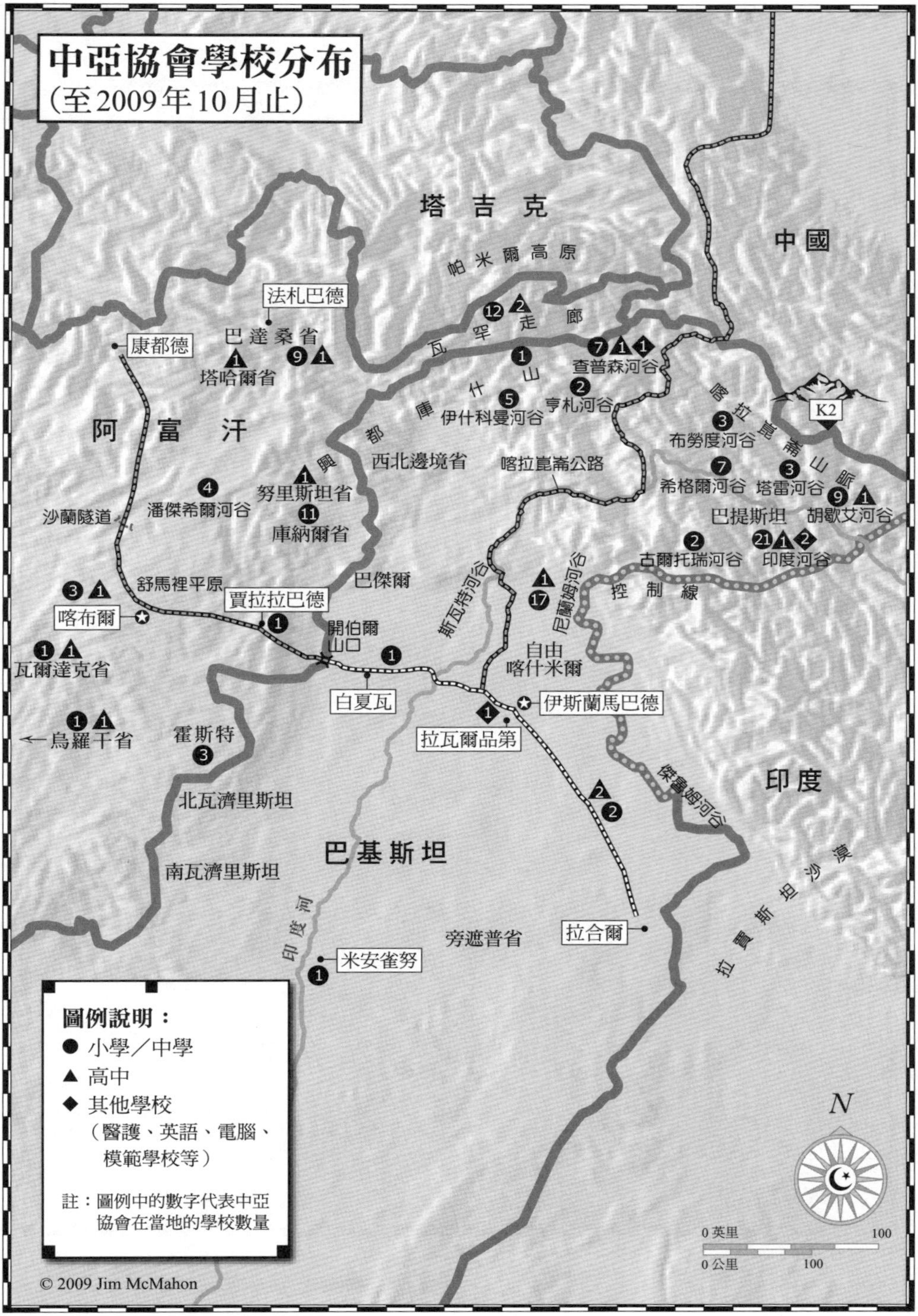
中亞協會學校分布
（至2009年10月止）
塔吉克
中國
帕米爾高原
法札巴德
巴達桑省
康都德
塔哈爾省
瓦罕走廊
興都庫什山
查普森河谷
亨札河谷
伊什科曼河谷
喀拉崑崙山脈
K2
布勞度河谷
希格爾河谷
塔雷河谷
胡歇艾河谷
巴提斯坦
古爾托瑞河谷
印度河谷
控制線
阿富汗
西北邊境省
喀拉崑崙公路
努里斯坦省
潘傑希爾河谷
庫納爾省
沙蘭隧道
舒馬裡平原
巴傑爾
賈拉拉巴德
喀布爾
開伯爾山口
斯瓦特河谷
尼蘭姆河谷
自由喀什米爾
瓦爾達克省
白夏瓦
伊斯蘭馬巴德
拉瓦爾品第
烏羅干省
霍斯特
北瓦濟里斯坦
傑魯姆河谷
印度
巴基斯坦
南瓦濟里斯坦
印度河
旁遮普省
拉合爾
米安雀努
拉賈斯坦沙漠
圖例說明：
● 小學／中學
▲ 高中
◆ 其他學校
（醫護、英語、電腦、模範學校等）
註：圖例中的數字代表中亞協會在當地的學校數量
N
0 英里 100
0 公里 100
© 2009 Jim McMahon

喀拉崑崙山與鄰近山脈
中國
塔吉克
塔什庫爾干
皮拉里
帕米爾高原
巴札貢拜
紅旗拉甫山口
瓦罕走廊
祖德可汗
康都德
法札巴德
巴哈拉克
興都庫什山
亨札
裘昌
吉爾吉特
巴基斯坦
科爾飛
希格爾村
司卡度
吉德拉爾
奇拉斯
阿富汗
喀拉崑崙公路
南迦帕爾巴特峰
(8126公尺)
喀拉崑崙山脈
K2 (8611公尺)
慕士塔格峰
(7273公尺)
布洛德峰
(8047公尺)
加歇布魯峰 II
(8035公尺)
加歇布魯峰 I
(8065公尺)
希斯帕冰川
比亞福冰川
布勞度河
錫亞琴冰川
胡歇艾
胡歇艾河谷
巴提斯坦
瑪夏布洛姆峰
(7821公尺)
代奧賽高原
古爾托瑞
尼蘭姆河谷
控制線
加吉爾
什約克河
斯瓦特河谷
帕提卡
印度
斯利納加
喀布爾
白夏瓦
開伯爾山口
塔克西拉
伊斯蘭馬巴德
印度河
0 英里 100
0 公里 100
© 2009 Jim McMahon

興都庫什山與帕米爾高原
穆爾加布
塔吉克
帕米爾高原
庫里庫奇基特湖
薩吉馬克
帕米爾河
大帕米爾
小帕米爾
霍羅格
瓦罕走廊
波札貢拜湖
中國
夸拉潘吉
瓦罕河
法札巴德
伊什寇生
沙爾哈德
波札貢拜
巴達桑省
康都德
庫魯特
蘇斯特
艾爾沙德山口
亨札
潘傑河
博洛希爾
巴哈拉克
皮格許
祖德可汗
查普森河谷
興都庫什山
阿富汗
古爾密
吉拉姆
齊巴喀
馬斯吐吉
巴基斯坦
諾沙克峰
(7492公尺)
喀拉崑崙公路
科慕瓊
蒂里奇米爾峰
(7708公尺)
桑都爾山口
沙提爾
吉爾吉特
吉德拉爾
努里斯坦省
西北邊境省
巴爾傑瑪托
0 英里 40
0 公里 40
© 2009 Jim McMahon

阿富汗各省與巴基斯坦聯邦直轄部落區

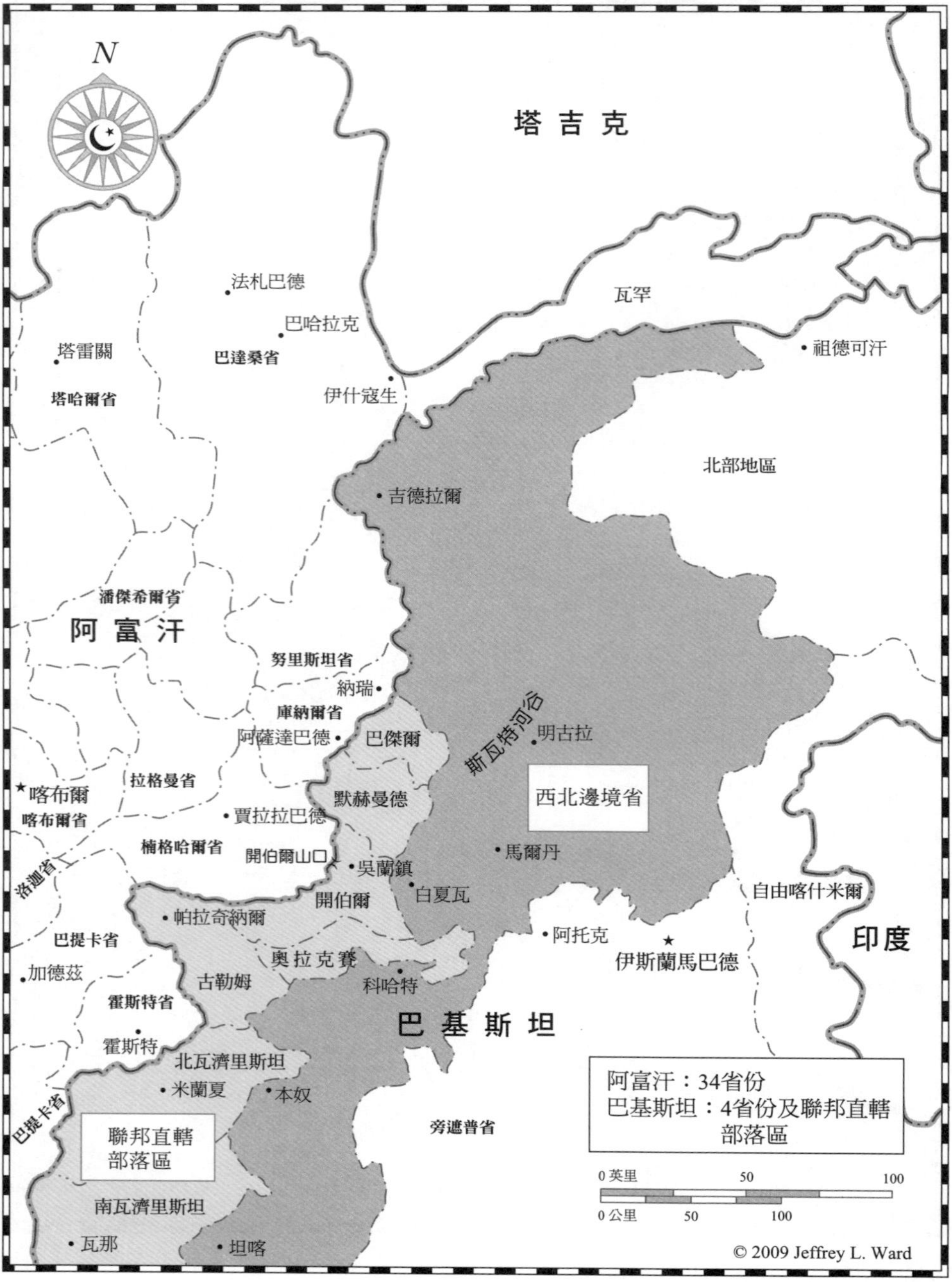

巴基斯坦與阿富汗境內種族分布圖

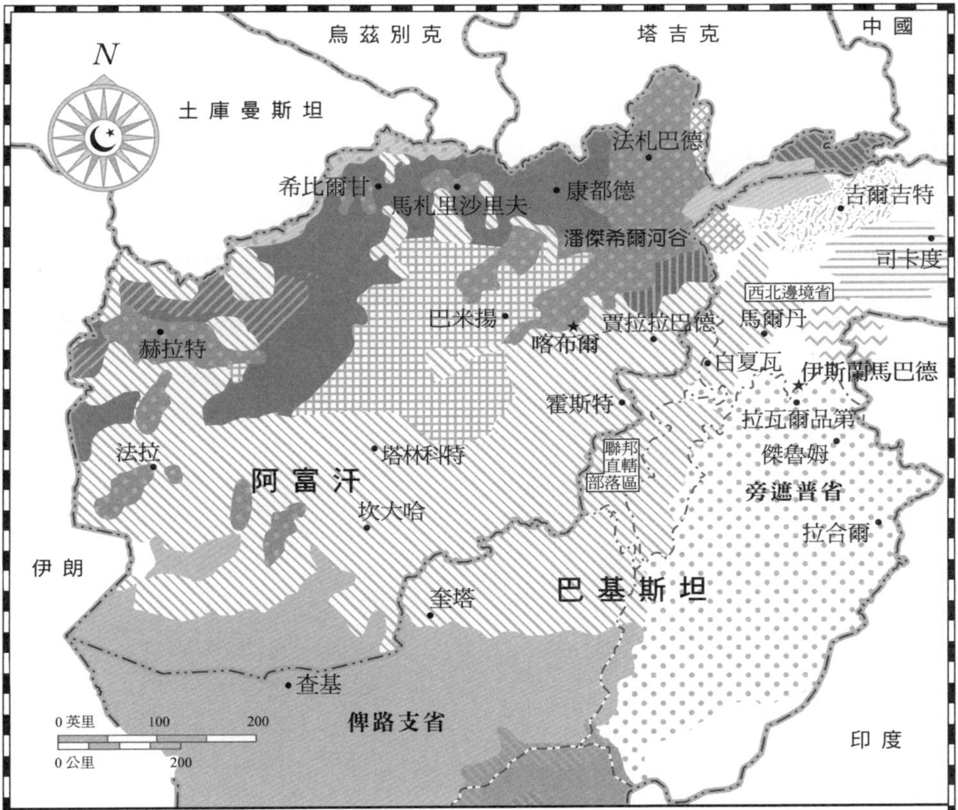

各種族分布區塊圖例

普什圖	瓦希	俾路支／信德
塔吉克	吉爾吉斯	信德
哈扎拉	土庫曼	旁遮普
烏茲別克	努里斯坦	布魯夏
阿瑪克	俾路支	巴提
卡拉什	喀什米爾	各色人種

總人口數
（2008年）

阿富汗：32,000,000

巴基斯坦：173,000,000

各種族之人口百分比

阿富汗		巴基斯坦	
普什圖	42%	旁遮普	44%
塔吉克	27%	普什圖	15%
哈扎拉	9%	信德	14%
烏茲別克	8%	俾路支	4%
其他	14%	其他	23%

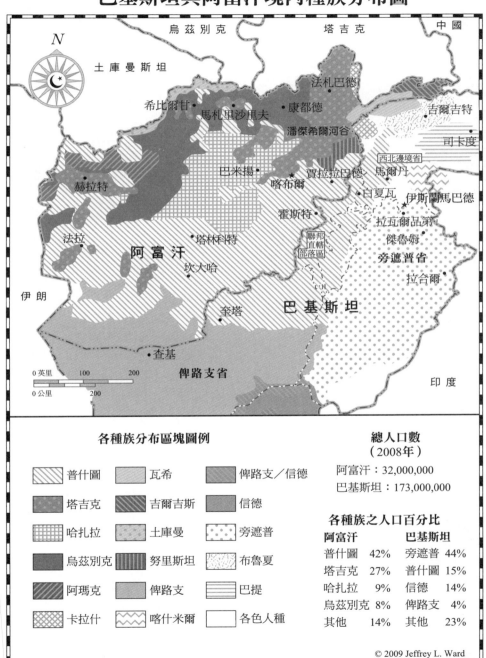

人物介紹

哈吉・阿里（Ali, Haji）：摩頓森的第一位良師，也是巴基斯坦科爾飛村村長，二〇〇一年去世。

嘉涵・阿里（Ali, Jahan）：哈吉・阿里的孫女，也是中亞協會首位高中畢業的女性。

尼亞茲・阿里（Ali, Niaz）：阿富汗瓦罕走廊的吉爾吉斯人精神領袖。

塔瓦哈・阿里（Ali, Twaha）：哈吉・阿里的兒子、嘉涵的父親，來自巴基斯坦科爾飛村。

艾曼・薩瓦里（Al-Zawahiri, Ayman）：埃及醫生，蓋達組織第二號人物。

費瑟・貝格（Baig, Faisal）：巴基斯坦查普森河谷的瓦希族長者，也是中亞協會安全經理。

娜絲琳・貝格（Baig, Nasreen）：來自查普森河谷的中亞協會學生，目前正在進修，希望成為母嬰醫護人員。

薩都拉・貝格（Baig, Saidullah）：巴基斯坦查普森河谷的中亞協會經理。

奧薩瑪・賓拉登（bin Laden, Osama）：蓋達組織的沙烏地阿拉伯籍領袖，目前不是躲藏中，就是已經死亡。

塔拉・畢夏（Bishop, Tara）：葛瑞格・摩頓森的妻子，也是精神治療醫生。

塔什・伯伊（Boi, Tashi）：阿富汗瓦罕走廊沙爾哈德村村長。

道格・查玻（Chabot, Doug）：登山者、山崩專家與中亞協會志工。

潔娜薇芙・查玻（Chabot, Genevieve）：中亞協會獎學金計畫經理；道格・查玻的妻子。

蕭卡特・阿里・喬德立（Chaudry, Shaukat Ali）：前塔利班成員，現在是中亞協會在巴基斯坦自由喀什米爾女子學校的老師。

拉希德・杜思達姆將軍（Dostum, General Rashid）：駐紮阿富汗馬札里沙里夫的烏茲別克族領袖。

阿許拉夫・漢尼博士（Ghani, Dr. Ashraf）：阿富汗前教育部長。

葛馬爾傑（Gulmarjan）：中亞協會的阿富汗學生，二〇〇三年，他十二歲的時候，誤踩地雷而喪生。

尚・霍爾尼博士（Hoerni, Dr. Jean）：矽電晶體先驅，與葛瑞格・摩頓森共同創立中亞協會；一九九七年辭世。

卡勒德・胡賽尼（Hosseini, Khaled）：醫生、慈善家、暢銷書《追風箏的孩子》作者。

阿姿札・胡笙（Hussain, Aziza）：巴基斯坦查普森河谷第一位母嬰醫護人員。

哈吉・穆罕默德・伊布拉印（Ibrahim, Haji Mohammed）：阿富汗魯斯加省「舒拉」（地方長老）。

瓦奇爾・卡瑞密（Karimi, Wakil）：中亞協會阿富汗事務經理。

哈米德・卡札（Karzai, Hamid）：阿富汗總統。

阿都・拉希德・可汗（Khan, Abdul Rashid）：阿富汗瓦罕走廊的吉爾吉斯人「阿米爾」（領袖）。

薩哈・可汗（Khan, Sadhar）：巴達桑省的塔吉克人領袖，也是中亞協會在該區的第一位支持者。

沙爾法拉茲・可汗（Khan, Sarfraz）：中亞協會偏遠地區專案經理；來自巴基斯坦。

沙阿・以實馬利・可汗（Khan, Shah Ismail）：阿富汗境內瓦希族「皮爾」（領袖）。

瓦希德・可汗（Khan, Wohid）：阿富汗巴達桑省邊境保衛軍指揮官。

克里斯多夫・柯蘭達上校（Kolenda, Colonel Christopher）：前進作戰基地（FOB）前指揮官，現為美國對阿富汗重要軍事策略家。

帕維．柯薩兒（Kosar, Parveen）：瓦希族首位高中畢業女性，目前在當地從事母嬰醫護工作。

克莉絲提安．雷汀格（Leitinger, Christiane）：「為和平捐一分錢」活動總監。

史丹利．麥克克里斯多上將（McChrystal, Major General Stanley）：國際（與美國）維和部隊駐阿富汗軍隊指揮官；反顛覆方法論擁護者。

阿哈瑪．沙阿．馬蘇德（Massoud, Ahmed Shah）：塔吉克軍隊指揮官，曾因趕跑蘇聯而獲得「潘傑希爾雄獅」的綽號；二〇〇一年九月九日遭蓋達組織暗殺。

蘇利曼．敏哈斯（Minhas, Suleman）：中亞協會的旁遮普省經理，工作地點位於伊斯蘭馬巴德；之前是位計程車司機。

伊利阿斯．米爾札上校（Mirza, Colonel Ilyas）：巴基斯坦退休空軍上校、阿斯卡瑞航空公司總經理，這是一家民航公司。

毛拉．穆罕默德（Mohammed, Mullah）：前塔利班記帳員，目前在中亞協會擔任瓦罕地區會計師。

阿蜜拉（Amira）**與開伯爾．摩頓森**（Mortenson, Khyber）：葛瑞格．摩頓森與塔拉．畢夏子女。

克莉絲塔．摩頓森（Mortenson, Christa）：葛瑞格．摩頓森胞妹；一九九二年辭世，得年二十三歲。

厄文．「登普西」（Irvin "Dempsey"）**與潔琳．摩頓森**（Mortenson, Jerene）：葛瑞格．摩頓森的父母。

哥希亞．穆格哈爾（Mughal, Ghosia）：中亞協會自由喀什米爾的學生。

麥克．穆倫上將（Mullen, Admiral Mike）：美國參謀首長聯席會議主席與軍事領袖，二〇〇九年七月為中亞協會在阿富汗第一所女子學校舉行落成典禮。妻子為黛博拉。

佩爾韋茲．穆夏拉夫（Musharraf, Pervez）：一九九九年到二〇〇八擔任巴基斯坦總統；前巴基斯坦陸軍參謀長。

麥克・邁亞特少將（Myatt, Major General Mike）：前海軍陸戰隊遠征軍指揮官，曾率兵進入科威特。

穆罕默德・納吉布拉（Najibullah, Mohammed）：阿富汗共產黨領袖與前總統；一九九六年遭塔利班殺害身亡。

傑森・尼克森少校（Nicholson, Major Jason）：美國國防部軍官。

艾瑞克・歐森上將（Olson, Admiral Eric）：美國海豹特遣隊指揮官。歐森上將與妻子瑪莉蓮大力鼓吹女子接受教育，並將摩頓森介紹給多位資深陸軍指揮官認識。

毛拉・歐瑪爾（Omar, Mullah）：阿富汗塔利班普什圖族領袖，一般認為目前藏身於巴基斯坦的奎塔。

哈吉・古拉姆・帕爾維（Parvi, Haji Ghulam）：中亞協會巴基斯坦辦事處經理兼會計，負責監督五十幾所學校的成立。

大衛・佩特拉斯將軍（Petraeus, General David）：美國中央軍事指揮部指揮官。從妻子荷莉處首次聽聞《三杯茶》的故事。

阿布杜拉・拉赫曼（Rahman, Abdullah）：之前擔任醫學圖書館員，目前在阿富汗擔任中亞協會司機。

阿布杜・拉扎克（Razak, Abdul）：巴提人，之前擔任登山遠征軍廚師；中亞學會年紀最大的員工；人稱阿波（老人）。

阿瑪蒂亞・沈恩（Sen, Amartya）：諾貝爾經濟學獎得主。

賽達・夏比爾（Shabir, Saida）：巴基斯坦自由喀什米爾、帕提卡的岡狄皮蘭女子學校女校長，該校於二〇〇五年遭地震摧毀。

查希爾・沙（Shab, Zabir）：阿富汗國王，一九七三年逃亡義大利，九一一事件後返國，二〇〇七去世前一直留在阿國。

法爾札那・夏印（Shaheen, Farzana）：中亞協會在巴基斯坦自由喀什米爾的學生。

珍妮佛・史畢斯（Sipes, Jennifer）：中亞協會蒙大拿辦事處執行經理。

石頭變學校 目次

第三部　世界屋脊上的學校

〔推薦序〕

召喚與承諾

李偉文（荒野保護協會榮譽理事長）

能夠看到一本時而令我們擊節讚歎，時而熱淚盈眶，又時而捧腹大笑的書，其實是非常不容易的，從《三杯茶》到《石頭變學校》，葛瑞格這十多年來的生命奇航，在他那種同情與理解的眼光以及了然人情世事的幽默引領下，帶領我們進入一個我們幾乎無法想像的真實世界。

雖然世界越來越小，透過資訊全球化之助，我們對紐約或巴黎的認識遠比苗栗或雲林來得多，六十幾億的人口共同住在「地球村」裏，各個民族彼此的隔閡與誤解卻形成非常大的鴻溝，也造成世界的動盪與不安，這其中伊斯蘭教世界與基督教的長年敵對更是難解的問題。

在這樣的時代氛圍裏，葛瑞格的努力就深具意義，他的成就也足以鼓舞千千萬萬的民眾。總是覺得，這個時代如果還有一些希望，我想是因為有些人仍然願意在世俗的名利之外，懷抱理想，並且一生為它奉獻不渝。

不過，更重要的是，葛瑞格的謙虛以及始終如平凡人一樣的態度，他自認為是個「非常害羞，彆扭，說話小聲又不善言辭，厭惡做出任何引人注意的動作」，但是他看到很多生命因為他的努力而改變，使得他願意去拋頭露面做他不喜歡的事，比如演講或募款。

他的行事風格不是官方的，也不符合企業的要求，甚至他始終不認為自己是NGO，社會公益團體，我想他全心全意關切的就是履行承諾，就只是想著如何讓在戰亂、在天涯盡頭的孩子，在文化習俗歧視下的女孩，都有機會讀書，想的是如何把被砲火襲擊下碎裂成塊的石頭可以變成學校，他只是一步一步做著自己做得到的事，這種不把自己神聖化、道德化、偉大化的態度，正是這個時代最需要的。

從《三杯茶》到《石頭變學校》的這一段真實歷程，可以再度給我們這樣的信心，不管是一群多麼平凡的人，只要他們有著共同的理想，那麼他們就能夠面對驚人的挑戰，並完成他們從未想過能夠實現的成就。

而且對於個人來說，從他身上也證明了，如果你內心不斷聽到一種召喚，而且，你確信這召喚對別人有好處，就不要管你夠不夠聰明能幹，有沒有知名度，有沒有足夠的錢，勇敢地跨出第一步，追尋你內心的召喚，放手去做，其他需要的東西，老天必然會給你。

〔推薦序〕
謝謝你，葛瑞格！

卡勒德・胡賽尼

阿富汗戰爭混沌胡亂地打了八年，已經成為歐巴馬總統最迫切的外交政策挑戰。包括大西洋理事會在內的各大智庫權威全都反對升高衝突，並公開指稱阿富汗是個失敗國家。這個國家的確面臨龐大問題：越來越激烈的暴動阻礙法規與發展計畫，大麻作物創天量，嚴重的貧窮、犯罪、無家可歸與失業問題，沒有乾淨的水可用，女人的地位持續受到歧視，中央政府想要保護人民、提供基本服務，奈何效果不彰。

可是，九一一事件後，阿富汗還是有成功的故事，其中，最有意義的就是教育。如果我們認同教育能夠在阿富汗創造正面、長久的改變，那麼，以下事實絕對能振奮人心：全阿富汗今年將有近八百五十萬兒童上學，其中女孩占了四成。

沒有人比葛瑞格・摩頓森更了解這一點，他在阿富汗和巴基斯坦總共蓋了一百三十一所學校，為近五萬八千名學生提供教育。即便是只教育一個小孩，依舊能產生深遠的影響和漣漪效應，沒有人比他更了解這一點。說到在阿富汗推廣美國經驗，應該沒有任何個人或機構比葛瑞格・摩頓森做得更深入，而這位輕聲細語、謙恭有禮的男子，用他親切的微笑和熱情的握手讓美國軍隊明白，所謂的心靈和智識戰爭是怎麼打的，他們又是怎麼獲勝的。

葛瑞格的哲學並不複雜。他真心相信阿富汗戰爭的勝利關鍵，絕對不是槍砲和轟炸，而是書本、筆記本、鉛筆等社經福祉工具。他告訴我們，若不讓阿富汗兒童受教育，整個國家都將走入破產厄運，永遠沒有繁榮富饒的一天。儘管伊斯蘭教輿論反對他、儘管塔利班和其他極權分子威脅他，他還是竭盡所能讓這一天永遠不會到來。

最重要的是，他率先為此區女孩和年輕婦女的教育發聲，這不是件容易的事，因為這裡的父母不讓女兒上學，長久以來的文化傳統剝奪了女性受教育的權利。可是，葛瑞格一村又一村地奔波，請宗教領袖和長老協助說服父母送他們的女兒去上學。這是因為葛瑞格深信，我也是，若阿富汗有任何機會能成為繁榮國家，將需要女人全力動員協助；因此，女人必須上學，而她們的教育必須成為國家重建與發展的基礎之一。他彷彿念著祈禱文一般地覆述著：「教導一個男孩，你教育的是一個人；教導一個女孩，則你教育的是一整個社會。」

最後，葛瑞格憑著魅力、風度、耐心和始終如一的謙遜做到了這一切。他小心聆聽、與村落領袖在信任和尊敬之上建立關係，並鼓勵人們一起創造他們自己的未來。他費了一番工夫去了解當地文化：禮貌、好客、尊敬長者；也去了解和體會伊斯蘭教在人們日常生活中所扮演的角色。難怪美軍會請葛瑞格擔任顧問，教他們如何和部落領袖及村中長老培養更好的關係。他們可以從他身上學到很多，我們都是。

謝謝你，葛瑞格！感謝你所做的一切。

*本文作者為國際暢銷書《追風箏的孩子》、《燦爛千陽》作者

前言

每片樹葉都會成為書頁
只要敞開心房去體會
——波斯詩人沙地（Saadi）

娜絲琳於巴基斯坦祖德可汗村

二〇〇八年九月，一位有著銳利的綠色眼珠、名叫娜絲琳．貝格的女人展開了一段艱鉅旅程，她從家鄉祖德可汗這個巴基斯坦小村出發，沿著印度河南岸走上陡峭的喀拉崑崙公路，最後來到熙攘的拉瓦爾品第。這段為期三天的旅程，先是徒步，然後騎馬，最後再搭乘吉普車和巴士，帶著娜絲琳、她的丈夫和三個幼兒從巴基斯坦最北邊、人煙稀少的查普森河谷，來到人口超過八千五百萬人的旁遮普心臟地帶。除了一些農場工具外，他們把家當和《可蘭經》全都塞進一個黑色行李箱，再綁上麻繩；另外，還揹著一個鼓鼓囊囊的布袋，他們沒穿在身上的衣服全都塞在裡面，袋裡裝的東西就像娜絲琳自己的故事一樣雜亂不堪。

一九八四年，五歲的娜絲琳進入北巴基斯坦首批男女混合學校就讀，在這個地方，女人一向沒有學習讀寫的機會。娜絲琳的學業表現突出，一直都是全校最聰明的學生之一；直到一九九二年，她的母親因肺炎驟逝，她被迫放棄學業，留在家裡照顧盲眼的父親蘇丹．梅姆德和四個弟弟妹妹。最後，她的父親再娶，娜絲琳的繼母認為女子無才便是德，因此常常揶揄想要在煤油燈下熬夜唸書的娜絲琳。「女人要工作、不要讀書，」她的繼母責罵道：「書本會囚錮你的心靈，讓你變成沒用的妻子和母親！」

娜絲琳可不這麼想。她在求學期間，便為像她這樣資源缺乏的人立下偉大志向：她決心成為母嬰醫護人員。政府醫療小組到她們村莊進行年度巡迴義診時，她第一次接觸到這樣的工作。她清楚記得等待打預防針時的喜悅，因為她可以和那些身穿白袍的人打交道。「我最喜歡聞他們用的消毒劑的味道，」她說：「還有，我很羨慕他們可以在整齊的線圈記事本上，寫下嬰兒的姓名、身高、體重和預防接種資料。」

在夢想的驅使下，儘管繼母冷嘲熱諷，娜絲琳還是努力讀書。「照顧完弟妹，家事也都做好之後，」她回憶道：「我會等到大家都睡著了，再熬夜看書。」她秉持這樣的精神努力下去。一九九五年，娜絲琳十五歲的時候，終於取得文憑，那相當於高中學歷，成為北巴基斯坦亨札地區少數幾位率先取得文憑的女性。身為全班最聰明的學生，又是方圓幾哩之內第一位女性畢業生，她現在已經準備好實現她的理想。

西元一九九九年，娜絲琳榮獲我們中亞協會這個非營利單位所頒發的每年一千兩百美元獎學金，來補貼她兩年學業的學費和食宿費用，讓她取得鄉村醫療助理的學位。只要有了這些資格，娜絲琳就可以憑著專業技術，穿越一萬六千三百三十五英尺高的險峻山隘，到阿富汗境內偏遠的瓦罕走廊服務——瓦罕走廊在祖德可汗村不遠的北邊，娜絲琳的祖先便來自此地，在這裡，婦女死於難產的比例居全球之冠。

不過，此時娜斯琳已經和鄰村一位英俊但懶惰的年輕人訂婚，而她未來的婆婆，比比．尼薩擔心娜絲琳的獎學金會讓她無法分擔家務。雖然娜絲琳是整個查普森河谷唯一有資格接受這筆獎學金的人，但祖德可汗「坦茲恩」，也就是由長老組成、主持地方重要事務的村莊委員會，居然附和比比．尼薩的反對意見，禁止娜絲琳接受這項補助，讓她一生過著幾近奴役的生活。巴基斯坦和阿富汗的偏遠村落中，至今仍有許多傑出的年輕女性被埋沒在這樣的命運當中。

往後十年，娜絲琳每天勞動十二到十六個小時，忙著照顧山上羊群、耕種家族的洋芋田、挑水裝滿金屬桶、搬運一個個重達八十磅裝滿木柴和濕軟犛牛糞餅的袋子——這是祖德可汗人度過六個月寒冬的兩大取暖燃料。在這段期間，她還生了三個小孩、並流產兩次，在這些過程中，全都沒有母嬰醫療人員在旁照料。

儘管鎮日勞苦沮喪，娜絲琳耐心地等待苦日子結束。而且，她會趁短暫的休息時刻，主動照料村裡的病患、老人和垂死者，讓她的醫護夢想持續不滅。「我的生命之火拒絕熄滅，」她說：「萬能之神絕不會讓希望的燃油乾涸。」

到了二〇〇七年夏天，祖德可汗「坦茲恩」改組，全體長老決定暫時擱置反對。娜絲琳在吉爾吉特的一所預備學校唸了一年，以追回長期荒廢的學業。最後，在二〇〇八年夏天，娜絲琳拿著到手的獎學金，如願來到拉瓦爾品第繼續學業。

現在，娜絲琳還有一年就可以完成醫護訓練，可是，她決定繼續深造，取得婦產科護士學位。她預計在二〇一二年舉家搬到瓦罕這個全世界最偏僻、環境最險惡的地方，為當地提供這類極端欠缺的醫療服務。至於她「浪費掉的那幾年」，娜絲琳絲毫不以為苦，因為她相信這些經驗讓她獲得一些重要見解。

「阿拉教我耐心的課題，並給我工具來了解貧困生活的真義，」她說：「我不後悔等待。」

就在娜絲琳全家走上喀拉崑崙公路，朝拉瓦爾品第邁進的同時，我正造訪洛磯山脈深處的一座小鎮。我每年奔走美國各城，或赴海外開拓巴基斯坦和阿富汗女性受教育的機會，旅遊次數不下一百二十次，這次的旅程也沒有什麼特別不同之處。以我緊湊的行程標準來看，二〇〇八年九月十八日是個再普通不過的日子。之前幾個禮拜，我一共造訪了九座城市，在各學校、教會和圖書館總共進行了十七場演講；隔天凌晨三點鐘，我原本預計要搭私人飛機從杜蘭哥飛往伊利諾州的洛克福，在一場兒童和平大會上發表演說。然後還要再去八座城市、發表十八場演講，最後預定在十月六日回到巴基斯坦。在這緊湊的行程中，我還迫切希望能撥出一天的時間與家人好好放鬆一下。

然而，從許多方面來看，九月十八日這一天絕對是個不尋常的日子。前一個週末，聯邦政府同意讓雷曼兄弟投資公司破產，然後又融資八百五十億美元搭救保險業巨擘ＡＩＧ。當天下午股市收盤前，道瓊工業指數已如自由落體一般止不住跌勢，而整個美國金融系統岌岌可危。簡單的說，這是個最不適合站在一群美國人面前請他們拿出支票簿捐款的時刻，而我偏偏選了這一天。

也許慶幸的是，我的緊湊行程讓我無暇思考此舉有多荒謬。我連續發表了六場演講後，趕在七點以前，越過路易斯堡學院的校園，來到體育館門口，看到有四千多人排成一條不見終點的隊伍，那幾乎是全鎮人口的三分之一。消防隊員最後會阻止後面三百人進入體育館。（後來有人告訴我，自從鄉村傳奇歌手威利·尼爾森來訪後，就不曾見過如此龐大的人群了。）

我的演講內容會根據聽眾的類型而調整，不過一開始我一定會說：「阿斯—薩蘭母，阿拉伊昆」，這是伊斯蘭祈禱文，意思是「願真主賜予你們平安。」無論現場討論往哪一個方向進行，演講重點一定是以下這個關於承諾的故事。

故事於一九九三年在巴基斯坦展開，那一年，我嘗試挑戰Ｋ２這座全世界第二高峰，卻在離山頂兩千英尺處被迫回頭。就在返回Ｋ２基地營時，我迷路了，我艱苦跋涉於三十九英里深的巴托羅冰川，蹣跚抵達一個叫做科爾飛的小村落，此處貧瘠窮困，每三個小孩就有一個在一歲以前夭折。科爾飛給了我落腳地、食物、茶水和一張床。我在科爾飛休養期間，有天下午偶然看見八十二位小朋友坐在外面，用樹枝在泥土上寫課文，但卻沒看到老師。這群年輕的學生當中，有個女生叫做丘丘，因為她的關係，我對全村許下承諾，有一天我會回來幫他們蓋一所學校。

實現這項承諾的過程中，又牽涉了另一段故事，講到了我在柏克萊跌跌撞撞的努力過程，我在那裡當過護士，還賣掉我的車、我的登山裝備、我所有的書，希望能籌足款項；以及接下來一連串的事件，讓一位迷途的登山者終於找到他的終身職志，那就是為喜馬拉雅山西邊幾個赤貧的穆斯林村莊植下教育和知識的種子。

幾年以前，我把這些事情全都寫在《三杯茶》這本書裡，凡是讀過這三百八十頁內文的人都知道，這是個冗長又不尋常的故事。而這段故事對我來說，記錄著一個平凡男人無意闖入一個非凡所在的歷程。

若真要這麼說，那麼我只是個在崇山峻嶺中轉錯彎、一直找不到回家之路的人。我最初的願景，如果你能這麼稱呼它的話，是幫助一個村莊在海拔一千四百英尺、無水無電的大麥田間，打造出面積兩千兩百一十八平方英尺的校舍。在充滿無畏的夢想者和偉大構想的世界裡，這個目標實在不算什麼。而最初的微小心態正能夠說明為什麼我現在每天都感到好奇和困惑、不勝其擾。

根據我助理的估計，三年來，我已經發表過六百八十場演講，造訪的城市從邁阿密、洛杉磯、安哥拉治和席里佛波等，總共有兩百七十多座，每次看到大批人群前來聽這個故事，我還是會感到訝異。去年夏天在波士頓，負責安排西北大學場次的主辦人發現，實在有太多人想要前來了解我們在巴基斯坦和阿富汗蓋的這幾所學校，於是他訂了曲棍球球場，現場坐滿了五千六百人。一個禮拜後，在田納西州莫菲斯堡的一個籃球場裡，有九千五百人來聆聽演講，現場還有超大螢幕同步轉播。

這對一個以往在巴塔哥尼亞或REI登山用品店工作時、覺得能吸引幾位無聊的顧客就很了不起的人來說，是很大的轉變，也許比龐大的聽眾人數還讓我訝異的，是他們的熱心和興趣。常有人開了六小時，甚或十二小時的車來到這些演講地點，然後再排上兩個小時的隊，就為了拿書給我簽名。不過，讀者更極致的熱心表現，也許是九月的那個晚上在杜蘭哥發生的事情。

當天晚上，聯準會主席柏南克才剛告知眾議院財政委員會，全球金融崩盤即將發生，人口僅一萬六千零七人的杜蘭哥市，卻募得近十二萬五千美元捐給中亞協會。其中有五萬美元是由喬治・波戴克所捐贈，他是卡駱馳軟膠鞋的創始人。但其他款項來自於從來不懂如何創造品牌或經營公司的各行各業：農場工人、家庭主婦和店員；技工、老師和水電工；秘書、牙醫、學生和退休人士。生命微不足道，這些人卻展現至高美德與極致。換句話說，這些人都和你我一樣，平凡無奇。

在我看來，光是捐款這件事就已經夠驚人，但還不只這個。

當晚與會的杜蘭哥市民中，很少有人去過巴基斯坦或阿富汗，現場的伊斯蘭教徒更屈指可數。而且，也不大可能會有人有機會親眼看到他們捐的錢實際用在學校、書籍、鉛筆和老師薪水上面。可是，他們還是熱心捐獻。就在全球即將進入大蕭條以來最嚴重的金融風暴前夕、領導人物紛紛要我們正視基本恐懼、把善念放一旁之際，科羅拉多州一個小城鎮的反應，卻依舊像我的聖戰展開後所造訪的全美各個城鎮一樣，熱情不減。

「當你把這筆錢交給世界另一端的那群人時，」當地一位商人眼中閃著淚光，說：「請告訴他們這是來自科羅拉多州一座小山城居民的心意，希望他們的女兒都能上學。」

這就是讓我好奇和困惑的地方。為什麼有那麼多美國人發自內心地關心那些住在如此遙遠地方的人呢？在動盪局勢下，我們如何讓道德風範持續凌駕於憤怒和恐懼之上呢？是什麼讓這個教育孩童的承諾，尤其是讓女孩受教育的承諾，激發出我們心中的熱情和情操呢？

我除了是個很困惑的人以外，還不可救藥的內向。我很彆扭，說話小聲又不善言辭，而且非常害羞。我不喜歡公開發言、擺姿勢照相或向人要錢。我渴望隱私，崇尚寂靜，我厭惡做出任何引人注意的動作。（就連撰寫這本書也令我痛苦：我太太塔拉和我的編輯保羅．斯洛維克兩人費了好大一番工夫，才強迫我同意以第一人稱來撰寫，這種方式顯然不屬於我這杯茶。）耶誕遊行裡，我最喜歡的人物，也是我唯一會考慮飾演的角色，是公牛和驢子。

既然如此，這幾年來我全心投入演講、宣導和募款，常常會覺得自己像個聽信內心黑暗面而從事非法勾當的人。對於政客和名人來說，在一場接著一場的聚會中互相吹捧、廣結人緣，這樣的生活方式就像呼吸一樣自然（和必須）。可是，我卻覺得這種事情讓我非常不適應——部分因為它和我內心深處對於個人舉止的直覺大相逕庭，而部分則因為它常常讓我得強壓心中的羞恥心。這些因素也許能夠說明為什麼《三杯茶》這本書出乎意料的大受歡迎，但似乎又蒙上這種邪惡諷刺的陰影，至少在我看來是如此。

二〇〇九年夏天我在撰寫這本書的時候，《三杯茶》已經連續第一百三十週蟬聯《紐約時報》非小說類平裝本暢銷書，大賣了三百多萬本，並在全球三十幾個國家出版。你也許能想像，這為我帶來了我無法忍受的名氣和聲望，但也開啟了通往獨特契機的大門。

在喜馬拉雅山西邊的窮鄉僻壤，強勢貨幣很好用，二十塊美金就可以讓一個一年級生唸一整年的書，三百四十塊美金的全額獎學金能夠讓一個女學生唸完四年高中，而五萬美金更足夠蓋一所設備齊全、八個房間的校舍，並支付全校老師五年的薪水。《三杯茶》出版後的這四年，我們的捐款人不僅贊助建造了許多新校舍，還資助設置獎學金、教師訓練計畫，並且在喀拉崑崙山的冰川河谷到興都庫什山北部風蝕地帶間的偏僻村莊裡，建造了多處女性職業中心。不過，和這些成就一樣重要的，是我們的贊助者喚起了世人對女性教育的重視。

世界銀行的研究指出，女性若接受一年的初等教育，則成年後的薪水就能增加一到兩成。耶魯大學經濟學家保羅．舒茲也指出，只要多唸一年中學，女人的薪水就可以再增加百分之十五到二十五。而且，影響不僅如此。許多研究顯示，在多數女性有五年級以上學歷的村莊裡，一代以後，嬰兒夭折率大幅下滑。同時，又有點詭譎的，女性基本教育程度與較低但平穩的人口成長率呈正相關。和女性普遍不識字的地方相比，在女性教育程度較高的地方，她們比較晚婚、生育的子女人數也比較少。

我在諾貝爾經濟學獎得主沈恩的研究裡也發現類似主張，現在全球有許多開發專家都已認同這些假說。（關於這項議題推薦芭芭拉．赫茲和吉恩．斯伯林合著的《女子教育啟示：開發中國家的經驗和政策》〔*What Works in Girls' Education: Evidence and Policies from the Developing World*〕）簡單的說，年輕女性是開發中國家一股最大的改革力量——這種現象有時又稱為「女孩效應」，這和我兒時在坦尚尼亞聽到的一句非洲諺語相呼應：「教導一個男孩，你教育的是一個人；教導一個女孩，則你教育的是一整個社會。」教導一個女孩如何讀寫能夠引發一連串正面的改變，沒有其他事情能夠比擬。依照軍方的說法，女孩教育有「加乘效應」——而在貧窮的穆斯林社會，女性受教育所產生的漣漪效應會更深遠。

就拿西方認為最迫切的問題來說，阿拉伯文的「吉哈德」（Jihad）是指修養自身、改造社會或擊敗異教徒的「聖戰」。在穆斯林社會裡，受人蠱惑而信奉極端暴力或恐怖主義的人，在加入軍事聖戰前，常會先取得母親的同意——受過教育的女性通常不會批准這種事情。例如，九一一恐怖攻擊事件之後，塔利班軍隊的逃兵突然增加；他們的對策就是，將募兵目標鎖定在那些女性教育程度較低的地區。

當然，教育並不能保證母親一定會拒絕認同暴力聖戰，但它絕對能讓那些男人招架不住——沒錯，一定都是男人，他們謊稱殺害無辜人民是為了遵守《可蘭經》教義。雖然我不是《可蘭經》專家，但是，過去十六年來，宗教學者一再向我強調，謀殺和自殺是伊斯蘭教兩大不可原諒的罪惡。

我必須說清楚，中亞協會的目標不在於教化。我們只希望協助農村婦女滿足她們最常提出的兩大要求：「我們不希望我們的孩子夭折，還有，我們想讓我們的孩子上學。」在滿足這些願望的過程中，我們絕對無意教導巴基斯坦和阿富汗的孩子用美國人的方式來思考或行動。我們只希望他們能上學，有機會接受平衡、不激進的教育。在這一方面，我們還特別留意知識和意識形態的不同。我們相信，前者能夠打擊暴力、挑戰教條，並強化我們共有的人性；而後者的作用正好相反。

現在，在阿富汗郊區，女性識字率依舊是個位數字。而巴基斯坦郊區的比例高一點，但也高不了多少。這兩個伊斯蘭教國家對於學校、教師、書本、書桌、筆記本、制服、黑板、紙張和鉛筆的需求非常龐大，而美國投資這個「知識基礎建設」的好處再清楚也不過。我堅信提升婦女教育是改造巴基斯坦和阿富汗的最佳方式，自從我征服K2失敗後，沒有任何事，包括九一一事件在內，能夠改變這項信念。

教育是信仰各種宗教的美國人和穆斯林共享的許多基本價值之一。

記者報導中亞協會的成果時，老是歌頌同一批人。他們喜歡提及我攀登K2失敗後的這十六年來，我已經造訪巴基斯坦和阿富汗三十九次，中亞協會未用美國政府分毫，就蓋了一百三十一所學校，目前學生人數共有五萬八千人，而且多數是女孩。這些報導還聲稱我的「訊息」讓人們打破美國政治、宗教和階級的藩籬。他們指出，《三杯茶》的粉絲除了前總統柯林頓、兩位第一夫人蘿拉和芭芭拉．布希、約翰．凱利以及科林．鮑爾以外，還包括重要軍事領袖，像是「中央軍事指揮部」的佩特拉斯將軍、參謀首長聯席會議主席穆倫上將，以及海豹特遣隊指揮官歐森上將等。更榮幸的是，《三杯茶》已成為所有參加國防部反顛覆課程的軍官所必讀。

從某方面來看，這些小花絮也許派得上用場——能讓人大致了解我們的努力方向，以及其他人對我們工作的看法。不過，我個人認為，強調這些方面會讓整件事情失焦。若我有測量中亞協會工作成效的標準，它絕對不會是我們每年接獲多少捐款、有多少人讀過《三杯茶》，甚或我們蓋了幾所學校。事實上，這和數學一點關係也沒有，焦點在於那些透過教育而改變一生的女孩們。到頭來，我最關心的、讓我的工作發光發亮的火焰、讓我合掌呵護的熱能——還是她們的故事。

蒙神恩典，這些婦女的故事真是了不起。

看看嘉涵．阿里的故事，她的祖父哈吉．阿里是科爾飛村的「努爾馬得哈爾」（村長），也是我最重要的良師。一九九三年九月我第一次見到嘉涵，我便承諾她，如果她畢業，我們會送她去唸母嬰醫護課程——九年後她得意洋洋地要我們實現承諾。在科爾飛完成研究所的學業後，她繼續進修公共政策行政課程。在此同時，家鄉的父親一直想讓她嫁人——她現在二十三歲，由於受過教育，她的聘禮已經從五隻公羊增加為五十隻公羊。不過，嘉涵表示她想先成為社區領袖、進入巴基斯坦國會。「未達目標我就不結婚，」她最近告訴我。「因夏拉（若阿拉願意），有一天我會成為一位女強人。」

還有夏奇拉．可汗，她是我們在胡歇艾創立的學校裡的第一屆畢業生，這個村莊位於科爾飛南邊山谷，就在全世界最高峰之一，瑪夏布洛姆峰的山腳下。夏奇拉目前是拉合爾的法蒂瑪紀念醫學院三年級生，每科都保持九十分以上，她將成為巴提斯坦三十萬人口中、第一位在本地完成教育的女醫生。她今年二十二歲，打算學業完成後，回到胡歇艾河谷服務鄉民。「我的兩大目標是，」她說：「我不要讓女人死於難產，也不讓一歲以下的嬰兒夭折。」

最後，還有阿姿札．胡笙，她住在喀拉崑崙公路接近中國邊境的亨札山谷。一九九七年自古爾密聯邦政府女子高中畢業後，又獲得中亞協會獎學金，完成了兩年的母嬰醫護課程，她也一樣，堅持返家為故鄉貢獻技術，此處每年有高達二十位以上的婦女死於難產。自從阿姿札在二〇〇〇年返鄉服務後，再也沒有一位婦女死於難產。

我們在科爾飛蓋了第一所學校的十三年後，中亞協會的女學生都已紛紛畢業，開始發展事業。自從英國詩人、間諜、瑜珈愛好者艾利斯特．克勞利在一九〇二年首次嘗試攀登K2以來，我自己也常常前來挑戰這些山岳，但如今，這些女性正在攀登她們的「第一高峰」，她們的成就，遠比包括我在內的西方登山者還要偉大、引人注目。

這些年輕女性所征服的高度，已經是我們這些登山者連做夢都不敢想的。

目前，從瓜地馬拉、埃及、孟加拉到烏干達，全球各地都開始採取認真而有效的做法，來促進女性受教機會。不過，中亞協會用不同的方式來達成這項使命，內容都記錄在《三杯茶》這本書當中。我第一次造訪這些村莊時，有位巴提族人告訴我，村長哈吉．阿里在為我祈福：「第一杯茶你和我們一起分享，你是陌生人，」他吟詠著：「第二杯茶，你是朋友。但敬你第三杯茶，你已成為家人——在家族中，我們願意做任何事情，雖死不惜。」

這位長者傳授給我的諸多訓示中，這可能是最了不起的。它強調花時間建立關係的高度重要性，同時也重申，在此處想要達成目標，必須謙卑地聆聽其他人的說法。哈吉．阿里深信，每一個問題的解答從喝茶開始。這個道理獲得事實驗證。

我在一九九三年第一次見到哈吉．阿里，後來回到美國，募得一萬兩千美元，並在一年後回到巴基斯坦，在拉瓦爾品第買了大量水泥、木材和其他材料。我把這些建材堆放在一輛貨箱式卡車，開上喀拉崑崙公路，三天後，來到司卡度。然後，再換吉普車，開到距離科爾飛十八英里的公路盡頭。我以為我會受到英雄式的歡迎，結果，他們告訴我（在我和哈吉．阿里喝了好幾杯茶以後），在我蓋學校以前，要先造一座橋。原因是？這樣才能將建材運到洶湧的布勞度河彼岸，而目前他們唯一的渡河設備，就是用三百五十呎長的繩索懸掛搖搖晃晃的木箱，做成非常克難的流籠。

也許我早該想到；不管怎樣，這個不預期的發展都像是場災難。我只得又回到美國，說服我的主要捐助人尚．霍爾尼博士，請他再多捐一點錢，用來購買更多建材，並把它們運到布勞度河岸邊，然後，科爾飛的居民在此建造了一座兩百八十二英尺長的吊橋。最後，建校計畫因此耽擱了整整兩年。

當時，橫生枝節與進度延後讓我非常惱怒。幾年後，我才開始領會箇中重要的象徵意義：在建校前，一定要先造橋。當然，學校蘊藏了教育承諾所燃起的一切希望，但橋樑卻有更基本的涵義：代表一段讓希望長存的關係——若沒有它，任何承諾都將流於空泛文字。

科爾飛校舍於一九九六年十二月完成，自此，我們每蓋一所學校，都會先造一座橋。有時不見得是有形的架構，而是一段經營多年、分享好幾杯茶以後建立起的感情連結。

這項哲學表示我們有些建校計畫得像冰川一樣，以極端緩慢的速度反覆推進。例如，在巴提斯坦地區一個叫做倡達的保守鄉村，當地的毛拉是非常謹慎虔誠的人，我們花了八年的時間，才說服他讓一位女孩上學。不過，如今倡達有超過三百位的女孩上學——而且，現任毛拉還是當初大力反對的那一位，現在他全力支持我們，這讓我們感到非常自豪。他能改變心意，證明要建立良好關係，常常需要無比的耐心。

我們也像查普森那位綠眼珠的護士娜絲琳．貝格一樣，對於長久的等待一點都不懊悔。任何有智慧的村落長老都會告訴你，真正重要的事情值得非常非常緩慢地進行。

你手上這本書從《三杯茶》末章的二〇〇三年開始說起，繼續描述這幾年來我們在巴基斯坦的努力過程。此外，這本新書也記錄我們深入全新地區、在阿富汗東北角的偏遠地帶努力的情況。此處比巴基斯坦還具挑戰性，光是一所學校的興建過程，就可以大致看出我的同事稱為英雄事蹟的「阿富汗大冒險」。

若說《三杯茶》揭露了我們第一所學校的故事——讓我們開始耕種的那顆種子；那麼，這本書講述的就是我們前往最偏遠地區執行計畫的過程，可說是花園裡最邊遠的那一朵花。我們在素有「巴米當亞」（世界屋脊）之稱的阿富汗帕米爾深處、吉爾吉斯人埋骨之地旁建造了這所小學校，所花的時間和複雜過程，是其他計畫所無法比擬。但它又是僅次於科爾飛、最接近我心的學校，因為從大大小小的層面來看，它都是最神奇的創舉。我們在一九九九年承諾建校的情況，就像小說情節一樣，彷彿可以看到十三世紀成吉思汗手下騎兵馳騁於中亞大草原的場景。我們因此來到阿富汗，這是唯一一處幾乎奪走我對巴基斯坦的鍾愛和情感的地方。

這所學校的成立之所以如此令人意外，部分原因是，這十年間，我們在實現這項承諾時，還有其他許多緊急計畫分散了我們的注意力。我們拒絕放棄，即使二〇〇五年的喀什米爾大地震和書中提到的其他挑戰都未能動搖這份意志，它不但考驗我，也考驗中亞協會每位同仁的夢想和耐力，更考驗著我暱稱為「決死突擊隊」的十二名男人。若故事裡有任何英雄，就是他們；而本書多半講的是他們的故事，因為，沒有這些人，這一切都不會發生。如果那些成群來上學的女孩代表我們燃起的火炬，那麼，這些人就是讓火焰不滅的燃油。他們指引我、敦促我、啟發我的方式不能盡書，而他們的投入和犧牲是如此深切，我們一切成就歸功於他們，而不是我。若沒有他們的榜樣和機智，我可能還只是個吃著泡麵、睡在車上、要死不活的登山客。

我們在中亞最偏遠的角落蓋了一所彌足珍貴的學校，你會看到，這裡發生的故事錯綜迂迴，脈絡就像我們開著破舊的吉普車往返喀拉崑崙山脈和興都庫什山脈之間的曲折道路一樣，突然一個叉路，或是發生讓闖入這個艱鉅地區的人足以喪命的山崩，都會迷路。可是，這些脫軌和僵局也許能提供《三杯茶》的讀者一直向我要求的東西。他們最想要的，就是能一窺中亞協會每日運作的情況，體會在塔利班國家，用一本本書冊、一塊塊磚瓦、為女性教育提供實體和情緒基礎的感受。若沒有別的，至少本書應該能滿足這個要求。

我應該先說明，本書第一部會介紹一些《三杯茶》讀者已經熟悉的背景。我認為這必須又重要，因為許多早期發生的事情經過時間的洗鍊後，發展成有意義的模式。事情發生的當下，我還不了解這些經驗和課題所賦予的完整意義，也不清楚它們在整個故事所扮演的角色，我很榮幸能在此說明。

簡言之，直到我往前走了一大段路之後，才能夠完全了解我去了哪裡——這種現象哈吉·阿里一定早就領悟，令我難過的是，他已經在二〇〇一年與世長辭。哈吉·阿里一生不識字，七十年的生涯中，他只離開家鄉一次——去麥加朝聖。可是，他卻了解，希望屬於未來，但回顧過往總是能夠找到道理和智慧。

有時候，好像我所學到的每一件事，都能回溯到我在科爾飛村大麥田初次遇到的這位壞脾氣的老人身上。

葛瑞格·摩頓森
阿富汗，巴哈拉克
二〇〇九年八月

第一部

承諾

序曲

賦予全世界女性教育等權利，
絕對能為全體人類創造更有愛心、寬恕、公正與和平的生命。
——翁山蘇姬

葛瑞格・摩頓森於瓦罕

艾爾沙德山口是穿越興都庫什山、進入阿富汗最邊遠地區的三條峽谷之一。整條通道，每年只有四個月地面無雪，空氣非常稀薄，據說行走此處的商人會切開驢子的鼻孔，來幫助牠們呼吸。越過巴基斯坦緯度最高的地區後，鋪滿碎石的漫漫長路開始下降，並在最低處形成巨大峽谷，使得通道出現急轉彎。這意味著，若站在山口南端，完全看不到誰要來，直到最後一刻、轉過彎道，對方才會現身——我就是因為這樣，才在一九九九年十月錯過了吉爾吉斯騎馬人進入巴基斯坦的那一刻。

他們剛繞過半英里外的轉角時，眼尖的沙爾法拉茲．可汗就先看到了，他因手部受傷而自突擊隊退役，目前是專捕野山羊的獵人。他一看到他們，就從我們坐著的毯子上跳起來，衝到吉普車前，打開車門，用拳頭用力按著喇叭。

「他們來了，他們來了！」他用瓦希話大叫，掩不住的興奮。「洼茲戴，洼茲戴！幹得好！」

我們一早上都在喝南梅克裘伊（鹹茶）、在寒風凍雨中取暖，此時我正要再喝一口，杯子快靠近嘴唇時，我的手停住了，又把杯子輕輕放回地上，看著騎馬人進入。

一定要好整以暇才能見證這樣的壯觀場面。

一共有十四個人騎著馬在寒雨中快速奔馳而來，即使在近一千碼以外，傳統騎馬人的樂音——空洞的蹄踏聲、馬銜鐵的金屬敲擊聲——仍然劃破高山的寂靜。我們也聽到溼透的真皮馬繩在拉扯時隱約嘎吱作響，還有馬蹄踢起的泥塊，在騎馬人頭上畫出弧線、又落入地面上的微弱拍打聲。

帶頭者穿著飽受風吹雨打的罩衫、長及膝蓋的黑色皮靴，以及被羊肉油漬抹得發亮的暗色燈芯絨褲子。一把破舊的英國李恩菲爾德步槍掛在他的背後，腰上的皮帶寬到把他整個腹部都束縛起來，頭上戴著蘇聯時代的絨帽，帽沿的耳罩隨著騎馬的動作而飛揚。他身後的騎馬人全都帶著AK-47步槍及其他大量武器，沉重的彈匣帶從肩膀垂掛在胸前。他們的馬匹都和帶頭者的一樣，全都是短腿粗毛、閃耀著汗水的光芒。

他們轟隆隆地朝我們疾騁而來，一直到最後一秒，才突然停住，並且以貓一般的優雅態度、整齊劃一地從馬鞍下來，舉止驕傲又精準。這種不經意的完美表現，只有騎了一輩子馬的人才做得到。

我現在看清楚了，帶頭者是個年輕人，留著雜亂的鬍子，還有著一張飽經風霜、古銅色的平坦臉龐。他瘦小精實又粗獷，這樣的組合讓他看起來就像他的游牧祖先歷經四、五十代不中斷的後裔傳承，而他的祖先正是有史以來最偉大的騎兵。他站在泥濘中，伸手從外套口袋拿出一團潮濕的綠色口嚼煙草，以習慣性的「阿斯—薩蘭母，阿拉伊昆」向我們問候。然後，他非常有禮貌地小聲說道，他和手下已經騎了六天，完全沒有休息。

原來，帕米爾高原最後一批吉爾吉斯人的領袖，阿都．拉希德．可汗軍閥，請他們擔任特使。這些人從貧瘠荒原騎馬而來，現在家鄉的情況更惡劣，每年冬天，他們的家人、飼養的駱駝、綿羊與犛牛掙扎在垂死邊緣。可是，儘管阿都．拉希德萬事匱乏，他最想要的，卻是為他們的孩子爭取學習讀寫的機會——這就是他派遣騎馬人越過艾爾沙德山口要完成的使命。

這名騎馬人說，過去幾年來，興都庫什山南邊不少奇怪的故事紛紛傳到帕米爾高原，傳說有位神祕的美國登山者發願要在巴基斯坦北邊最偏遠的地區蓋學校，這些地方連政府都不管，外國的非政府組織更是拒絕冒險進入。另外，還謠傳這個人建的學校不僅要教男孩，還敞開大門歡迎那些想要唸書的女孩。

後來，阿都．拉希德．可汗聽說這名美國建校者預定造訪查普森河谷，便派遣他最強壯的一組騎兵騎著速度最快的馬匹去找這個人，要問他願不願意考慮來阿富汗，為吉爾吉斯兒女蓋學校。

西喜馬拉雅內地生活步調緩慢，但這個人的要求特別緊急。一九九九年冬天第一場暴風雪已經降臨興都庫什山，如果這些騎馬人未能在積雪阻斷艾爾沙德山口前返回，便很可能就此和家鄉與家人分離一整個冬天。他們最好立刻帶著我的答案啟程往北疾馳通過山口，最晚也不能晚於隔天早上。

「瓦來康姆—薩蘭姆（願真主賜予你們平安）。」我回答：「我了解時間緊迫，可是，請先到我朋友沙爾法拉茲·可汗的家，填飽肚子，然後休息一下。」我對帶頭者說：「然後，我們再談談阿都·拉希德·可汗的要求，我們會討論是否有蓋學校的可能。」

第一章

道路盡頭的人們

我不知道你的命運會怎樣，但我知道一件事：
唯有追尋如何服務人群，才能真正感到快樂。
——史懷哲

阿富汗賈拉拉巴德附近公路上的大卡車

我每次到機場搭機飛往巴基斯坦或阿富汗時，一定帶著一個小型塑膠公事包，上面貼著一張綠白雙色保險桿貼紙，寫著：「終極勝地」。這原本是一本書的名字，是由威廉・基特瑞吉和安尼克・史密斯於一九八八年出版、輯錄描寫蒙大拿的文章選集。自此，「終極勝地」便成為一個非正式代名詞，代表過去十四年來，我和妻子塔拉、兩個小孩阿蜜拉和開伯爾，以及我的西藏梗犬塔許所待的地方。這四個字足以描述吸引美國人造訪蒙大拿的優美景觀和龐大的空曠感，也貼切地展現在我婚後家鄉車牌上的山峰剪影。

不過，對我來說，基特瑞吉的書名傳達了另一個完全不同的涵義。

若檢視地圖上中亞協會於一九九五年以來所建立的學校分布，你會發現，我們的學校幾乎都坐落在因為地理位置偏遠、赤貧、宗教極端主義或戰爭而缺乏教育基礎建設的地方。這些地方鮮為世人所知，幾乎不會有外人到訪。我們就是從這些地方開始。

這種做法和一般的發展工作很不一樣。基於各種合理的理由，多數非政府組織喜歡將營運總部蓋在資源豐富、通訊方便的地方，然後慢慢拓展到偏遠地區。這種進行方式不無道理。不過，問題是，若系統性地逐步進行，可能一輩子也幫不了那些最需要協助的人們。更困難的方式，有時也是更危險的方式——是從道路的盡頭開始，一路往回走。無論是好是壞，這正是我們採行的方法。

我們和其他發展團體還有一個不同之處，那就是，我們的目標不是要搶建幾百所學校來提高曝光率，進而滲透到某一區域。我們只想在最艱困的地方蓋幾所學校，交給當地社區管理和維持，然後靜待政府和其他非政府組織從其他較不艱困的地區遷移至此，拉近鴻溝。令人驚訝的是，事情往往如願進行。

巴提斯坦位於巴基斯坦北方喀拉崑崙山核心地帶，山勢險峻、風景懾人，一九九〇年代的後半期，我們都待在這裡，奔走於最偏僻山谷的終極盡頭。在海拔一萬一千英尺的山上，居然有著和極限抗爭的人跡。我們在三十幾處學校預定地動土、提供建材和師資，而由當地居民提供土地和勞力——讓他們同意增加女童就學率，讓男女受教機會平等。我們的第一所學校蓋在科爾飛村，這裡是布勞度河谷中人跡所達的最遠之處，再過去就是通往K2的巴托羅冰川。我們在胡歇艾村的學校則位於全世界七千公尺高峰之一瑪夏布洛姆峰的山腳高原之處。

同樣的，我們也率先挺進武力衝突和宗教極端主義禁地。西元一九九九年，我們在巴基斯坦軍隊的要求下，在古爾托瑞地區著手興建兩所學校，印度和巴基斯坦軍隊長年在此處為爭奪喀什米爾邊界而激戰。我們蓋的學校位於半山腰，還特別加蓋了金屬斜頂，來抵擋印度軍隊的大砲彈殼。最近在二〇〇八年，我們在阿富汗東邊的庫納爾省協助興建了兩所女子學校，校址就坐落於巴基斯坦和阿富汗之間、許多西藏同胞居住的緊張地帶。最早請求我們在此建校的帕坦族領袖是透過駐守在當地的美軍指揮官來傳達訊息。

我們這種「盡頭優先」的哲學不但打破傳統，偶爾還會招致批評；但有時候我們也沒有其他選擇。如果像中亞協會這類組織不直接前進到這些地區，還會有一、兩個世代的女子喪失學習讀寫的機會。不過，除了這些實際的考量以外，我們之所以採取這種方式還有另一個原因，而且和實用主義沒什麼關係。

這些人雖然住在文明的邊陲，但他們既不世故，也沒有世界觀。他們多半沒受過什麼學業與道德教育，也不熟知時尚或國際現勢等議題的最新潮流。可是，這些住在道路盡頭的人們卻是你所見過適應力最強、最機智的人類。他們兼具勇氣、韌性、親切和優雅的特質，讓我肅然起敬。

多年來，我還發現，這些人只需要稍加協助，就可以闖出驚人作為——有時甚至還為我們樹立標竿。當平凡的人展現出非凡的寬宏、耐力或熱情，我們全都因為他們的榜樣而更加富有。他們給予我們的啟發就如同自喀拉崑崙山和興都庫什山流瀉而下的河水一般，福澤廣被，灌溉了每個人的心田。

所以，對我來說，公事包上的「終極勝地」貼紙並非讚美家鄉的標語或廣告詞，反而更強化了我的信念：這些住在終極地區的人民——最為世人所忽略、不重視的一群人——往往代表了我們最完美的人性，以及我們應該達成的最佳標準。這就是這些終極地區賜予我的力量，也是我無法抗拒他們的原因。

回到西元一九九三年，我們的建校事業才剛起步，科爾飛在我的印象中是個位於偏遠之巔的小村落，是道路盡頭最遠處的人煙之地。接下來的幾年，我有幸在其他類似的邊遠艱困地區獲得當地居民的支持，大家共同創造了像科爾飛一樣的奇蹟。不過，在一九九九年十月的一個下午，我遇到一群吉爾吉斯騎馬人穿越瓦罕走廊而來；在此之前，我從來沒遇過有人來自於如此偏遠、如此嚴峻的地方，那裡不像道路的盡頭，反倒像是地球的盡頭。

相較之下，科爾飛就像是洛杉磯市郊。

帕施圖人說，當阿拉造完世界後，把剩下的材料堆放在一起，形成了阿富汗。該國各地可見殘破岩層的景觀，但是，在阿富汗東北角，位於巴基斯坦和塔吉克之間，有一段長達一百二十英里的狹長地帶直抵中國邊界之處，沒有一個地方要比這裡更殘破。全世界最高的幾座山——崑崙山、天山、帕米爾高原、喀拉崑崙山和興都庫什山——全都坐落於此處或鄰近地區。高峰直達兩萬英尺的雲霄，居住在山峰之間險惡、荒蕪、嚴寒地帶的人們把此處稱為「巴米當亞」，也就是「世界屋脊」。

超過二十個世紀以來，瓦罕走廊一直是商人、使節、軍隊、教徒、探險家、傳教士和朝聖者來往中亞和中國的通道。瓦罕走廊不僅是內外韃靼（希臘地理學家托勒密稱為「雙賽西亞」）的交界處，同時也是整條絲路當中最陡峭的路段。（絲路是印度、歐洲和近東文明世界與遠東地區通商往來的一條長達四千英里的道路。）

史上走過瓦罕走廊的西方人屈指可數，最早是馬可波羅，他花了四年的時間，經過波斯、橫越中亞，才得以晉見中國皇帝元世祖忽必烈。這位在一二七一年穿越瓦罕走廊的知名威尼斯旅人寫道，當地山脊高聳入雲，連小鳥都無法飛越；氣溫異常嚴寒，讓他的營火失色失溫。三百五十年之後，耶穌會傳教士鄂本篤奉教會之命追隨馬可波羅尋找中國的腳步。他喬裝成亞美尼亞商人，加入沙漠商隊來到了中國的蘇州，在當地遭到拘留，後來病逝。鄂本篤死於一六〇七年，巧的是，絲路也大約在此時開始沒落，歐洲和東亞水路通商逐漸取代陸路通商；不過，還是有極少數商業活動持續橫越帕米爾高原，來往於中國的突厥斯坦（西域）、西藏和巴基斯坦最北邊的城市吉德拉爾之間。

後來一直到十九世紀末期，英國和俄國兩大帝國開始爭奪中亞控制權，引發所謂的「大競賽」後，瓦罕走廊才又變得重要起來。在此期間，俄國極力把國界向南邊的絲路古城擴張，而英國則因為殖民印度這顆「皇冠上的寶石」，而想探勘和保護這條通往印度、橫越喜馬拉雅山和興都庫什山的通道。一群各懷鬼胎的探險家和軍官在興都庫什山和帕米爾高原玩著貓抓老鼠的遊戲。一八九五年，當兩方瀕臨交戰邊緣時，倫敦和聖彼得堡的政客同意將瓦罕走廊設為中立地區，以確保沙皇這塊易受攻擊的地帶絕不會碰觸到殖民印度最北邊的主權地。

二十二年之後，蘇聯成立，封閉了瓦罕北方邊境，切斷了絕大部分的南北通商。到了一九四九年，毛澤東率領的中國共產黨成功掌權，立刻關閉走廊東邊的大門，幾乎所有的東西向交通就此永久終止。才不過一個世代的時間，這個一度是史上最大商隊路線的樞紐，就在全世界兩大帝國勢力的瓜分之下，變成地球上最貧窮、最偏僻的死路。

如今，瓦罕走廊的居民過著極度孤立的生活，是我們這些以電子郵件、推特和衛星電話為生活界線的人完全想像不到的。人們對瓦罕走廊的孤立和偏遠束手無策，這裡是中亞的極限地區，是一個遠遠落在已知世界以外的遙遠國度。極限不僅描述它位於地理界線之外，也意味著它孤立於文明邊陲。

一九九九年秋天穿越艾爾沙德山口的吉爾吉斯騎馬人，是俄羅斯圖瓦地區的游牧民族後裔，他們的祖先在十三世紀遷徙到中亞。在蒙古帝國興盛期間，以及之後的八個世紀，這些部落都在山區過著季節性遷移的生活，高山把此區與今日的阿富汗東部、中國西部和塔吉克南部完全隔離。每一年，這些部落都會帶著圓頂帳篷，以及畜養的山羊、犛牛、雙峰駱駝，自由地在帕米爾高原上逐水草而居，不受政府官員、稅務員或安全人員的騷擾。冬天他們會遷移到塔吉克或中國西部地勢較低的山谷，躲避寒冷天氣，並且保護他們的畜群不受熊與狼的傷害。到了夏天，他們會慢慢遷回高山草原，與其他居住在此的動物為鄰，包括馬可波羅羊、野山羊等野生動物。

十月革命後，整個一九三〇年間，蘇聯政府都極力脅迫境內中亞諸共和國的游牧民族放棄游牧傳統，定居在集體農場。有一群吉爾吉斯人起而對抗，請求阿富汗國王讓他們在瓦罕走廊避難。他們因此免於蘇聯的迫害，但遷徙範圍也縮小為走廊東部和中國新疆省之間。一九五〇年代到一九六〇年代，中國共產黨進一步限制他們的遷徙區域。

到了一九七八年，就在蘇聯入侵阿富汗前夕，約有一千三百名吉爾吉斯人在伊瑪目（伊斯蘭教領袖）哈吉拉曼．奎爾的領導下，決定棄守帕米爾高原，向南穿越興都庫什山進入巴基斯坦。他們發現這個新家鄉的環境令人難以忍受（吉爾吉斯女人被迫跟著遵行「深閨制度」，酷熱的天氣也讓許多族人生病）。拉曼．奎爾企圖將族人遷居阿拉斯加以取得美國護照，但未能如願，只好於一九八二年再度展開遷徙旅程。這段長途漂泊世人稱之為「最後出走」，最後，他們來到安那托利亞東邊，獲得土耳其政府的政治庇護，就此安頓在庫德族被迫讓出的地區。他們在此地繁衍生根，整個部落至今依然鼎盛。

同一時間，另一批拒絕加入「最後出走」的吉爾吉斯人離開了拉曼．奎爾，返回瓦罕走廊，繼續過著祖先的游牧生活。這群吉爾吉斯後裔迷失在廣大無垠的帕米爾高原，勉力維持著地球上最後一個游牧騎馬文化的生活方式。

瓦罕吉爾吉斯族人的生活聽來浪漫，但實際上卻相當艱苦，而且他們的生存能力似乎逐年減弱。他們無法遷移到較暖的低地，冬天必須忍受嚴寒，而這樣的寒天往往從九月開始到隔年六月才告終，期間氣溫會驟降到零下二十度。全族人民常常處於飢寒邊緣，特別是早春時節，而且得不到任何政府奧援。在一九九九年底以前，瓦罕走廊東部沒有一所學校、醫院、藥房、警察局、商場、獸醫院、郵局或診所。阿富汗的生活已經夠艱苦，全國百分之六十八的人口從不知和平為何物，國人平均壽命為四十四歲，生產死亡率只略好於賴比瑞亞，但相較之下，瓦罕吉爾吉斯人的生活卻更顯絕望。

吉爾吉斯人和外地的唯一連接，就是一條單線道土石路，從阿富汗巴達桑省的首府法札巴德，經過巴哈拉克、伊什寇生和夸拉潘吉等城鎮，蜿蜒一百多英里，一直到位於瓦罕走廊半途的沙爾哈德村為止。過了沙爾哈德村，就得步行或騎乘動物沿著達爾亞帕米爾和瓦罕河邊的小徑而行，最後到達湖水寒冷如鏡、綠草如茵的波札貢拜。西元一二七二年冬天，罹患瘧疾的馬可波羅就曾經在此處休養；而那位吉爾吉斯領袖的特使也是從此處出發，經過艾爾沙德山口找到了我，向我表達建校的請求。

若有任何地方符合我們「盡頭優先」的哲學，當然就是這裡了。

不用說，光是要到達這裡就已經困難重重，更別提還要在此蓋學校、聚集老師和學生來上學了，尤其是，我們的組織規模又不大。何況，我們在巴基斯坦的工作已經夠我們忙上五十年了。若依審慎考量，莽撞進入另一個國家如此偏遠之處、過分耗用我們的資源、和我們一無所知的族群合作，絕對不是明智之舉。

然而，當初就是這樣的情況，讓我們在偏遠之地展開這番事業。而且，多年來，我們發展出的團隊已經非常善於處理這樣的挑戰。

我的妻子也常告訴我，我有一群非常不平凡的工作人員。

我有屬於自己的獨特工作方式，像是我常常憑直覺做事，也樂意和那些所謂的非善類合作，包括走私者、腐敗的政府官員和塔利班暴徒等等。更不尋常的是，我喜歡雇用沒有經驗、大字不識幾個的當地人，我雇用他們全靠直覺——後來發現，這是我從父親身上學來的習慣。

一九五八年春，當時我三歲，我們舉家從明尼蘇達遷居到東非，我父母先是在當地一所女子學校當老師，四年後，又協助在吉力馬扎羅山腰蓋了全坦尚尼亞第一所教學醫院。我和兩個妹妹桑雅和凱芮上的學校裡，學生來自二十幾個不同的國家。此時，我父親登普西想要排除萬難建立「吉力馬扎羅山基督教醫學中心」。他最大的挑戰是克服當地社區對於把權力下放給非洲人的恐懼。不斷有人告訴他，想要在非洲做事，一定得由「幕桑哥」（白人）揮舞著「克波可」（馬鞭）。儘管有這些種族偏見，但他一直堅信成功的關鍵就是聆聽和建立關係。他在當地不喝茶，而是趁著週日教堂禮拜後，跑到鄰近的曼巴村，和其他男女老者圍圈而坐，傳著公杯共飲「龐巴」（香蕉啤酒），讚頌他們的友誼，同時也幫他們解決問題。

十多年下來，我父親建立起一個類似小型聯合國的團隊。負責建造醫院的營造公司是來自海法的猶太復國主義者，工程顧問是埃及遜尼派，建築師是羅馬猶太人，而有許多資深泥水匠是來自印度洋岸的阿拉伯穆斯林，會計師是印度人，而工程核心顧問和主管都是當地非洲人。早年溝通是一大問題，該計畫曾數度瀕臨瓦解。不過，我父親堅持不懈，到了一九七一年，醫學中心終於落成啟用——此時他卻做了一件很有趣的事情。

為了慶祝醫院開張，他在我們家後院蓋了一個巨型水泥烤肉架，開了一整天的派對。派對進行到一半時，他起身致詞。他先為每個人的辛苦致歉，並感謝每一位參與計畫的人，從高層主管一路謝到最低階的勞工，然後稱讚他們的貢獻。接著，他大膽預言。「十年後，」他表示，「這家醫院的每個部門主管都將是坦尚尼亞人。」

現場一陣靜默，西方的高官顯要全都發出不可置信的嘆息。**你以為你是誰？**他們質問。**你怎麼敢做出這麼不切實際的預言，沙中築堡，把人們推向失敗的深淵？**表面上他們表示，用西方人的標準來期許坦尚尼亞人，極為天真又不當。實際上他們心中卻想，這些非洲人既沒有幹勁，也沒有能力和責任感。

我們全家於一九七二年搬回明尼蘇達，一九八一年我父親死於癌症。一年後，坦尚尼亞醫學中心一九八一年的年報寄達，我母親含淚拿給我看。每一個部門主管都是坦尚尼亞人，和他預言的一模一樣——即使在二十八年後的今天，情況也沒有改變。

我最大的懊悔，就是父親沒能親眼看到他的直覺不但獲得證實，而且還激發他人起而效尤。因為，我用我自己的方式，在巴基斯坦和阿富汗採行了和我父親相同的做法。

中亞協會的外務專員大約十來個，幾乎全都是自我任命。雖然我不習慣帶著保全人員旅行，但有位來自查普森河谷、身材魁梧的部落男子堅持要當我的保鏢。他叫做費瑟．貝格，以前在K2擔任高山挑夫（後來遭遇車禍、肩膀骨折），他狂熱無悔地堅守這份新職務。一九九七年夏天，我的妻子塔拉在司卡度坐在豐田休旅車上為女兒哺乳，有個男人從車窗外偷看，被費瑟逮個正著，把他拉到巷子裡，揍到昏厥。

幾年前費瑟剛退休時，休旅車的司機是穆罕默德．胡笙。胡笙是個臉頰消瘦、喜努無常的老菸槍，他極度認真地看待司機這份工作，堅持要在乘客座椅——我常坐的位置——下方放置一盒炸藥，為喀拉崑崙山路常見的山崩和雪崩做好準備。胡笙認為我們的工作太重要了，不能浪費時間等待政府的道路救援。

另外還有阿波阿布杜．拉扎克，高齡七十五歲的他，身型瘦小、雙腿彎曲。他為無數前來喀拉崑崙山的知名登山隊煮飯切菜四十多年。阿波有十八個小孩，而他自己不諳讀寫，最喜歡抽坦德牌香菸，也愛同時嚼煙草。（他僅剩不多的牙齒全都染成松脂黃色）。阿波知曉情理，再加上無盡坦率的真誠，讓每個人都喜歡他，從巴基斯坦前總統佩爾韋茲．穆夏拉夫（曾三度與阿波喝茶），到機場、旅館和公路檢查站不斷找我們碴的凶惡警衛——他們對阿波搜身完畢後，都會得到一個大擁抱。也有人叫阿波為查查（叔叔），他是中亞協會的資深政治家與外交特使，負責勸說持反對意見的毛拉、貪婪的政客和惡劣的歹徒。

我想，我們的薪水名單中，是有一、兩位的特質符合「勉強正常」的定義。例如，哈吉．古拉姆．帕爾維是來自司卡度的虔誠穆斯林，他辭去了巴基斯坦電台的會計工作，來擔任我們巴提斯坦地區的營運經理。二十九歲的穆罕默德．納茲爾負責管理巴提斯坦幾項工程，他是個非常熱心的年輕人，有一雙銳利的眼睛，還留著一小撮山羊鬍，他的父親是受人尊敬的司卡度商人，專門供給食物給駐紮在錫亞琴冰川上方兩萬三千英尺高山脊的巴基斯坦軍隊，這裡也是戰爭史上地勢最高的戰場。不過，我們多數員工都是男性，有著絕對不受其他非政府組織青睞的履歷。其他職員還包括一位登山挑夫、一個不識字的農夫但他父親是巴提詩人、一個以前沿著喀拉崑崙公路走私蠶絲和中國製塑膠玩具的傢伙、一個在難民營待了二十三年的人、一個曾當過牧羊人的人，以及兩位前塔利班成員。

這些人當中，有三分之一是文盲。兩個人有一個以上的老婆。重要的是，他們各自屬於伊斯蘭教三大敵對教派：遜尼、什葉和以實馬利派——什葉派的自由主義者分支，精神領袖阿嘎·可汗目前住在巴黎。常有人告訴我，在巴基斯坦一般的情況下，不大可能找來這麼多來自不同族群的人共處一室、喝茶聊天。這也許是真的。可是，在薪水微薄和幾乎無人監督的情況下，他們已經找到了共事的方式——他們就像道路盡頭那些他們所服務的人一樣，闖出了一番輝煌成績。

每當我踏上巴基斯坦國土，身邊隨時有一、兩位伙伴與我同行。我們會在巴提斯坦、喀什米爾和興都庫什山中蜿蜒的道路走上好幾個禮拜。儘管旅程長久辛苦，他們的一舉一動都讓我覺得他們根本就是同屬於伊斯蘭教的大家庭。他們常常挖苦彼此、放聲大笑。其中以蘇利曼·敏哈斯最為幽默。蘇利曼是位說話刻薄、留著整齊鬍鬚的什葉派計程車司機，我在一九九七年一個下午，在伊斯蘭馬巴德機場搭上他的車，他隨後便辭去工作，對外宣稱擔任我的調停長。協會的職員中，最為人所津津樂道的，就是蘇利曼交響樂般的打鼾聲、他的「其他引擎」製造出來的廢氣，以及每次他如廁時所傳出的神祕噗通聲——成為同事之間不斷猜測和娛樂的來源。

另外一個受到這群人歡迎的消遣，就是打開我們裝有SatLink衛星服務的太陽能筆記型電腦，觀看YouTube上美軍和塔利班對戰的影片。大家最喜歡的畫面，就是一位激進分子大叫「阿拉阿格巴！」（神是偉大的！），卻把迫擊砲砲彈裝反，結果把自己炸個粉碎。阿波是個憎恨宗教極端主義的虔誠遜尼派，他可以反覆把這段影片看上十到十五次，每次砲彈爆炸時都樂不可支。

他們其他的娛樂就是揶揄蕭卡特・阿里・喬德立。這位笑容靦腆、戴著金框眼鏡、留著一大把黑鬍子、態度熱心的老師，以前曾經是塔利班成員，現在則擔任我們在喀什米爾的兼職顧問。他最近剛滿三十歲，在這個男人都在一、二十歲就結婚的國家裡，他娶妻成家的進度嚴重落後。為解決這個問題，他最近同時寄求婚信給至少四位女性——只可惜，她們全都拒絕了。蕭卡特・阿里每次向我們說明這些拒絕經過的時候，總喜歡先來上一段長達四十五分鐘以上、又臭又長的宗教獨白。同事們正經地告訴他，想要成家的最快方式，就是向「小聾女」求婚。

如果影集〈我家也有大明星〉有穆斯林版本，也許可以描寫我這群同事的故事。

我常把這群人稱為「決死突擊隊」，因為當中很多人都是叛徒和社會邊緣人——這些人的才能未受賞識，多年來一直努力尋求立足之地，他們的精力和熱情換來的往往是前雇主的冷漠或高傲態度。可是，在中亞協會表面上似乎鬆散無章的結構裡，他們卻找到了發揮才能的機會，對他們的社會多所貢獻。因此，這些人做到了好幾家組織才能做得到的工作，全都是因為對女子教育的熱情所驅使。對每一位「決死突擊隊」成員來說，學校就是一切。雖然他們喜歡打科插諢，但他們願意為了教育女性而貢獻生命。

不過，即使擁有這樣一群非凡的工作人員，但深入阿富汗瓦罕走廊的想法，讓我溫和地說，還是有點瘋狂。要做到這樣的偉業，首先需要一位兼具勇氣和體力的先鋒，他至少得精通五種語言，還要願意騎馬奔波，而且好幾個禮拜不洗澡。這個人得願意帶著四萬美元的現金、在沒有武器的情況下，勇敢地橫越興都庫什山。他要能和軍閥、毒品商、軍火走私者、腐敗的政府官員，以及聲名狼藉的部落或領袖打交道——必要時，還得想辦法取悅這群人。

還好，我們正要雇用一位條件完全符合的人——我把他稱為我們的印地安納·瓊斯。

第二章

鳥爪男子

高山雖然巨大，卻永遠無法觸及彼此；但人類可以。

——阿富汗諺語

阿富汗喀布爾的一名寡婦

一九九九年秋天，在查普森河谷盡頭的祖德可汗村，就在吉爾吉斯騎馬人沿著艾爾沙德山口來到此地的前一晚，我們見面了。我來祖德可汗村表面上是為了視察一項工程，我們在此地架設了一條長達七公里的水管，為全村提供乾淨的水源和水力發電。我們一般不會參與這樣的工程，可是，自一九七九年蘇聯入侵阿富汗以來，查普森河谷便對外封閉，這是讓政府允許我進入此處的唯一辦法。不過，我來訪的真正目的，是要了解阿富汗邊境的吉爾吉斯、瓦希和塔吉克族群。

過去兩年，我偶爾會聽聞住在興都庫什山北邊盡頭的人們迫切想讓他們的女兒受教育。這些訊息指出，瓦罕走廊不少部落領袖想要傳話給我，卻未能如願，而祖德可汗似乎是最適合充當溝通橋樑的地方。我還一直聽聞查普森有個人也許能夠幫忙。

這個人叫做沙爾法拉茲．可汗，關於他的故事既刺激又精采。有人把他描述成集各種矛盾於一身：精通高山格鬥的前突擊隊員、開著一台「塔利班豐田」車、喜愛音樂和舞蹈、戴著一頂和狄克．崔西一樣的孔雀藍軟呢帽出沒在山間。也有人暗指他擁有不尋常的過去：走私寶石、愛喝威士忌、販賣犛牛。更有各式各樣古怪的說法來描述他的槍法、騎術和牙醫技術：據說他可以在一英里以外使用高威力步槍打死野山羊；他的騎馬技術和哥薩克騎兵不相上下；他有一次比賽「布許卡希」，這是把無頭山羊屍體當作球來打的中亞暴力版馬球，因為太過認真用力而撞斷了門牙，他居然用不鏽鋼做假牙，為自己裝上。

關於他也有一些邪惡的傳言：人們繪聲繪影地描述他和第一任妻子離婚，幹出了這樣不名譽的事情後，居然還有膽在答應與第二任妻子結婚前，要求先看她的長相。這種要求違背當地風俗，可是，如果傳言為真，他的要求被允許了，那這可是祖德可汗一百年歷史以來，這種無理要求唯一被允許的一次。此外，沒有人能夠徹底說明原因——也許，只是因為沙爾法拉茲．可汗擁有非凡的魅力和怪異能力，能夠控制別人改變心意。

誰能分得清真實和傳說呢？我只知道這是我們非得認識的人物。

在雪花紛飛中，我從蘇斯特鎮出發，往西北走上查普森河谷唯一一條道路。晚上快九點，我抵達祖德可汗村，此處平頂泥牆的房屋全都覆滿白雪，就像《齊瓦哥醫生》裡的景致一樣。中亞協會的保全費瑟．貝格與我同行，他本身就是在祖德可汗村出生、成長。我們預計在費瑟的外甥薩都拉家裡過夜。薩都拉負責管理我們在鄰近亨札河谷的幾所學校。

我們低身進入薩都拉家裡，與他的父母打過招呼後，盤腿坐在犛牛毛和羊毛織成的厚地毯上，背靠著牆，牆面糊有如蜜糖一般濃稠的煤炭。薩都拉的妹妹娜爾吉克才剛端來一壺熱茶，此時，房門大開，一名穿著破舊的蘇俄防風外套的男子走進來，他看起來就像是才剛從床上爬下來，隨便用叉子梳了一下頭髮一樣。他猛然進屋時，還專心地調整手上的塑膠收音機頻道，傳來中國西部喀什的維吾爾搖滾電台震天價響的音樂。然後，他透過燃燒著犛牛糞的藍色火焰看到了我，就立刻放下收音機。

「啊，葛瑞格醫生，你來了！」他大叫，並張開雙臂、咧嘴而笑，露出一排金屬假牙。「真是巴夫（太好了）！」他穿過厚毛地毯，給了我一個大大的熊抱，再後退與我握手。

我這才注意到他的手。右手的三根手指向後彎，就像鳥爪一樣。我們握手時，他用食指和拇指緊握我的手。我很好奇是什麼意外造成這樣的傷害，可是，他卻已經轉身快步走出門外，消失在黑夜裡。

不過，沒多久，他又回來了。

他雙臂抱著一床顯然是留給貴客使用的伊朗紅毯，他堅持要我把它蓋在身上。等我把毯子裹在身上後，我們開始分享我們的第一杯茶，並聆聽他的故事。

過去四十二年以來，沙爾法拉茲自認「與成功無緣」。他的第一段婚姻失敗，這在穆斯林文化中是一大難堪；而他之所以能結第二次婚，是因為他騙未來的岳家他沒有小孩（事實上他在第一段婚姻裡有兩個女兒），然後又大膽要求要在婚前先看看未婚妻的長相。他也在喀拉崑崙到阿拉伯海一帶做過不少小生意，卻未能為自己建立家園或一個穩定的未來。也許，更重要的是，他沒有找到能夠激發他發揮天生領袖和改革才能的職志。

沙爾法拉茲生長於祖德可汗村，只唸到八年級，學校位於查普森河谷另一邊的村落，騎馬五天才會到。他的父親哈吉．穆罕默德是負責徵收海關稅的邊境巡邏員，薪水微薄，兒子在這所學校寄宿是一大負擔。不過，哈吉．穆罕默德和沙爾法拉茲的母親，比比．古爾納茲竭力讓他們的長子受教育，因為，有了八年級的畢業證書，他就可以在學校教書。

沙爾法拉茲按照計畫完成了學業，進入祖德可汗村的第一所小學擔任一年級老師。天氣好的時候，學生在戶外上課。天氣差的時候，他們就聚集在村子的祖馬特卡納（以實馬利派的禮拜堂）。不到一年，沙爾法拉茲就發現自己討厭教書，於是決定從軍，在旁遮普兵團的精英高山部隊擔任突擊隊員。他於一九七四年派駐喀什米爾，在與印度軍交火時兩度受傷。第一顆子彈擦過右上臂，第二顆子彈則直接穿過右手掌。軍醫未能適當處理傷口，導致局部癱瘓，他的三根手指永久蜷縮，形成他如今猶如鳥爪一樣的特徵。（儘管手指殘疾，他還是可以拿筆、開槍、還能一邊開車加速、一邊講手機。）

沙爾法拉茲光榮退伍，帶著四美元的月退返家，繼續在祖德可汗村教書，但這份工作只維持了一年，就因為薪水太少、需要養育的家庭成員越來越多而做不下去。於是，他搬到鄰近的吉爾吉特村擔任小貨車駕駛，奔波於路況險峻的喀拉崑崙公路上，常常需要一口氣開三十個小時的車，而且很少回家。他苦惱自己「與成功無緣」，於是搬到巴基斯坦最大的城市與商業中心喀拉蚩，當了六個月的丘基達爾（安全警衛）。然後，又往北到該國的學術與文化中心拉合爾，在一家中國餐館工作。他在這裡也「與成功無緣」，於是在八〇年代初期，沙爾法拉茲又搬家了，這一次，他搬到動盪的西北邊境省的首府白夏瓦，當過司機、技工和車商，最後，他決定再也不碰汽車。無計可施之下，他回到家鄉祖德可汗村——和巴基斯坦部落區上百萬名男人一樣，繞了一圈又回到原點，加入占人口比例高達百分之八十的失業族。

此時，蘇聯入侵阿富汗的戰事升高。當蘇聯派遣直升機中隊進入邊境，飛入祖德可汗村的上空時，巴基斯坦政府立即宣布查普森河谷為保安地帶，外人不得進入。沙爾法拉茲意識到機會來了，決定利用家族在瓦罕走廊的關係，與邊境的阿富汗人交易。（一個世紀以前，沙爾法拉茲的祖先從瓦罕走廊搬到查普森河谷，很多親戚還留在瓦罕。）

接下來的十年，他的職業是高山商人。一年有三或四次，他會騎馬或步行運送白米、麵粉、糖、茶葉、香菸、食用油、菜刀、電池、鹽、鍋子、煙草，以及任何瓦罕走廊居民過冬時需要的物品。這些東西可以用奶油或動物來交換——主要是犛牛和肥尾綿羊，然後他再帶著牠們爬過山口原路返回。有時他也不介意幫人走私寶石或威士忌，不過，他不碰鴉片和槍枝。

儘管沙爾法拉茲不時會在K2和鄰近高山兼差當挑夫，但生活還是很困苦。不過，這些經驗讓他累積了不少難得的專長。他熟知阿富汗和塔吉克軍方巡邏隊（他躲著他們）的出沒地帶和一舉一動，也了解野生動物的習性，特別是野山羊和馬可波羅羊（這是他最喜歡獵捕的動物）。一路走來，他在興都庫什山北邊村落慢慢建立起強大的生意人脈。十年後，他的語言技巧已經發展到能說七種語言：烏爾都、旁遮普、達利、布魯許喀什、帕施圖、英文和瓦希語。

沙爾法拉茲這些年在各地打工、當高山小販，過著像吉普賽人一般的流浪生活，也許非常冒險刺激，但當晚他在祖德可汗村向我描述這些事蹟時，並沒有把這段「與成功無緣」的經歷添上浪漫色彩。在他看來，他漫無目的的流浪以及財務拮据，正突顯了幾乎任何男人（或女人）想在巴基斯坦貧窮村落和擁擠城市中獨立謀生是多麼困難。

不過，對我來說，我卻看到完全不同的一面——而且更有價值。

天色已晚，薩都拉．貝格家其他人紛紛上床睡覺。不過，當我聽到沙爾法拉茲對於興都庫什山深處非常熟悉時，我又加了一塊乾犛牛糞餅到爐火中，告訴他，我想請他給我上一堂關於瓦罕走廊的速成課程。有多少人住在那裡、他們屬於什麼部落、宗教和政治派系是什麼？

沙爾法拉茲笑著表示，情況沒有那麼簡單。他坦言，雖然當地只有五千多名居民，但整個走廊延伸一百二十英里，一路上寬度不會超過十二英里，卻住著三種族群，各自有不同的習俗、傳統和種族，說著三種不同的語言，且分屬於伊斯蘭教的兩大教派。

最東邊的是吉爾吉斯游牧民族，帶著他們的牲畜在一萬兩千英尺的山上逐水草而居。吉爾吉斯人是建立鄂圖曼帝國的騎兵之後，是說著土耳其系語言的遜尼教派——這是他們與瓦罕西邊居民的最大區別。沙爾法拉茲表示，瓦希人屬塔吉克族，他們的祖先可追溯到現在位於伊朗的波斯帝國。他們務農，住在海拔遠比吉爾吉斯人村落還低的地方，並沿著河谷種植大麥、蕎麥和馬鈴薯。瓦希人的語言屬於波斯語系，在宗教上屬於伊斯蘭教的以實馬利派。最後，在瓦罕走廊的最西邊，與阿富汗西北部的巴達桑省交界處，住著第三個族群。他們像瓦希人一樣，也屬於塔吉克族。可是，他們不是以實馬利派，而是保守的遜尼派，而他們的語言，塔吉克語和達利語，也分屬於不同的波斯語系。

沙爾法拉茲發現我搞不清楚這些互相重疊的宗教和語言特性，於是拿出一本筆記本，撕下一頁，打算畫個特製地圖來釐清混淆。他緩慢地說，地理位置不及關係來得重要，阿富汗各地皆然。如果想要了解在瓦罕走廊的做事方式，則村落、河流和道路的地理位置其實一點也不重要。真正重要的是誰發誓對誰忠誠。這才是掌握權力流向的關鍵，他表示，了解了權力的動向後，所有事情都豁然開朗。

然後，他在紙上畫了三個圓圈——左邊、右邊和中間，並在每個圓圈裡分別寫上名字。右邊（東方）的圓圈代表吉爾吉斯人，他在上面寫的名字是阿都・拉希德・可汗。此人就是一九八二年拒絕加入「最後出走」的那位領導人，他帶著一小群族人留在帕米爾高原。中間圓圈（代表瓦希人）寫著沙阿・以實馬利・可汗。沙爾法拉茲解釋，他的總部位於瓦罕走廊半途的夸拉潘吉村，並且聽命於以實馬利派的最高領袖阿嘎・可汗。左邊圓圈（塔吉克人）寫著薩哈・可汗，他是穆斯林游擊隊指揮官，曾對抗蘇聯十年，之後又對抗塔利班政權五年。

沙爾法拉茲說，權力由西往東流動。塔吉克人比瓦希人有錢、武器也比較好；瓦希人又比吉爾吉斯人善於農作；吉爾吉斯人畜牧大量綿羊和犛牛，其獸毛和肉品為眾人所覬覦。雖然薩哈・可汗是整個走廊中權勢最大的，但整個瓦罕民政在他、沙阿・以實馬利・可汗及阿都・拉希德・可汗三人之間形成巧妙平衡，各自在自己的影響範圍內擔任最高指揮官。瓦罕走廊中，沒有一件事逃得過這三大「巨頭」的法眼。一切活動都必須獲得他們的許可。

沙爾法拉茲介紹完這些權力分布狀況後，立刻開始講述另一個他認為比人類互動還要有趣的話題。「現在我們來談談馬匹，」他神采飛揚地宣布：「對於瓦罕地區的人們來說，沒有其他東西比馬匹更重要！」

大半個夜晚，我們談論了許多關於馬的事情：馬的駿美，牠們如何能提升騎士的地位，以及此區男人在馬背上展現勇氣和本領、從事暴力競技的重要性。不過，在離去之前，沙爾法拉茲表示他有個提議。

「如果你真有興趣了解瓦罕，」他說：「那麼，明天讓我帶你進入艾爾沙德山口，你就能看到進入走廊的路線。」說完後，他向我道晚安，就走出門外回家了。

這是我和沙爾法拉茲的第一次對話，開啟了往後我們無話不談的關係。在當時，我認為他只把我看成是一個（不折不扣）想要冒險的古怪美國人，能讓他有機會賺點小錢。不過，我卻認為沙爾法拉茲是個精力旺盛、野心勃勃的男人，對於自己戲劇性的經歷有點誇大，但又似乎對我們「盡頭優先」的建校做法感到非常好奇，也許是因為我們所做的事映照了他靈魂深處。

我還知道此人是個驕傲、有創意、沮喪又非常有能力的人，把他的人生視為一場永無止盡的「布許卡希」比賽。簡單的說，我看出他擁有我所欠缺的一切特質。當時，我和沙爾法拉茲都還不清楚，我們似乎能夠彼此互補，成就對方。

我們在祖德可汗村白雪紛飛的夜裡促膝長談，我人生中最偉大的一段友誼就此展開。

翌日，等村落長老帶我視察過中亞協會資助的新水管和水力發電機之後，我和沙爾法拉茲便鑽進他的櫻桃紅休旅車，往北開上滿布冰霜、泥巴和鬆動大石的險惡道路。我們的目的地是巴巴岡狄席拉特，這是位於巴基斯坦北端國境、緊鄰阿富汗邊境的一座六角形神殿。

這段十五英里的行程花了我們一個小時的時間，沿路丘陵毫無植被，而且岩石散布，如登月球表面。雨雪交織、間以興都庫什山吹來的凜冽強風，這樣的天氣讓陰鬱的查普森（瓦希語意指「不毛之地」）更顯蒼涼。

接近神殿時，我們看到二十來隻犛牛由五名騎馬人驅趕著。這群吉爾吉斯人顯然剛走過艾爾沙德山口，想趕在入冬前再做一筆生意。

這些人是沙爾法拉茲的朋友，互相介紹後，我們拿來幾塊牛羊毛地毯，鋪在溼冷的地上。就在我們坐在這裡喝鹹茶的時候，阿都．拉希德．可汗派來的十四名騎馬人從山口馳騁而來，找到了我。帶頭者是羅桑．可汗，他是阿都．拉希德．可汗的長子。等我們寒暄之後，沙爾法拉茲走回休旅車，搬出四十袋麵粉送給這群吉爾吉斯人，作為牲宰節（伊斯蘭教兩大年度節慶之一）禮物。貨物卸完後，我們就帶著拉希德的特使，一起回到祖德可汗村。

我們在傍晚抵達村落，齊聚在沙爾法拉茲家的泥牆房屋裡。趁著吉爾吉斯人下馬、把馬栓好之際，沙爾法拉茲選了一頭肥胖的「麥」（綿羊），小心地把牠拉到地上，讓牠頭朝著西南方的麥加聖地，唸了幾句祈禱文後，便拿起刀子割穿羊的喉嚨。等到綿羊的血流乾了以後，沙爾法拉茲的妻子，比比．努瑪便剝去羊皮，開始烹煮羊肉。

夜晚來臨，近四十名男子擠在沙爾法拉茲十六英尺寬、二十英尺長的單房，設法靠牆而坐。吉爾吉斯人盤腿坐在腳上的大靴子上，並從裡面拉出小刀來當餐具。（通常是不准穿鞋子進別人家的，可是，沙爾法拉茲特別讓這些吉爾吉斯人破例，因為如果他們脫掉靴子，則剛剛穿越高海拔地區而腫脹的雙腳，將再也穿不進靴子裡。）

大部分的羊肉都丟到大鍋裡煮，只留一點拿去炸。不過，最精華的部分是「當巴」，這是羊屁股和後腿的肥油。這一大坨肥油放在屋中的大淺盤上面，像金色果凍一樣地抖動著。

一向以喝雨水、嚼煙草維生的吉爾吉斯人，早已饑餓難耐，開始狼吞虎嚥起來。他們用雙手捧著肥油，用小刀把羊肉從骨頭撕下來，再折斷羊骨猛吸裡面的骨髓，發出湯湯水水的聲音。每個部分都可以吃——羊頭、睪丸、眼珠。等到他們吃飽後，這些人舉起沾滿油脂的手，仔細地塗抹在他們的臉上、頭髮和鬍鬚上。

大家都酒足飯飽後，又端上裝滿鹹茶的中國熱水瓶，再加上一大碗「阿拉克」，也就是發酵馬奶。然後，該睡覺了，沙爾法拉茲向村民借來毛毯，客人們出門淨身。

此時，風已靜止、雪也停了，天空繁星點點，閃亮的銀河照亮了祖德可汗村周圍的每一座山巔。就在這些騎馬人蹲著用火柴棒或刀尖清理牙齒的時候，羅桑．可汗與我並肩看著夜空。然後，他引述了一段他父親說過的話，並由沙爾法拉茲翻譯給我聽：

> 對我來說，困苦的生活一點都不是問題。可是，我不希望我的孩子也過著這樣的生活。我們只有少許糧食、粗劣的房屋，也沒有學校。我們知道你在巴基斯坦蓋學校，你是否願意到阿富汗來幫我們？我們會捐出土地、石塊和勞力，你要的我們都能辦到。來與我們過冬、做我們的客人。讓我們一起喝茶。我們會宰殺最肥美的羊，好好討論，規劃建校。

我回答，我很榮幸獲得這項邀請，可是，我無法跟他們回艾爾沙德山口，與阿都．拉希德．可汗一起紮營五個月。首先，我沒有進入阿富汗的正式許可——喀布爾的塔利班政權並不核發簽證給美國公民。更重要的是，我懷有身孕的妻子等著我回家，如果我不趕快回去，她會非常失望。這位吉爾吉斯人應該能夠了解讓妻子不高興是多麼嚴重的事情吧？

羅桑．可汗沉重地點點頭。

不過，我繼續說，我有機會一定會去拜訪他們，屆時，我會傾全力幫助他們。同時，我還需要一些資訊。阿都．拉希德．可汗是否能估算出五歲到十五歲需要上學的孩童人數有多少呢？

「沒問題，」羅桑告訴我：「我們很快就會把瓦罕每位居民的姓名都告訴你。」

這好像太牽強了。這些人來自於一個沒有電話、傳真機、電子郵件、郵務系統和馬路的地方。而且，此區即將籠罩在暴風雨雪當中，與外面世界隔絕長達七個月之久。

「他們究竟要如何把這份資訊交給我們？」我轉向沙爾法拉茲問道：「當我們準備好進入阿富汗、爬上瓦罕走廊時，又該如何告訴阿都．拉希德．可汗我們來了？」

「沒有問題，我們不需要告訴他們，」沙爾法拉茲輕快地說：「阿都．拉希德．可汗會設法把資訊交給我們。我們要去找他時，他也會知道。」

我沒有其他選擇，只好聳聳肩，信了他的話。

現在，羅桑．可汗和我訂下了和六年前一樣的約定，當時，哈吉．阿里站在科爾飛的大麥田裡，要我向他保證我會回去找他。這位吉爾吉斯騎馬人的領袖把他的右手放在我的左肩上，我也對他做出同樣的動作。

「那麼，你答應來瓦罕為我們的子女蓋學校嗎？」他看著我的眼睛，問道。

在祖德可汗村這種地方，堅定的承諾就如同歃血為盟——這對我這樣的人來說，會是一大問題。那些在美國與我共事的人都有慘痛教訓，知道我這個人不善於管理時間：多年來，我多次錯過班機、在多場會面中缺席、違背許多早已遺忘的約定。可是，教育是神聖大計，不管會花上幾年光陰，有多少障礙需要克服，或花費多少金錢，發願建校都是不容放棄或違背的承諾。人的一生，就是根據這樣的承諾來評斷損益。

「是的，」我回答：「我答應為你們蓋學校。」

隔天早上五點，他們就離開了。下次再見到他們，已經是五年以後的事了。

第三章

新世紀元年

女人熱淚盈眶，讓塔利班憎恨不已。

——柯林・施伯龍，《絲路之影》

被塔利班炸毀的女子學校，巴基斯坦西北邊境省巴扎爾村

如果那群吉爾吉斯騎馬人在那個十月的早上往北穿越艾爾沙德山口的場景像是回到十三世紀，那麼，他們回到的阿富汗境內就像是黑暗時代的現代版，文明社會被封鎖，時間似乎倒退著走。

十年前，穆斯林游擊隊把蘇聯趕走後，便開始相互奪權，讓這個國家分崩離析，多頭勢力各自為政。一九九〇年代初期，阿富汗幾乎每個城鎮都陷入無政府狀態。連接奎塔、赫拉特、喀布爾、賈拉拉巴德和馬札里沙里夫等城市的道路充斥著數百個目無王法的檢查站，每一站都駐守了一位低階領隊，或者一群年輕打手，拿著幾把卡拉希尼科夫槍，向遊客們強索過路費。在托克哈姆和坎大哈這樣的城鎮裡，年輕男女常常被人擄走、加以奴役或強暴。商人和店主只得設法對抗那些姦淫擄掠的匪幫。罪惡橫行、社會混亂，全國瀰漫著嫌惡、恐懼和背叛的氣氛。

到了一九九四年十月，有兩百多位年輕人，多數來自於白夏瓦骯髒低劣的難民營，團結起來展開一場全新聖戰。這些人多半唸過走強硬路線的伊斯蘭教學校，這些學校的贊助人不是沙烏地阿拉伯人就是巴基斯坦政府，向學生灌輸伊斯蘭教義中充滿敵意又激進的部分。這群人稱自己為「塔利班」，這是帕施圖語，意思是「伊斯蘭教的學生」，他們越過巴基斯坦邊界，湧入阿富汗境內大卡車來往的史賓波達克，打著「真伊斯蘭秩序」的口號，想要統一全國，恢復正義和安定。

塔利班士兵戴著黑色頭巾、舉著白色旗幟、宣誓效忠一位隱遁的獨眼帕施圖人，他的名字叫做毛拉．歐瑪爾，總部位於坎大哈。據傳他會用香料塗滿全身，而他宣稱他用的是先知穆罕默德的配方。接下來的幾個禮拜，不斷有新兵加入，讓他們的陣容快速茁壯，成為兩萬大軍。他們有巴基斯坦最強大的情報局所提供的武器、軍火和通訊科技，因此多次在對抗穆斯林游擊隊戰役中獲勝。一個月之內，他們就攻入坎大哈、占領當地機場，霸占六架米格二十一戰機和四架俄製米十七運輸直升機。到了翌年九月，他們裝有機關槍的日本小貨車裝甲部隊已經在赫拉特西邊橫行霸道。一年後，他們先後占據了東邊的賈拉拉巴德和喀布爾，俘虜阿富汗共黨頭子、前總統穆罕默德．納吉布拉，在他的臥室給他強行去勢，然後把他綁在休旅車後面，車子拖著他在皇宮前開了一圈又一圈，最後再把他的屍體掛在交通號誌上示眾。

到了一九九六年底，塔利班已經控制了全國三分之二的地區，建立了一個結合虐待和愚行的殘酷政權。所頒布的古怪勒令包括禁止人民聽音樂、玩撲克牌、公開大笑或放風箏等等。彈珠和香菸是違禁品。人們禁用牙膏、禁止魔術，也不得追求流行打扮的美式髮型——尤其是那些想要像李奧納多．狄卡皮歐在《鐵達尼號》裡一樣炫的人。

這些新規定由「提振道德防治犯罪部」兇殘的官員負責執行，這些人會開著小貨車在街上巡邏，揮舞著**AK-47**步槍，或者拿著無線電天線鞭打路人。他們狂熱地執行新道德規範，創造出極為嚴厲的社會氣氛。唯一獲得認可的公開娛樂，就是觀看罪犯在足球場被石頭砸死或者被吊死在街燈上。在這個向來熱愛夜鶯、歌鶇和白鴿美妙歌聲的首都裡，任何膽敢養鳥的人都將鋃鐺入獄，他們的鳥也會立刻被殺害。

塔利班有許多整肅目標，其中，他們嚴厲禁止任何「比達」之舉，這個阿拉伯字詞指的是從事偏離《可蘭經》的新制。他們全面斷絕對外聯繫，禁止電影和錄影帶，用坦克車壓毀電視機，把所有錄音帶的膠片拉出、掛在街燈上，並且規定只要任何人被發現攜帶「非伊斯蘭教」的書籍，就會立刻遭到處決。

到最後，這種暴力捍衛宗教的做法演變成對阿富汗社會與文化結構的全面破壞。國立博物館裡存放著堪稱全世界最完美的中亞藝術品，但由於塔利班宣稱雕繪人物助長偶像崇拜，如今，幾乎每座雕像、每塊石碑都被鐵槌和斧頭敲得粉碎。基於相同原因，他們還摧毀了巴米揚省砂岩懸崖上分別刻於西元三世紀和五世紀的兩座佛像。喀布爾總統王宮裡，絲質壁紙上的每一隻孔雀頭部都被白漆覆蓋，建築入口的鎮宮石獅也慘遭斬首。

到了西元一九九〇年代後期，暴行魔爪開始伸進塔利班遠景核心最神聖的信條——伊斯蘭教本身。伊斯蘭教不僅是奉行先知穆罕默德諭示、僅尊阿拉意願的信仰，同時也是穆斯林信徒建立文明所依循的架構。這個架構不光是意識形態，還包括哲學、科學、藝術和玄學。只要有伊斯蘭文明發展極致、充分表達教義精神的地方，都是因為領導者鼓勵社會發揮容忍、多元性，並且尊敬神，也尊敬人類。塔利班和當代許多伊斯蘭基本教義團體一樣，刻意摧毀這項傳統，違背了《可蘭經》建立公正與平等社會、並由統治者直接負責為大眾建立福祉的訓示。

不過，在塔利班曲解和摧毀伊斯蘭教教義的種種作為中，最令人髮指的，莫過於他們對於自己的姐妹、女兒、母親和妻子所做的罪行。

一九七〇年代初期，阿富汗都會女性享有相當程度的個人自由和自治權，這在保守的穆斯林社會中顯得非常開明。根據美國阿富汗婦女委員會，多數的喀布爾女性外出工作——成千上萬的女性擔任醫藥、法律、新聞、工程等專業職位。當然，在該國的鄉下地區，婦女受教育和工作的機會還是很低，不過，在喀布爾市內，工廠和辦公室、電視新聞和大街上，隨處可見未蒙面紗的女性，穿著東歐款式的洋裝和高跟鞋。塔利班入侵喀布爾短短一個禮拜，就剝奪了婦女在當地享有的特權，馬上讓女人噤聲、隱形。

在全國各大城鎮，女人若沒有男性近親陪伴，就不得出家門一步，而且外出時一定得穿著藍色的「布卡」。就算有女人大膽出門，也不得向男性店家購物、與男人握手交談，或者露出腳踝，否則將慘遭鞭刑；塗指甲油者，會被砍去指頭。年輕女性不得在河邊或公共場所洗衣服、參與運動競賽，或出現在自家陽台上。取有女性名稱的街道或城鎮，必須立刻改名。

加諸在女人身上的禁令不斷增加，甚至相互矛盾，終致古怪荒唐的地步。例如，生病的女人只能由女醫生醫治——可是，塔利班占領喀布爾的第一個禮拜，就把所有女醫生趕回家，不准她們踏出家門一步，因而斷絕了一半人口的就醫機會。這些限制也意味著那些首都戰爭下的寡婦，身邊沒有男性近親陪伴——據美國國際開發援助署估計，死亡男丁超過五萬人——突然無法謀生，只能依賴乞討、偷竊或賣淫。當然，這些都是違法的行為，萬一被抓到，會遭宗教警察任意鞭打或截肢致死。

在這場對抗女人的戰爭中，最首要的目標自然是教育。自從塔利班占領喀布爾的那一刻起，全國每一所女子學校和女子大學立刻關閉，教導女子讀寫變成違法之舉。光是在首都，就有十萬六千兩百五十六名國小女童，以及八千多名大學女生從此和教育無緣。同時，有七千七百九十三位女性教師失業。為執行這項政策，道德防罪隊員開始隨身攜帶用腳踏車輪胎做成的橡皮鞭，來阻止女孩上學。任何老師被抓到祕密教導女學生，絕對死路一條，有時會直接在學生面前加以處決。

為對抗塔利班暴行，有一小群女人建立了地下反抗網路，提供醫療照護、教育以及對外溝通的管道。包括英國政府的國際發展部、拯救兒童組織和瑞典的阿富汗委員會等團體紛紛協助這些勇敢的女性在自家、辦公室，甚至山洞裡設立祕密女子學校。到了一九九九年，全國共有約三萬五千名女子在家自學。不過，雖然有這些進展，但越來越多婦女發現自己被困在小公寓裡、斷絕所有公共生活。人權醫師於一九九八年針對阿富汗女性健康狀況所做的問卷調查顯示，有百分之四十二的受訪者符合創傷後壓力症候群診斷標準，百分之九十七有憂鬱症的傾向，而百分之二十一表示她們「常常」或「隨時」有自殺的念頭。

狂熱的神權政治將女人逼迫到如此田地，一個蒙大拿的前登山客想要冒險進入阿富汗蓋學校，並且提倡女子教育，似乎是連想都不敢想的主意。不過，在西元二〇〇一夏天，塔利班好運不再，情勢開始走下坡。

奧薩瑪・賓拉登早在幾年前就被他的祖國沙烏地阿拉伯驅逐出境，現在包括他自己、幾名妻子、小孩和親信又全都被迫離開蘇丹。在塔利班領導者和阿富汗政府的許可下，賓拉登一行人得以留在巴基斯坦，進而進行和資助一連串恐怖攻擊計畫，包括一九九八年八月炸毀美國駐肯亞和坦薩尼亞大使館，據美國國務院表示，有兩百三十多人喪生、四千多人受傷。

儘管塔利班領袖顯然對於賓拉登的恐怖活動感到不安，但他們卻斷然拒絕美國政府一再要他們把他驅逐出境或交出來審判的要求。拒絕理由很簡單：賓拉登是和他們並肩對抗蘇俄的穆斯林同胞，不管是把他或任何同胞交到美國人手上，都違反了帕施圖「奈那瓦泰」的規範——客人有接受庇護和保護的權利。這就是二〇〇一年九月第二個禮拜的情勢。

當時，我剛回到沙爾法拉茲・可汗位於查普森河谷西邊的故鄉祖德可汗村，視察我們剛蓋好的女子職業中心。我到達的第二個晚上，熬夜與村中長老開會，直到凌晨三點才上床。沙爾法拉茲像往常一樣還清醒著，撥弄著俄製短波收音機，想要轉到他喜愛的中國喀什電台，收聽他最愛聽的維吾爾族音樂。結果，他卻從廣播新聞中，聽到來自世界另一端令人心慌的消息。剛過凌晨四點半，費瑟・貝格把我叫醒。

「很遺憾，」他說：「有個叫做紐約的村莊被炸了。」

世貿大樓和五角大廈遭受攻擊，美國採取立即報復行動。十月七日發動「永久和平行動」，除了大規模空襲之外，還有一群來自阿富汗北邊的穆斯林聯合游擊隊帶頭從地面進攻，而這些民兵背後都有數百位中情局間諜和美軍的暗中資助。到了十一月十二日，「北方聯盟」已經占領塔利班政權所控制的多數領土，並且重新奪回喀布爾。一個月後，塔利班戰士棄守他們在坎大哈的最後據點，這個南方城市就是當初他們展開征服全國行動的起點。此時，領導階層潰散逃逸，士兵也回復村民身分，或者越過國界到巴基斯坦部落區尋求庇護，當初那些蓄鬍教士和宗教學校的熱情學生揭竿起義、橫掃北巴基斯坦的盛況再也不復見。於是，在十二月的第二個禮拜，我終於能夠首度造訪喀布爾。

從巴基斯坦前往阿富汗首都的道路，沿著長達一千六百英里的大幹線公路西段而行。這是南亞最長、歷史最久的幹道，動工時間可回溯至西元前三二二年孔雀王朝時代。大幹線公路最早是連接孟加拉灣和今日的巴基斯坦以及阿富汗和波斯帝國的幾條貿易路線。幾世紀以來，幾十代王朝皆利用這條路線動員軍隊，從徒行的步兵團、騎乘大象的騎兵部隊到機械化的坦克部隊。

我的喀布爾之旅，先是由蘇利曼．敏哈斯開車載我橫越白夏瓦西部，越過一個二十年來一直掛著「外國人不得進入」的檢哨站。從那裡，道路蜿蜒直上白山山脈，這裡有一段長達二十三英里的險峻山路，行車必須隨時留意閃避前後方車輛。（當地人稱此路段為大幹線殉道者路段，因為很多駕駛在此處車禍喪生或被搶匪殺害。）這段路的盡頭是吳蘭鎮，是走私者商場，從輪胎、電視機到海洛英，一切貨物應有盡有。吳蘭鎮路旁有一片殖民公墓，葬著第二次英阿戰爭（一八七九到九〇年）和第三次英阿戰爭（一九一九年）喪生的數百名英國士兵——提醒世人外國軍隊想要入侵與控制阿富汗的下場。

大幹線公路從這裡開始下坡，一路到阿富汗邊境為止。在狹窄險峻的陡坡上，超載的大卡車以低檔穿過紅鏽色石灰岩壁，這裡就是頂頂有名的開伯爾山口，是當初亞歷山大大帝和成吉思汗軍隊抵達波斯和蒙古的隘口，也是英國人行經的路線。經過開伯爾山口後，離阿富汗邊界和托克哈姆鎮就只有三英里之遙了。

二〇〇一年十二月，托克哈姆擠滿了數千名阿富汗難民，他們之中，有些要返回阿富汗，有些則要前往巴基斯坦。有個蓄著小鬍子的阿富汗老人告訴我，他逃離阿富汗是因為美軍轟炸行動；另一名拖著一群小孩的婦女則表示她之所以逃難，是因為她的土地遭入侵者占據，讓她無家可歸。兩國真正的邊界，是一塊兩邊各有大型鐵門的圓形區域。巴基斯坦移民局辦公室裡堆滿了數十個公家檔案櫃。而在阿富汗那一邊，則擺了一張書桌和一張椅子，還有一位謙恭有禮的官員，他看了我一眼，就在我的護照上蓋章。「歡迎你進入阿富汗，」他熱情地笑著說道：「你要喝點茶嗎？」

目前為止還算順利，我心想。我見到的第一位阿富汗人請我喝茶。

我禮貌地想要拒絕，但他堅持，朝門後厲聲發令後，一個衣著不整的男孩端來兩杯冒著煙的綠茶。我謝謝他殷勤招待、與他道別，便開車通過檢哨站，進入阿富汗境內。放眼望去，路邊有一排長達一英里的金屬貨櫃，上面全都布滿子彈孔。商人在貨櫃裡兜售電視機、風箏、音樂錄音帶等一大堆塔利班政權禁止的商品。

過了這一排阿富汗式的購物中心後，我看到了更多戰爭遺跡，二十二年來獨自在此怒吼。望眼所及，大幹線公路和鄰近山丘到處散滿了坦克、大砲和裝甲運輸車殘骸。碎石岩屑中，還能看到生鏽的直升機散落四處，就像飛鳥骨骸。

十二個小時後，我終於抵達滿目瘡痍的首都。二〇〇二年冬天的喀布爾正式邁入「新世紀元年」：該城人口受創、基礎建設全毀、苦難和恐懼刻畫在曾經是建築的灰色破碎表面上。無論看向哪一邊，沒有一棟建築表面逃過手榴彈和飛彈的攻擊，全都布滿蜂窩一樣的黑洞。在二十年不間斷的戰爭摧殘之下，即使最莊重威嚴的建築物如今也東倒西歪、損害、傷痕累累。整座城市證實了戰爭就像疾病的說法。

在一片廢墟中，政府用粗麻布或塑膠布綁在幾棟行政大樓殘留的樑柱之間，官員就在下方將就著辦公。經過機場時，我可以看到被炸毀的飛機殘骸躺在跑道旁，除地雷小組用裝甲怪手清除飛機滑行道兩側。阿富汗國營阿里安娜航空岌岌可危：三個月前，美軍炸毀了該公司的六架老舊飛機，目前只剩一架舊型七二七還在營運。後來，我才知道，阿里安娜航空飛新德里或杜拜時，機組人員被迫睡在飛機上，因為他們沒錢住旅館。工程師使用滑尺來計算重量和平衡，而每次飛航都得帶著現金以支付燃油。

最後，我來到巴格耶巴拉路上一棟叫做「和平賓館」的坍塌建築。天降瑞雪，沒有暖氣、電力或自來水。淒涼的環境讓我想起身處於巴基斯坦遠山偏僻的村落裡，只不過我置身的所在是人口一百五十萬的熱鬧城市。第一個晚上，我躺在床上，還偶爾聽到自動武器在市裡迴響著。每次槍砲發射後，都會有一段短暫的平靜，此時唯一的聲音，就是淒厲的狗嚎。

接下來的幾天，名叫阿布杜拉．拉赫曼的計程車司機載著我到首都各處參觀。拉赫曼的眼瞼被地雷炸毀，雙手也嚴重燒傷，無法緊握方向盤。拉赫曼的多項工作之一，是看守軍醫院圖書館裡的三箱上了鎖的書籍。每天早上，拉赫曼和其他六名圖書館員會先簽到，然後一起坐在長桌前大約一個小時，等候主管指令才離開。這份一週工作六天的工作，他已經做了十二年，月薪一塊兩角美元。他告訴我，平均一個禮拜有一本書被借出。

我和拉赫曼就在這一個多禮拜巡視全城，以了解首都的教育系統受到多少損害。儘管各級學校預定在春天開學，但一百五十九所學校中，只有少數準備好招收學生，而且校況很差。有些學校，校舍搖搖欲墜，學生被迫在戶外或鐵皮貨櫃裡上課。還有些學校樓梯被炸毀，學生只得攀爬臨時由木條搭建的克難階梯。

我離開前，拜訪了阿富汗財政部長阿許拉夫．漢尼博士，他也是後來受任命為臨時總統的哈米德．卡札的私人顧問。漢尼是哥倫比亞大學人類學博士，畢業後在世界銀行擁有成功的事業，可是，九一一之後，他放棄一切回到阿富汗，協助祖國重新站起來。

我們在他的辦公室會面，部長告訴我，布希總統承諾提供的重建資金，真正到他們手上的不到四分之一。漢尼博士表示，這些資金中，有六點八億美元被「重新規劃」來建造鐵路，以及增設在巴林、科威特和卡達囤積的物資，以便為日後攻打伊拉克做好準備。相較於美國對於波士尼亞、東帝汶或盧安達的資助，阿富汗平均每人所獲的資助不到三分之一——這些款項中，用在教育發展計畫的額度不到一半。而且，為執行款項的發放，各級政府出現了大量支領高薪的官僚。

聽起來已經夠糟糕了，我後來又發現，實際情況還要嚴重幾百倍。美國捐助的發展資金中，有很大一部分又回到美籍承包商手中，他們付給阿富汗工人五元或十元的日薪來蓋學校和醫院，每棟建築的售價可以超過好幾十萬美元。同樣令人憂心的是，到達喀布爾居民手上的金援已經少得可憐，首都以外的鄉下地區，景況更加悽涼，人民更需協助，卻得不到半毛錢。喀布爾二十英里以外，全國多數地區都只能靠自己。漢尼博士對於這種情況似乎束手無策，遍地荒蕪擊垮了他滿腔的熱情。

「看看四周——喀布爾一團亂，」他呼喊著：「我們沒有足夠的建築可居住，更別提電力、食物、通訊、抽水馬桶或自來水了。住在鄉村的人至少還有土地可以種植作物、有河水可以飲用。他們可以隨自己喜好在星空下搭帳篷而睡，還有牲畜可吃。」

他拿出一個寫滿聯絡資訊的黑色筆記本。

「所以，你應該從這座城裡展開你的工作，」他繼續說道，一面翻開筆記本，用手指在名單中搜尋。「我認識很多不錯的承包商可以協助你。」

很明顯的，中亞協會理應把它有限的資源用來協助喀布爾。在這個受戰爭蹂躪的首都服務阿富汗女子，將夠我們忙上二十年了。可是，問題是，我已經答應那些吉爾吉斯人——為遵守承諾，我得設法離開喀布爾，朝瓦罕趕路。

「很抱歉，」我告訴他：「但我們的宗旨是服務邊遠地區，在無校之地建校。」

「好吧，年輕人，就照你想的去做吧，」漢尼博士說，失望寫在臉上。「不過，你會發現，偏遠地區的人民最不需要的就是學校。」

「謝謝您提供資訊，」我回答：「可是我還是得去北邊。」

第四章

和平的聲音

行走在阿富汗國境，就像漫步在殘破的陰影之下。

——克莉絲提娜·蘭柏，《心靈縫紉小組》

葛瑞格和女學童於阿富汗拉蘭德村

吉爾吉斯騎馬人和我在一九九九年秋天初次見面時，我告訴他們，我需要東瓦罕學齡兒童人數的粗估數字。一年多以後，一隊商旅騎馬通過艾爾沙德山口來到祖德可汗村，交給沙爾法拉茲一捆泛黃的、一般大小的筆記本紙張，封面是兩塊硬紙板，還用紫色的絨布包覆起來。紙上記載的，是阿富汗帕米爾第一份完整的人口普查資料，而且全都費力地用黑色自來水筆寫下來。根據這份文件，吉爾吉斯游牧民族總人口數為一千九百四十二人，十九歲以下的兒童有九百人，他們完全沒有接受任何教育，隨著家人在一千多平方英里的地區中流浪。再往西邊，沿著分割俄羅斯和阿富汗的阿姆河河岸，還有六千多名瓦希族農人散居在二十八個村落，這群人聽聞我們誓言為吉爾吉斯人蓋學校後，顯然現在也吵著要我們為他們自己的孩童建校。

沙爾法拉茲把這份統計資料拿給我看時，讓我驚愕的，不僅是它的完整，還因為它顯示瓦罕地區亟需教育的真實範圍是多麼可觀。

此時我很明白，沙爾法拉茲多年來在瓦罕走廊奔走、交易，讓他成為執行這項工作最完美的先發人選；於是，我決定請他擔任中亞協會的「最邊遠地區專案主任」，年薪兩千美元。我向他說明，他得負責協調各階層廣泛的活動，從與各社區長者喝茶、到雇用願意配合的泥水匠和木工等等。他高興地接下這份工作，並表示他終於找到「與成功有緣」的理想工作。

「所以，如果我們想要在瓦罕地區推動計畫，」我對他說：「我們該如何找出實際需要建校的地點呢？」

沙爾法拉茲立刻拿出另一張紙——總是比我早一步，上面列了八個地點。其中，蘭加爾、波札貢拜和貢茲洪是我聽過的地方；而其他五個地點我連聽都沒聽過。然後，他攤開北阿富汗的地圖，用食指指出這些地點。

「我們會在**這裡**、**這裡**、**這裡**、**這裡**、**這裡**、**這裡**、**這裡**和**這裡**蓋學校。」他表示：「等到學校蓋好，學童就會來上學。」

聽起來很簡單，可是，他又指出我們有兩個問題。首先，如果我們想在瓦罕走廊推動計畫，就必須先獲得管理此區數位「大人物」的許可和支持；這意味著，我們需要設法從喀布爾跋涉到阿富汗最北邊，開始一路建立關係。

第二個問題是，沙爾法拉茲還沒有護照——這表示，這段新冒險的第一階段，我得獨自前往。

北邊的巴達桑省一直自外於阿富汗——此處是孤立的地區，興都庫什山聳入雲霄的懸崖將它與南部分隔；在文化和歷史上，則和北邊的塔吉克及烏茲別克有很深的淵源。在喀布爾和巴達桑省之間，乾燥、色紅如鏽的阿富汗南方平原一路延伸到帕米爾峰群，喜馬拉雅山和喀拉崑崙山就在糾結的山峰中交接。這是個無法通過的地理屏障，而由於這個分水嶺，和布哈拉、比斯凱克和薩馬爾罕等幾個遙遠的中亞汗國比起來，喀布爾有時顯得天高皇帝遠——而且比較陌生。

巴達桑省風景粗獷懾人，但人民生活困苦不堪。它之所以和國境外的幾個王國有歷史淵源，主要是因為史上連接中國、喀什米爾和中亞的幾條熱門通商路線都經過這裡——此區稀有的寶藏也透過這些路線得以運到外面的世界。六千多年來，潘傑希爾河谷北邊長達四十英里的沙耶尚礦區提供了全世界最重要的青金石礦藏，這種亮澤如藍色火焰般的寶石被用來鑲在死去的埃及圖坦卡門法老面具上、成為亞述和巴比倫政府的官印，也常出現在歐洲文藝復興時代的畫作中。（威尼斯人會把這種寶石磨成粉末，做成他們稱為藏青色的顏料）。古時候，人們挖掘巴達桑青金石礦層的方式，是在隧道中點火，然後把熱岩石放入冰中，讓它裂開。近年來，控制礦區的游擊隊指揮官比較喜歡使用軍用炸藥。

巴達桑省的另一個財富來源一直是鴉片。地形和氣候讓這裡成為最適合的罌粟國度：適宜的土壤、排水容易的陡峭山坡、長時間的日照和適度的雨量。此處就坐落在「海洛英公路」的中段，能夠很便利地將鴉片原料運送到塔吉克，然後再運往塔什干、莫斯科和更遠的地區。

就像阿富汗其他偏遠地區一樣，巴達桑的政治和經濟大權一向落在「康曼達汗」（地方軍閥）的手上。康曼達汗負責執行中央集權政府的許多命令：確保安全、提供小額貸款、維護路況、開挖水井、擔任法官與陪審、支持教育，當然還有徵稅。一九七九年，第一批俄國坦克從烏茲別克和塔吉克邊境開進來，就是這些康曼達汗帶領穆斯林游擊隊對抗蘇聯；當塔利班在一九九〇年代中期攻占全國其他地區時，也是這些康曼達汗死命抵抗。

哈米德．卡札在二〇〇二年受命為臨時總統，而這些軍閥階級並未受到影響。若沒有獲得康曼達汗的許可和祝福，則在巴達桑省的岩石峽谷、蒼綠河谷和高地平原裡，不得有任何改變——不得有商業投資和軍事結盟，也不得與外界當權者協商。

五年來，巴達桑東部地區的康曼達汗是名為薩哈．可汗的穆斯林游擊隊員，他有西點軍校傑出戰術家的心智和詩人的靈魂。他出生於瓦罕走廊開口不遠處的一個小村莊，從小就希望成為歷史學者，但在一九七九年蘇俄入侵阿富汗時，被迫放棄個人理想，和巴哈拉克方圓一百英里內所有體格健壯的男子一樣，逃到山裡，加入反抗部隊。

戰爭早期，薩哈．可汗的速度和靈巧，常讓他獲選領兵深入敵陣、進行快速又危險的突襲行動。這些輝煌功績讓他順利升官，從民兵升為阿哈瑪．沙阿．馬蘇德手下中尉，為這位因對抗蘇聯而聞名的「潘傑希爾雄獅」效命。可汗除了具備領導和規劃才能，也有冷酷殘暴的名聲。在巴達桑東北角落，他的權力專制，不容置疑。

可汗的基地就在巴哈拉克鎮郊，鎮上約有兩萬八千人口，從此區首府法札巴德東邊而來的道路，以及從潘傑希爾河谷往北的道路在鎮上交會。巴哈拉克還有第三條道路，是汽車進入瓦罕的唯一途徑——因此，薩哈．可汗可以說是整個走廊的把關者。若沒有他，帕米爾和興都庫什山之間的任何地方，蓋學校用的一根釘子或一塊磚頭都進不來。

「做任何事情之前，你都必須先到巴哈拉克找薩哈．可汗，」沙爾法拉茲建議。「他是**查比**。」他轉動他的手腕——示意「關鍵」。

阿富汗首府東北方，幾乎每座橫跨興都庫什的山峰都超過一萬英尺，每年下雪封路期達六個月。不過，在一九六〇年代，俄國工程師在沙蘭山口下方鑿建了一座三英里長的隧道，在喀布爾和巴達桑省之間開闢了一條全年可通的路線。到達這座隧道前，得先通過一條蜿蜒的道路，蘇俄軍隊護衛不斷在此遭遇伏擊，那些擅長破壞卡車、大砲，甚至坦克車的穆斯林游擊隊從山區到潘傑希爾河谷一路尾隨、個個擊破。二〇〇三年春天，雙手和眼瞼受傷、兼任圖書館員的計程車司機阿布杜拉．拉赫曼開著一輛租來的俄國吉普車載我經過沙蘭隧道，希望我首度造訪巴哈拉克的願望能順利達成。

後來，我回顧首次造訪阿國北邊所遇到的障礙，會了解到這些經驗正象徵著我們的「阿富汗冒險」。我們開進隧道後，塵土飛揚、氣味難聞，逼得我們下車。我尋找隧道出口時，爬上了一座通往外面的高架橋，跌跌撞撞來到草原上，看到石頭都被漆上紅色，這才發現我闖入了地雷區。（我小心收回腳步，回到隧道裡，和阿布杜拉慌亂地駛出隧道、繼續前行。）沒多久，又進入鴉片走私者對戰的戰場，只得到路邊溝渠裡尋找掩護。當槍聲漸息，我告訴阿布杜拉繼續隨行太危險，然後便獨自跳上行經的一輛大卡車，躲在一堆要送到皮革工場的爛羊皮下面。

最後，我終於抵達巴哈拉克，卻因為行程之故，沒能見到薩哈．可汗，只得返回喀布爾，飛回美國。幾個月後，我又回到阿富汗，走上了同樣的旅程，到達巴哈拉克後，立刻探尋這位康曼達汗的下落。我在市場裡，看到一輛載滿槍手的白色俄國吉普車朝著我開過來，我心想，有錢開得起這種車的人，一定認識薩哈．可汗，於是揮手示意對方停車。

開車的是一名短小精悍的男子，體格精實，還留著整齊鬍鬚，他下車跟我說話。

「我在找薩哈．可汗。」我一口破達利話。

「他就在這裡。」對方用英語回答。

「哪裡？」

「我就是康曼達汗，薩哈．可汗。」

我一直以為我得等上一個禮拜，才能見到這位在大批看門人和武裝警衛護衛之下辦公的人，頓時之間，我為之語塞。

「哦，對不起，」我結結巴巴地說話，發現我還沒有以適當的阿富汗方式來介紹自己。「阿斯—薩蘭母，阿拉伊昆，我從美國來——」

「很抱歉，可是現在是祈禱時間，」可汗打斷我的話：「請上車，我得去清真寺，讓我先帶你到安全的地方。」

他開車載我經過市集，來到市區的最北端，把車停在納穆丁．可汗．沃西克清真寺旁邊的路上。幾名便衣警衛圍上前來，擁簇可汗快步走入清真寺，另一名制服警衛則帶我來到鄰近辦公大樓的二樓。警衛引我進入一間昏暗無窗的小房間，此時，我請他讓我上屋頂。他面露困惑，但還是指引我走上樓梯，請我坐在草席上，美麗的興都庫什山景觀盡收眼底。我將視線移到大街上，看到幾百人魚貫走出市集，進入清真寺進行午禱。

大約三十分鐘後，人們又跟著薩哈・可汗和地方「烏勒瑪」（宗教領袖）魚貫走出清真寺。可汗走到街上後，抬頭看到我在屋頂上，伸手指著我。一下子有上百雙眼睛隨著他手指的方向、盯著我看，讓我驚慌失措。然後，可汗向我招手，露出微笑。

他來到屋頂後，我向他介紹我自己，並開始描述吉爾吉斯騎馬人的故事，以及我們在艾爾沙德山口南方見面的情況。我還沒說到一半，他便露出驚訝的眼神，給我一個結實的大擁抱。

「是的！是的！你就是葛瑞格醫生！」他大叫。我對吉爾吉斯騎馬人的承諾早已傳遍瓦罕地區，也傳到薩哈・可汗的耳裡。「這真是太不可思議了。想想看，我甚至沒有安排大餐，也沒有請村中長老列隊歡迎。請原諒我。」

當晚吃過飯後，可汗邀請我到他自家的屋頂一起討論我們的計畫。他告訴我，他所統治的轄區有多麼亟需學校和其他人民極度欠缺的許多服務。他還提到所有的女孩沒有地方念書，不僅瓦罕地區如此，巴哈拉克和整個巴達桑省東邊都一樣。他講到兩場戰爭造成的破壞，先是對抗蘇聯，然後是對抗塔利班，而重建的工作有多麼迫切。

「看看這裡。看看這些丘陵，」他指著俯視鎮區的群山，較低的山坡布滿無數岩塊石礫。「無以計數的人在這些丘陵中喪生。你眼前看到的每一塊岩石、每一顆石礫都是我的戰士、夏希德（殉難者），他們為對抗蘇俄人和塔利班犧牲生命。現在，我們必須讓他們死得值得。」

他轉向我，面露堅決。「我們必須把這些石頭變成學校。」

薩哈・可汗的意思再清楚不過，他非常樂意答應我們協助吉爾吉斯人，而且也很想提供協助。在我們一路挺進瓦罕最偏遠的地區之前，我們需要先幫助他滿足他自己轄區的需要，就從巴哈拉克這裡開始。

我倆的關係就此展開。

接下來的兩年，我數度造訪巴哈拉克，一方面鞏固我們和薩哈．可汗的關係，一方面規劃在此建校，為我們打開進入瓦罕的大門。每次會面都在他位於雅爾達爾小村莊的總部，離巴哈拉克約三英里遠。可汗在這裡有兩座院落，第一座是兩層樓的現代化俄式庫房，此處設有許多防禦功能，包括假門、便於開槍的隱藏式銃口。可汗就在這裡招待客人。至於另外一座院落，則位於招待所五百碼以外，由三棟泥磚屋組成，屋內泥地上，覆蓋著幾十條部落地毯，這裡是他實際居住的家。

在這座圍繞著粗糙圍牆的宅院裡，薩哈．可汗的家族全都住在一起。這裡就像阿富汗或巴基斯坦鄉下隨處可見的「村中村」。建築周圍是農田，種著小麥、大麥、菠菜和秋葵，而灌溉水渠邊，則種著一排胡桃、阿月渾子、杏樹、櫻桃、桑樹、蘋果和梨樹。夏秋時節，可汗喜歡從樹上摘取他精選的水果和堅果，壓碎它們請客人吃。

「忘了戰爭——種田要比打仗好多了。」他曾經被我一連串關於蘇俄入侵的問題不勝其擾，這樣對我說。還有一次，他因為他為我挑選的梨子不如他所想的甜而向我道歉。「我的果樹多半都太年輕，」他解釋：「我正努力追回我們忙著打仗，而無暇耕種的二十五年時光。」

每次我從喀布爾開了三十小時的車、眼神呆滯地進入可汗家，都會因為古老和現代交錯的矛盾景致而為之振奮。我到達的時間多半是下午或傍晚，總會看到炊煙升起、融入日落光線，響徹田野的禱告報時聲中，間以小童趕著牛羊回家的鈴鐺聲。同時，還會有十幾個年輕人穿著軍靴和工作服在大門旁踢足球，年紀較長的士兵則站在布滿屋頂的衛星圓盤天線下方，用AK-47步槍支撐著身體，一面講著衛星電話。

如果天色仍亮，薩哈・可汗通常會在一棵大胡桃樹下與我會面，站在他手下為他蓋在灌溉水渠上方的水泥平台上，和我話家常。他是個大忙人，泥土路旁總是有幾十人蹲著，等候求見。這些請求者也許是一群在農田界線上爭執不休的農夫，希望康曼達汗能為他們解決紛爭；或者是來領津貼的士兵遺孀。不過，每次我一抵達，他就會立刻來與我交換擁抱，帶我到龐大的紅色波斯地毯上，我們舒服地盤腿坐在紫紅色抱枕旁邊。然後，康曼達汗會把綠茶倒入一組磁杯裡，他的保鏢傳上裝著葡萄乾、開心果、胡桃和糖果的盤子，為我們的談話揭開序幕。

等到黑夜降臨河谷，我受邀和其他訪客與他家人走出大宅，進入招待所裡狹長的餐廳。只有男人才能進來這裡，等到大家都入座，薩哈・可汗就走進來，我們會站起身來，與他正式地握手，然後等他坐下，我們再就座。（如果有其他客人或男性家族成員稍後才到，會再重複相同儀式。）一切行禮如儀後，會有三、四名年輕人在主人長子的帶領之下，攤開一塊紅色塑膠布鋪在地上，作為擺放盛宴之處。食物簡單又美味：羊肉、雞肉、辣豆、菠菜、秋葵、番茄、黃瓜和米飯。

吃完飯後，由最年長的客人「度瓦」，謝神賜福。在祝禱詞下，每個人都雙手合掌舉起，禱告完畢後，每位客人會用雙手拂面，然後吟詠「阿爾罕杜利拉」（阿拉伯語「感謝神」）。最後，再來上一杯點綴著小樹枝的茉莉綠茶，我們會聊天到深夜。

談話會一直持續到禱告報時者提醒四點半的晨禱時間已到，我在這些儀式和談話中，慢慢了解薩哈・可汗的過去和經歷，特別是對抗蘇聯的事蹟。

蘇聯入侵阿富汗的頭幾年，可汗與他手下士兵多次採行危險的游擊戰術，以期對抗蘇聯壓倒性的技術優勢。例如，他的手下曾在巴哈拉克東邊狹窄的山路上從岩架或大石上縱身跳到行經的坦克車上，在駕駛的視窗上塗抹泥巴，再從艙口投入用可口可樂瓶罐裝的莫洛托夫雞尾酒（手持式汽油彈）。其他的招數還包括用喇叭播放祝禱，引誘俄國步兵進入埋伏。早期的抵抗相當克難，手邊任何東西都可以拿來當武器——鐮刀、石頭和削尖的樹枝。他們有機會就攻擊，然後逃到山上，躲在洞穴裡，吃樹根或乾乳酪維生，非不得已也會吃草。

抵抗敵人的代價慘重。只要有俄羅斯士兵遭到殺害，家園就會遭到直升機的報復性轟炸，百姓被迫逃離。戰爭的前五年，像薩哈．可汗這樣的民兵部隊在戰爭中死亡率高達五成，這是稀鬆平常的事情；不過，他們的家園和家人所受到的報復攻擊，損失則更為慘烈。女人小孩會隱居在巴哈拉克周遭的山洞裡好幾個禮拜，敵人會用機槍殺害動物，放火燒毀農作物，並且在田裡埋下地雷，用饑荒逼迫他們投降。如今，在許多通往溪流的小路上會看到上了色的石堆，標示出曾有前往取水的兒童在此處遭蘇聯狙擊手殺害。

薩哈．可汗是地位重要的指揮官，因此成為蘇聯獵殺名單上的頭號人物。蘇聯占領巴達桑省東部期間，雅爾達爾村曾被砲轟六十多次。一九八二年，可汗宅院裡的每一棟建築都已完全被摧毀，但蘇聯的Mi-24武裝直升機還是持續轟炸他口中的「我的荒地」，並且十幾度在此埋伏地雷。

阿富汗人把這些直升機稱為「沙坦阿爾巴」（撒旦的戰車），它們對穆斯林游擊隊造成最大的傷害。Mi-24會進行「獵殺」突擊，以多達八架的武裝直升機列隊飛行，用各種武器轟炸這些反抗軍所在的地點，包括S-8爆裂式彈頭火箭和三十釐米重型榴彈槍等。再勇敢、再狡猾的反抗軍也承受不了如此強大的火力。直到一九八六年，美國中央情報局開始提供反抗軍配有導熱系統肩置式刺針飛彈，能夠擊落慢速的Mi-24，情況才有了改善。接下來的三年，中情局提供阿富汗一千多個刺針飛彈，擊落了上百架蘇聯直升機和運輸機。

在巴達桑省東部，首位成功擊落直升機的反抗軍，就是薩哈．可汗最重要的副指揮官，他的名字叫做哈吉．巴巴，他後來娶了可汗的女兒。我們在胡桃樹下聊天時，我多次有機會聽到哈吉．巴巴親口敘述他的事蹟。每次的故事內容都稍有不同，最長的講了一個小時。

我還從薩哈．可汗口中了解到巴哈拉克及鄰近區域的死傷狀況，包括了一九七九到一九八九對抗蘇聯期間，以及一九九四到二〇〇一年間抵擋塔利班政權入侵此地。從這些對話中，我發現他似乎體現了周遭荒蕪景觀的矛盾和複雜，而且也不恥於展現他對詩詞、獨處和花朵的熱愛。有天一大早，他邀我一起散步五、六百碼，到瓦爾杜吉河邊，看到激流上方突出兩塊大岩石。他說，他常常獨自來這裡待個幾分鐘，再走回清真寺晚禱。我們在岩石上坐下來，我問他能否回答我一個問題。

「請說，」他表示，「什麼都可以問。」

「你是個身負重任的大忙人，」我說：「怎麼還會花那麼多時間坐在這裡看河水呢？」

可汗自顧自地笑了起來，說我之所以不了解這個問題的答案，是因為我沒有經歷過真正的戰爭。

「你雖然是退伍軍人，但你不是戰士，因為你從未真正上戰場打過仗。」他溫和地解釋。然後，他開始生動地描述幾個他親眼見過的恐怖場面：手榴彈爆炸，把一名才剛跟他吃完早餐的男子炸得屍塊四散；另一名同志被飛彈炸成灰燼，到處是令人作嘔的屍臭味；還有個人因為同袍不懂如何處理傷口，導致傷口感染，在生命將盡之時痛苦地大聲嘶吼。

包括哈吉．巴巴在內的其他反抗軍回憶起這些光榮戰役時，總是神采飛揚，可是，薩哈．可汗不同，他既不得意、也不自誇。反之，他會描述研究所同學死在懷抱裡，然後又得把屍體遺棄在淺土墓穴裡的感受。他談到女人和小孩在戰爭期間無法過正常的生活，並一再強調生命應該奉獻在有價值的事情上面，像是閱讀、音樂或者是種梨樹，如今卻平白犧牲，多麼令人遺憾。

那天下午，我們談了兩個小時——多半都是他在說。最後，他說：「坐在這裡看河水流逝是我說服自己參戰的唯一理由。我對抗蘇聯和塔利班，就是為了獲得現在這樣悠閒的片刻。除非你親身歷經戰爭，否則永遠無法了解這種心情。」

大約一年後，我們有次談話時，可汗表示他一直在思索我們當天在河邊的對話，很擔心沒有好好回答我的問題。然後，他交給我一張紙。他說，這是他寫的一首詩，內容也許記錄了他想要表達的感受。

以下是從達利文翻譯的內容：

你納悶我為何枯坐，
在這巨岩上，
在這河水旁，
什麼都不做？

我要為人民做的事太多。
我們食物匱乏，
工作機會欠缺，
農地貧瘠，
而且地雷處處。

於是我來此聆聽，
寧靜之聲，
流水之聲，
和樹木的歌聲。

這就是和平的聲音，
是阿拉降臨。
三十年的游擊生活，
我已老得無法再戰。
我痛恨毀滅喪鐘的聲響。
我是如此厭倦戰爭。

第五章

作風至上

葛瑞格對我很重要。沒有他，我只不過是個賣犛牛奶油的傢伙。

——沙爾法拉茲·可汗

圍著爐火的瓦希家庭，阿富汗沙爾哈德村

我和薩哈．可汗多次會面，他總是優雅又好客——可是，至少在我看來，他近於勉強的笑容和刻意多禮的儀式卻從未緩和他嚴厲的目光。他微綠的雙瞳展露愉悅、他的笑聲尖銳高亢，可是，當他看到或聽到讓他不悅的事情，他的臉色會立刻暗沉下來，令人卻步。此時，他顯露的焦慮就像他所憎惡的蘇聯地雷一樣：小小的盒子淺埋在土裡，裡面裝了會造成極大破壞的東西。

除了這種嚇人的感覺之外，可汗其實就是我在阿富汗一再遇到的那種人：為對抗殘暴的蘇聯軍隊而加入游擊隊，然後又與塔利班作戰，期待餘生能修復社會受到的傷害。他也像所有的康曼達汗一樣，深知所為、大膽無畏，為支持者和家人安排待遇優渥的工作，一起捲起袖子到雅爾達爾南方六十英里外的青金石礦坑開挖，並且對那些帶走巴達桑省大量鴉片原料、用騾隊運往塔吉克邊境的海洛英販子抽取高額關稅。不過，他不同於腐敗同僚的是，他決意將這些利潤直接回饋給村民。他在巴哈拉克幫那些曾為他效命的退休士兵蓋了一座商場，並且提供小額貸款讓他們做生意，協助他們適應士兵轉為商人的生活，而且，對於任何暗示需要協助的農人，他都會提供種子和工具。

不過，他最大的熱情是教育，特別是女子教育。過去二十五年來，他家鄉的村落幾乎沒有任何學校教育，這一代和下一代的損失，成為他沉重的負擔。「戰爭帶來的饑荒、不僅是身體上的，也是心靈上的，」他曾這樣對我說：「這絕不能再發生在我的人民身上。」

薩哈．可汗所不知道的是，中亞協會即將接獲巨額捐款，讓我們得以往前跨出一大步。二〇〇三年四月，《遊行》雜誌的封面故事報導了我們在巴基斯坦的建校行動，報導刊出後的十個月內，我們位於波茲曼的辦公室湧入九十多萬美元捐款。我把多數捐款匯到伊斯蘭馬巴德，並請我的「決死突擊隊」在巴基斯坦國內展開新一波建校計畫，不過，我也保留了一部分《遊行》雜誌的捐款，作為我們在瓦罕的行動之用。二〇〇四年春天，我告訴薩哈．可汗，我們準備開始在巴哈拉克蓋學校。

我們在他的胡桃樹下鋪上紅地毯，席地而坐，我提出建校的財務計畫，並說明這些層面不容商議，就算是康曼達汗也一樣，因為這是確保我們的計畫能在適當監督之下順利執行的唯一方式。我告訴他，巴哈拉克的舒拉（地方長老）將負責管理這筆資金，而他和他的鄰居需要捐贈建校土地。基層勞工的名額會完全保留給本地居民，我們已撥出五萬美元作為工程費用和老師的薪水，另外還有一萬美元用來購買必需品、家具和制服。我們會先拿出三分之一的現金。另外的兩萬美元，等到工人完成屋頂就會支付，而尾款則在整棟學校建築完成時付清。最後還有一個條件，開學當日，至少要有百分之三十三的學童是女生，而這個比例必須逐年增加，直到女童人數追上男童人數為止。

「只要求百分之三十三是女學童？」可汗大叫，一面搖頭，一面竊笑。「等著上學的女童人數早就超過兩倍，也許你可以考慮發績效獎金給我們村莊議會的長老，獎勵人數已超過限額？」

當天早上，我親手把預付款交給舒拉，然後工程立刻展開。到了下午，外牆的格線已經用細繩標出，一群工人正在用十字鎬和鏟子為地基挖溝。傍晚，泥水匠開始用炸藥炸碎花崗石，作為牆壁石材之用，頓時，一連串爆炸聲在山中回響。對薩哈·可汗來說，此起彼落的爆炸聲——就像蘇聯或塔利班大砲的恐怖聲響——絕對能夠證實我們鐵定會把石頭變成學校。不過，對我來說，這一連串的爆炸卻另有含意。

通往瓦罕走廊的大門已經敞開，我該和沙爾法拉茲計畫我們的下一步了。

我和沙爾法拉茲訂出二〇〇四年在阿富汗東北部的工作計畫，內容很簡單。進入瓦罕的道路從巴哈拉克開始，一路到位於走廊中段的沙爾哈德，因此，我們決定兵分兩路，先在頭尾各蓋一所學校，然後再向中間發展，直到教育鴻溝完全填滿為止。完成後，我們再展開更具挑戰性的任務，直接挺進人煙罕至的瓦罕盡頭，達成我們對吉爾吉斯人的承諾。

此時，我們終於為沙爾法拉茲弄到了護照，他也多次從喀布爾飛到法札巴德，經過巴哈拉克到瓦罕，為第一波的建校計畫進行交涉、動工和監工。他多半獨自前往，不過，只要我飛到喀布爾，我就會和沙爾法拉茲一起奔走；在這些旅程中，我們的關係和友誼往下紮根，發展到令我們驚異的地步。我倆之間的化學作用讓我們深刻地了解彼此，沒有多久，就能夠猜出對方的舉動、幫他說完他要說的話。最後，我們甚至不用言語就能交談，只要一個眼神或一個表情就已足夠。不過，這樣的境界並非發生於一夕之間——在我們變得如此契合之前，我得先受過阿富汗文化訓練營的洗禮：這是沙爾法拉茲對我的一連串個別指導，我現在把它稱為「作風學校」。

我們第一次從首都往北行，我就發現與沙爾法拉茲行走於阿富汗境內，要比在巴基斯坦更複雜、更危險。我們面臨許多新風險，其中，我們最擔心遭人綁架。當時，收買他人去綁架美國公民的價碼大約是五百萬阿富汗幣，相當於十一萬美元（現在的金額已經漲到十倍）。為躲避危險，沙爾法拉茲願意大費周章，從喬裝開始做起。

阿富汗是地球上種族最複雜的國家，充斥著各種文化、語言、宗教和部落，幾百年來，讓歷史學家、人類學家和軍事策略家頭痛不已。了解這些區分，是旅遊安全的先決條件，這也說明了沙爾法拉茲為何如此深信服裝和行為的細微差別非常重要，他看得出漫步在曼哈頓或巴黎街上、和行走於興都庫什山北邊沙漠和山區的不同。「要成功在阿富汗待下來，你必須了解作風，」他會一而再、再而三的向我訓示。「在這裡，作風就是一切。」

不管是與一群保守的毛拉徹夜協商，亦或是在路邊茶攤的五分鐘寒暄，他隨時留意每個人的肢體語言。誰坐在哪裡、為什麼？誰先端起茶來喝、誰猶豫不前？誰開口說話、誰閉口不語？誰是屋裡最有權力的人、誰是最不重要的人、還有誰做的事影響他們的發言內容？每一種不同之處，都可能有許多涵義層面和差別，沙爾法拉茲用他敏銳的判斷力對所有細微差別一一反應，盡量避免為他自己和我招致不必要的注意。為了融入當地，我們每到不同的地區，他就會有不同打扮，例如：他常常戴著不同款式的帽子，在瓦爾達克省的塔利班轄區內，會包上「隆海」（帕施圖纏頭巾）；到了巴達桑省的塔吉克領土，又會換上游擊隊的「帕克霍」（羊毛帽）；等到我們進入巴哈拉克的清真寺後，再換戴「庫非」（白色無邊帽）。他在瓦罕東部與商業夥伴和親戚在一起的時候，則愛戴上他最喜歡的帽子，那是一頂時髦的孔雀藍軟呢帽——我想，這是在傳統世界裡表現作風的方式。

沙爾法拉茲善變的特質除了不同的打扮之外，還會說不同的語言。他精通七種語言，可隨意用最道地的腔調表達正確的詞彙和文法。在喀布爾，他的達利話俐落又優美；但是，等我們進入山區，他會像卡車換成低檔一樣，慢慢降低格調，用較粗俗的語調來說當地方言，棄達利話，改瓦希語；到最後，流利地說著他的瓦罕祖先說的布魯許喀什語。（他還在喀布爾東邊的帕施圖領土說帕施圖語，並在巴基斯坦說烏爾都語、旁遮普語和英文。）也許，沙爾法拉茲唯一不願為了融入地方而做的事情就是留鬍子。除此之外，他會直接採行任何他觀察得到的招數，包括故意謊稱他來自何方、去向何處，以求融入、避免碰觸到各地人們的禁忌。

我的任務就是有樣學樣，跟著他一起做那些怪異舉動和行為。我會模仿沙爾法拉茲盤腿而坐的姿勢、手拿茶杯的角度，甚至學著他將目光望向可以凝視的地方。當然，這些時候我不會騙自己大家會真的把我當成當地人；我模仿沙爾法拉茲的舉止和肢體語言，是希望能夠避免讓別人覺得我是有錢的美國闖入者。目的很簡單，就是讓遇見我們的人困惑一時，搞不懂我到底屬於哪一種人，就算時間極為短暫也好。我們遊走於喀布爾北邊鄉區時，這種做法效果出奇的好——部分也因為阿富汗本身就是個大熔爐，綠眼褐髮的白種人並不少見。

沙爾法拉茲防綁架策略的第二部分是交通，這也是最為刺激的地方。

在巴基斯坦境內，從一處到另一處很簡單。中亞協會的伊斯蘭馬巴德經理蘇利曼·敏哈斯會用公司的豐田汽車載我們到城市各個角落，至於巴提斯坦山區地帶，我們則依賴一台有二十八年歷史的四輪驅動休旅車。在這兩台車到不了的地方，我們會雇用熟識多年的巴提斯坦窮司機。可是，阿富汗就很不一樣了。我們在這裡沒有自己的交通工具，也不認識任何值得信任的司機，所以我們多半被迫租車，在當地雇用駕駛，這樣的安排讓我們受不認識的人擺佈，也不知道他們是否忠誠。

每次都是由沙爾法拉茲到喀布爾路邊市集找人，交涉的時候，先不告訴對方我們要去哪裡。如果租車處附近有很多當地人，沙爾法拉茲可能會隨便選個目的地，招搖地宣布他在找人帶我們到馬札里沙里夫、坎大哈，或是巴米揚——絕不說出我們真正要去的地方。交涉完畢後，我們都上了車，他才表示我們的計畫改變，盡量只洩露一點點「新」目的地的資訊——最多只先說二、三十英里以外的村落。

等我們走上正確的方向，他又開始放風聲，表示有事不對勁，如果他的懷疑成真，則講好的約定將不算數。如果司機似乎問太多問題，或者一直在講手機，或者事有蹊蹺，沙爾法拉茲會突然宣布我們需要在下一個卡車休息站停車，表示他得進去喝杯茶，等他進去後，就趕緊安排另一輛車和另一位司機。找到了新人選，他會再衝出來，打開車門，把我們的行李一個個丟到停車場上。然後，他會丟一把鈔票給司機，請他滾蛋，我們則繼續上路——直到他又開除新司機為止。為求謹慎，他硬著心腸，完全不道歉。

沙爾法拉茲還喜歡根據司機的種族和部落屬性來決定雇用和開除他們。我們在路上時，一定要把自己交到真正的當地人手上，若我們遇到路障或在路邊停車，此人的臉孔和姓名一定要是當地人所認識的。他認為，唯有雇用當地人，才能在路況、天氣、可能遭劫等方面獲得最正確的資訊。

這種做法和大型人道組織及國際顧問團體招搖的交通安排完全不同，這些團體的車隊多半很顯眼，都是那些裝著有色玻璃、配有冷氣和二十英尺長的無線電天線的多功能休旅車。「這根大天線剛好成為塔利班的完美目標！」他會這麼說。他也瞧不起這類設備硬生生地在這些組織員工和為當地雇員之間畫了一道階級鴻溝。

我們最可能遭遇綁架或攻擊的時機，是從喀布爾到巴哈拉克這段三十小時的車程，在這段長程旅途中，我想要認識阿富汗百姓的想法，違背了沙爾法拉茲的安全考量——直至今日，我倆在這方面仍然爭執不下。我們在這方面的爭論在二〇〇四年春天，就在我們開始同行後不久，首次浮上檯面。

我們一如往常，在接近傍晚時分從喀布爾出發，通過沙蘭隧道，因為隧道只在晚上對大眾開放。剛到隧道北邊，我們租來的老爺吉普車發出很大的嘶嘶聲，引擎開始冒出蒸氣。沙爾法拉茲命令司機開到約一英里外的山下，停在路邊一家汽車修理店。一個年紀不會超過十一歲的男孩穿著夾腳拖鞋走出來，問我們要什麼。他頂著光頭、頭戴黑色羊毛帽，一身的夏瓦兒卡米茲（印巴傳統服裝）沾滿了油漬。他的名字叫阿都，走起路來一拐一拐的。

阿都像特技演員一般跳進引擎蓋裡，等到我和沙爾法拉茲在鄰近餐廳快速解決一餐、喝了一杯茶後，我們的年輕技工已經熟練地換好了水箱和水管。他告訴我們，費用一共是一千四百元阿富汗幣（大約二十八美元），沙爾法拉茲數錢的時候，我趁機多認識阿都、了解他的背景。

「你的父親呢？」我問：「已經快要半夜了，你還一個人工作嗎？」

「我是從普里昆利來的孤兒，」他就事論事地回答：「我沒有父親，因為塔利班殺了我全家。」

「你住在哪裡？」

「我就住在這裡，睡在那邊放零件的拖車裡。」他指著一個生鏽的金屬貨櫃。

「你賺多少錢？」我問他，一面把手伸進口袋要拿小費給他。

「我一毛錢都拿不到，」他回答：「我沒有薪水——只會得到一點食物、茶水和睡覺的地方。我每天夜以繼日地工作，趁沒有客人時補眠。如果老闆發現我拿了錢，他會用那裡的鐵棍打我。」

此時，我們的司機已經發動引擎，示意我們要上路了，沙爾法拉茲點了一根菸，不耐煩地看著我。半夜時刻我們還在危險的路上，行程已經落後，該走了。

「沙爾法拉茲，」我懇求，引燃了我們日後幾年一直不斷重複的爭論，「我們能不能幫什麼忙呢？」

「葛瑞格，這裡是阿富汗——你不能幫助任何人！」沙爾法拉茲高聲說道。「如果他努力工作，這孩子最後可能會繼承他老闆的修車廠。現在他有食物、有睡覺的地方，已經比阿富汗半數以上的孤兒幸福了。」

「好吧，可是，如果我們只——」

「不行，葛瑞格！」他嚴厲地打斷我的話。「我答應你，下次再經過這裡，我會停下來看看阿都。不過，我們真的得走了，否則我們將成為公路上的夏希德（殉難者），這樣一來，大嫂永遠不會原諒我。」

我知道他是對的，於是我拿出照相機為這位童工照了張相，就離開了。

沙爾法拉茲後來再去北部時，真的去探望阿都，卻發現在店裡工作的是另外一位男孩。沙爾法拉茲詢問阿都的去向，但店裡沒有人能提供任何資訊。也許他往北去了法札巴德，又或者往南去了喀布爾。除了阿都自己以外，沒有人知道他的下落。阿都的故事反映了這個孤兒國家裡許多孤兒的下場，就這樣憑空消失了。

我當晚拍攝的黑白照片裡，阿都站在車廠裡，滿身油污，露出了不屬於一個十一歲男孩該有的絕望和迷惘。這張照片就放在我波茲曼的書桌上，我在家的時候每天都看得到。

抵達巴哈拉克後，移動範圍都在薩哈·可汗的轄區，沙爾法拉茲便開始放下心中的安全顧慮。不過，取而代之的，是地形帶來的全新挑戰。

瓦罕走廊西半部，沿著噴赤河有一條充滿輪胎痕跡的黃土路，春夏時節，興都庫什山的冰川和冰原融化，形成多條水道直接淹沒道路。淹水面積廣達半英里，一大片的鬆動砂礫當中，交錯著大大小小、深深淺淺的溪流。新形成的水流橫阻在前，我們被迫在岸邊來來回回半個多小時，企圖找到可以安全涉水的地方。然後，沙爾法拉茲會叫司機把油門踩到底，以最快的速度橫越水流。如果我們夠幸運，就會到達對岸；運氣不好的時候，我們可能會深陷及腰的洪水，然後水流進入車底板、盈滿車內。於是，我們得爬出車外，走到岸邊，等候卡車或吉普車經過，付錢請他們幫我們把車拖出來。

我和沙爾法拉茲對待司機可以說是非常殘忍。我們命令他們急速前進，直到輪軸卡住、變速器鬆脫，或者排氣管散掉。如果司機被我們壓榨得疲累不堪，沙爾法拉茲會要他坐到後座，由我們來開車。春秋時刻，我們在泥地上滑行（瓦罕的泥巴深度可達兩、三英尺），直到車子陷入泥沼，動彈不得為止。然後，司機會去尋找大群畜養犛牛幫忙把車子拉出來，而我和沙爾法拉茲則脫掉鞋子，有時連褲子也脫掉，徒步而行。（夏瓦兒卡米茲的衣襬及膝，不用擔心會曝光。）

我們遲早會到達目的地——不管我們走的是瓦罕走廊的哪一段。這個時候，我們的工作才真正展開。

多年來，我和沙爾法拉茲發展出一套例行程序，一到特定的「計畫區」就立即開始執行。黎明之前，一天的行程就開始：我們起床，穿著一個多禮拜沒換的衣服，睡眼惺忪看著周遭移動式辦公室的家具：一個黑色小型背包、一個有輪子的小型登機箱，還有我那貼有「終極勝地」的派力肯公事包。這些行李裝著我們在瓦罕建校的所有文件，還有幾本《三杯茶》（很適合送給穆斯林游擊隊）、衛星電話、一個Nikon充電器、一個二十八釐米的備用鏡頭、一套備用的夏米兒卡瓦茲、一台Sony筆記型電腦、三台照相機、幾疊現鈔，還有我們的全球定位系統儀器。

起床第一件事，就是沐浴，我通常就是擠點有蘆薈香味的洗手乳到頭髮上，敷衍了事，而沙爾法拉茲則是用手抓一抓搔癢的地方。（淋浴間、浴缸和濕巾在瓦罕非常稀有。）然後，我們會打開特大罐的消炎藥，每個人吞兩三顆藥丸作為早餐前菜。（有時一天得吞下十二到十五顆藥丸，才能紓解因長途跋涉和缺乏睡眠所引起的疼痛。）此時，我們其中之一會戴上共用的老花眼鏡——我們的度數一樣——另一人便走到外面刷牙。（沒錯，我們也共用牙刷。）

兩個大男人輪流使用同一份私人物品，實在是一大奇觀。有一次，某家全國性雜誌的記者為了報導瓦罕而與我們同行，有天早上，他要我們提供一份我和沙爾法拉茲共用物品的清單。

「嗯，我看看，」我回答：「我們共穿一件夾克、共用刮鬍刀、梳子、肥皂、襪子、夏米兒卡瓦茲、還有汗衫——」

「那麼內褲呢？」這名記者插話：「你們也穿同一條內褲嗎？」

「聽著，我不確定我是否該透露這件事，」我窘迫不安地說：「不過，我也沒有理由說謊。」然後，我向他說明我十五歲之前一直住在坦尚尼亞鄉下——在那裡，內褲不是什麼重要的東西——我一輩子可以說是採行「高山作風」。

「那你呢，沙爾法拉茲？」記者一面問，一面拚命把所有內容寫下來。

「我也是高山作風。」

我們完成清晨儀式後，就該開車上路，前往當天的目的地。抵達後，第一件事就是視察學校——通常會有一群學童圍著我們、爭相拉我們的手。（我工作上最大的樂趣就是和這些學生及老師相處，我到每一所學校，都會先一一向每名學童問安，鼓勵他們說一說學業的進展。）

在每一個建校計畫地，我們會拿出一疊疊鈔票來使用，再由沙爾法拉茲和毛拉．穆罕默德核算帳目，六十三歲的毛拉來自於康都德村，之前為塔利班政權記帳，現在則擔任我們的會計，負責整個瓦罕地區的帳目（他通常和我們同行）。我們的底帳是用老式的英國複式系統，從右到左，以波斯文手寫下來。每一筆帳的一分一毫都記得清清楚楚。每一本會計帳目核算結束（可能會花上好幾個小時的時間），沙爾法拉茲都會在每一頁邊緣畫上墨水線，將帳冊「封緘」起來，以防日後有人再增寫額外支出。然後，他會嚴詞警告毛拉．穆罕默德，如果之後帳本出現任何錯誤，毛拉就會被送回塔利班的手上。

建校計畫展開後，我周遭常常圍繞著要求協助的人們。在康都德村，有名男子希望為學生指導學業，以換得資金去開雜貨店。在伊什寇生，還有幾名地方官員找我提供建造自來水系統的經費。在一個叫做皮格許的小村落，學校校長表示需要為老師購買書桌和櫃子。這些人多半很客氣，可是，他們的需要卻是無窮無盡：更多書、更多鉛筆、更多制服、再蓋一間教室。我接獲一份又一份的請求，不幸的是，雖然很多請願者似乎徒步或搭乘公車、奔波多日才得以向我提出要求，但我還是得拒絕大多數的人。

工作期間，我和沙爾法拉茲會輪流使用衛星電話，與分布在旁遮普、巴提斯坦和阿富汗東部的中亞協會職員保持聯絡。我們會和位於伊斯蘭馬巴德的蘇利曼聊上好幾個小時，他是我們的資訊中心，會隨時向我報告協會裡誰又和誰起了爭執——在一個成員來自好幾種部落和宗教背景的組織裡，這是很難避免的。

最後，接近傍晚，我們會受邀齊聚在村長家中，與地方重量級人物一起召開「吉爾嘎」，也就是地方議會。「吉爾嘎」是村中長老的正式聚會，大家在地毯或樹下圍圈而坐，依規定，在達成決議之前，與會者不得中途離席。因此，「吉爾嘎」可能會歷時好幾個小時，而且多半延至深夜。會中不免有冗長的演說，還有必須保持完全靜默的思考時間，而且會喝掉不少茶水。

黎明之前，我和沙爾法拉茲會在別人家的空房間，或學校地板上小睡片刻。兩、三個小時後，就該收拾行李，坐上我們租來的車子，往下一個計畫地點全速行進。我們就這樣，一所學校接著一所學校，一個村落接著一個村落，直到看遍我們需要視察的地方，我就該飛回蒙大拿的家，而沙爾法拉茲則返回查普森河谷。

這些旅程長久又疲累，一路上，我對沙爾法拉茲的敬意和感情不斷加深。第一年結束時，他的智慧、勤奮和工作道德已經讓我非常驚艷。他精通各地文化、隨時保持機動，並且依情況所需在和善與嚴厲態度之間轉換自如。我想不出有任何人要比沙爾法拉茲·可汗更適合擔任我們的瓦罕區代表。

不過，有件事情，我和他都徹底失敗。

在薩哈·可汗的支持和保護之下，我們在瓦罕進度神速。不過，我們最後還是需要連絡位於喀布爾的政府單位，為我們的計畫申請官方許可。為達目的，我和沙爾法拉茲三度造訪首都，分別與多位政府官員會面——就在這些官員辦公室裡，我們進入了「與成功無緣」的新境界。

我們不該對這些和我們發生衝突的官員有偏見，二十多年來，他們管理的這個國家戰事不斷，公民社會的每一個層面都搖搖欲墜。然而，我們在喀布爾接洽的這些人，完全不協助我們蓋他們自己的學校，反之，我還會說他們甚至從中作梗。我們從來沒有遇過喝了那麼多次的三杯茶，還得不到什麼進展的情況。

在首都，如果辦公室裡沒有茶，就會派人到茶店外帶，有時得花半個小時的時間。我們往往得枯等，好不容易等到茶水買來，才知道我們要見的人根本不在辦公室。我們有一、兩次報上我們要見的官員姓名，對方說「沒問題」，然後請我們喝茶，最後，端上茶來，才告訴我們這個人現在不在辦公室，我們能不能明天再來？在某種程度上，身在中亞會習慣這樣的事情，可是，喀布爾的情況實在是太誇張了。

我們剛開始拜會官員時，有一次，我們從教育部被送到內政部，然後在內政部辦公室遇到麻煩。內政部位於喀布爾市區的一棟破舊樓房裡，大門和走廊上的守衛都攜帶**AK-47**步槍。我們步履艱難地爬上階梯，來到二樓接待室，我告訴辦公桌後方的一名年輕男子，我手上有幾封巴達桑省教育局官員寫的信，證明中亞協會已獲准在瓦罕走廊蓋學校。我們事先已經用電話確認今天的會面，我們需要領取正式的聯邦證書。

「你未經通報就擅自前來，」這名官員察看了當日的預約名單，並未找到我們的名字，於是告訴我們：「現在你要我同意你們蓋學校？是誰叫你們來這裡的？」

「是這樣的，這些是村里、轄區和省級主管機關的同意信，」我們解釋道：「不過，現在我們需要聯邦的同意，這也是我們來見你的目的。」

「可是，你為什麼想在瓦罕蓋學校呢？」他厲聲說：「我們在那裡已經有幾百所學校了！你何不在喀布爾或坎大哈蓋幾所學校，我將很樂意提供許可。」

「可是，瓦罕走廊東半部連一所學校也沒有！」我回答。

「這不是真的！」他說。

這時候，沙爾法拉茲攤開一張地圖，指出瓦罕地區亟需學校的幾個地方。

「可是，這裡根本不是阿富汗的領土！」這名男子大叫。「你們為什麼想要在中國蓋學校？」

「事實上，長官，」沙爾法拉茲說：「這是**你們的**國家。」

「好吧，就算這裡**真的屬於**阿富汗，」他繼續說：「也不需要在這裡蓋學校，因為沒有人住在這裡。」

才五分鐘的交談，這名官員已經聲稱瓦罕有幾百所學校、瓦罕不屬於阿富汗，又說瓦罕沒有人煙。

不用說，我們最後空手離開。

接下來幾個月，我們繼續和各部門政府官員交涉，全都無功而返。這就是喀布爾的行事作風。遠在鄉間的教育工作者、康曼達汗，以及地方宗教領袖都已經蓋下官印、簽名授權，他們希望我們能夠繼續努力。可是，西元二〇〇五年初，我們連向阿富汗申請正式非政府組織都沒有成功，更別提為我們那些已經動工的學校補發許可了。

就像沙爾法拉茲說的，「文件部分」從不是我們的強項。

可是，在「工程部分」，我們進展得非常順利。到目前為止，我和沙爾法拉茲在瓦罕已經進行了五項工程，另外還有十幾項等待動工。令人欣慰的事情很多——可是，有個掛念依舊刺痛著我心深處。我承諾吉爾吉斯人在最偏遠的地方建校的事情，還沒有實現。

第六章

吉爾吉斯可汗的官印

但我知道，等到四周夠黑暗，你就能看到星星。

——馬丁．路德．金恩二世

阿富汗的老師

我之前說過，薩哈．可汗的學校已經在二〇〇四年動工。總包商是哈吉．巴巴，那位曾用刺針飛彈在巴達桑省擊落蘇聯直升機的伊斯蘭游擊隊員。在他的監督之下，地基、圍牆、屋頂和內部構造已經在該年冬天完工。等到冬雪融化，全體工作人員加緊趕工，完成了其他部分──教室木工、廁所、煤油暖爐和圍牆。到了春天，這所有著萊姆綠邊的白色小校舍正式落成，成為整個雅爾達爾村最引以為傲的建築，而且已經準備打開大門，迎接人數達三百五十八名的第一批學生。就如薩哈．可汗承諾的，女學生超過兩百人，其中也包括他自己的兩個女兒。

五月初，我抵達喀布爾，搭乘聯合國的飛機到法札巴德，薩哈．可汗的長子瓦利斯開著蘇聯時代的吉普車來接我，載我到巴哈拉克。薩哈．可汗已等候多時，要帶我參觀新學校。這所學校只有十二間教室，絕不是我們最大和最複雜的工程。可是，即便如此，我還是得承認這真是一棟很美麗的學校。它最吸引人的特色，是錯綜複雜的石工，這些都是用山上炸開的石頭鑿切雕刻而成。薩哈．可汗顯然非常高興和驕傲，我們沉浸在極大的成就感之中，這是我們在巴達桑省所蓋的第一所學校。

瓦利斯計畫在接下來的一個禮拜之內，請附近社區幾個男人一起來製作桌椅──如此一來，就不需要大老遠從喀布爾購買售價和運費都非常昂貴的家具，這真是高招。同時，我計畫前往瓦罕與沙爾法拉茲碰面，一起參加我們在沙爾哈德村蓋的學校的啟用典禮。若一切依計畫進行，我將能夠舉杯慶祝分處於「教育鉗形攻勢」叉形兩端的啟用典禮。

隔天，我搭坐薩哈．可汗派司機開的吉普車上，抵達沙爾哈德。那是個美好的早晨──天空如知更鳥蛋一般呈現柔和的藍色；沙爾哈德南北兩端，巍巍山嶽聳立，快速移動的浮雲彷彿在檸檬黃的山廓中忽上忽下地嬉戲著。我和沙爾法拉茲蹲坐在一台紅色牽引機拉著的木板拖車上，趕去見證學校開幕。一路上，拖車顛簸傾斜得非常厲害，我們得緊抓著兩側，才不會被摔出車外。

這座石牆校舍依照當地人的設計蓋成圓形，九間教室全都裝設天窗，不但為室內提供自然光源，還能保暖。兩百二十名學生和他們的老師急切地在庭院等待著。女學生穿著傳統的深紅色部落服裝和羊毛長襪，男學生則穿著該區的標準服裝，灰褐色的夏瓦兒卡米茲。

就像其他類似場合一樣，孩子全都引頸期盼，非常興奮。沙爾法拉茲和我跳下拖車後，他們列隊歡迎我們。前排有位嬌小的三年級學生艾夏，走起路來雙腿內彎，這是佝僂病的後遺症，這種疾病在瓦罕偏遠地區非常常見，主要原因是飲食中缺乏維他命D。多數女學生只是羞怯地親吻我伸出去的雙手，用傳統的方式來歡迎我，但艾夏卻上來給我一個大擁抱，久久不願鬆手。

進入校園的大門，是兩扇長春綠的金屬門扉，而第一批正式踏入學校的殊榮，則給了村裡一群受尊敬的長者，他們全都是男性。然後，所有學童輕手輕腳地跟著進入。他們有些穿著橡膠靴，有些穿著涼鞋，還有不少光著腳丫。村長塔什．伯伊在一旁仔細觀看，在學童進入時，一一唸出他們的姓名，並且有精神地點頭致意。

我看著學童一個個走進校園時，看到原本如月球表面的灰色地面上，印出了如馬賽克一般的腳印，我居然想到了阿姆斯壯登上月球的情景。**一個勇敢女孩的一小步**，我看到雙腿內彎的艾夏步履蹣跚地走進校園時，心中這麼想，**是整個村落的一大步**。

在我旁邊的是多年來自願協助我們的道格．查玻，他是中亞協會國際計畫經理潔娜薇芙的先生。查玻早我幾天和沙爾法拉茲一同抵達。「這真是一大奇觀！」道格小聲地說，臉上克制不住訝異、顯示他正思索教育承諾對沙爾哈德這樣的村莊有什麼意義。「他們真的**很渴望**學校，是不是？」

我默默地點頭，不禁想到二〇〇二年的那個下午，阿富汗財政部長告訴我，「偏遠地區的人民最不需要的就是學校。」

隔天早上，我向沙爾法拉茲道別後，就和中亞協會的前塔利班記帳員，毛拉．穆罕默德一同返回巴哈拉克。此時，我們到來的消息已傳遍整個瓦罕走廊，我們上路後沒有多久，就遇到一大群等在路邊的人，他們擋下我們的車子，邀請我們進去喝茶，以便向我們提出要求。

他們的要求都一樣：我們聽說你剛在沙爾哈德蓋了「馬克塔柏」（學校），我們知道你計畫明年在瓦爾吉恩特、巴布坦吉和皮庫伊蓋新學校，那我們呢？你是否考慮也來幫我們的小孩蓋馬克塔柏？我們就在停停走走之間，花了超過四十八個小時才回到巴哈拉克；而就在這段漫漫路程當中，外面的世界也與我們如影隨行。

幾天前，《新聞周刊》刊出一篇報導，指出有位駐紮在關達那摩灣美軍監獄的美國士兵把一本《可蘭經》沖下馬桶。編輯立刻聲明撤回這篇報導，但傷害已經造成，這項褻瀆之舉立刻在穆斯林世界引起反彈，情況很快便失去控制。

在阿富汗境內，第一起暴動在五月十一日星期三發生於賈拉拉巴德。當晚十點左右，毛拉．穆罕默德和我抵達巴哈拉克。我們到薩哈．可汗家，得知他不在家，於是回到城區，想找一家擁擠的公共「招待所」，在地板上過夜。我們在途中遇到瓦希德．可汗的警衛。瓦希德．可汗之前也是游擊隊指揮官，和薩哈．可汗是同僚，現在則掌管東巴達桑邊境保衛軍。這名警衛警告我們城裡不安全，並力勸我和毛拉．穆罕默德前往瓦希德．可汗所有的一棟建築，和其他旅客一起，在他的保護下過夜。

我們很樂意聽從他的建議，跟著他進入一棟兩層樓的公寓，裡面聚集了二十來位阿富汗人。時間已經是午夜時分，就在我們準備就寢時，瓦希德．可汗大步走了進來。他就像一般阿富汗人一樣好客，堅持要請大家吃晚餐。於是我們魚貫進入另一個房間，盤腿坐在波斯地毯上，吃著大淺盤裡的烤羊肉和卡布里飯。

我發現我的兩旁坐著兩位氣質高貴，但衣衫襤褸、長相像蒙古人的男士。左邊的男士戴著一副厚重的眼鏡，身穿厚重的黑袍，看起來約有七十歲。他禮貌地介紹自己名叫尼亞茲·阿里，並說明他來自瓦罕走廊最東邊的帕米爾高原，是當地吉爾吉斯游牧民族的「伊瑪目」，也就是精神領袖。

我很高興認識尼亞茲·阿里，但當他向我介紹坐在我右邊的同伴時，我更是驚喜不已——那是一個全身髒亂、衣冠不整的老人，穿著燈芯絨馬褲和高筒皮靴，看起來疲憊不堪，似乎在外流浪了很久。此人不是別人，正是阿都·拉希德·可汗，那個派遣他兒子羅桑在一九九九年秋天穿越艾爾沙德山口找到我的吉爾吉斯人領袖。

這真是太巧了。就在巴哈拉克的這個午夜、宗教暴動即將爆發的前夕，命運讓我和阿都·拉希德·可汗相遇，共享烤羊肉。可是，我後來知道，更令人難以置信的是，讓此人離開瓦罕東端的深山家鄉而來到此處的原因。我們大口吃著面前的食物時，他告訴我他為了前往喀布爾面見阿富汗總統而長途跋涉的故事，以及為什麼現在又耗盡盤纏、空手回到帕米爾高原。

一九九〇年代中期，阿富汗軍隊擊退蘇聯後，發現如果沒有美國這些前盟友的協助，根本不可能重建這個飽受戰爭摧殘的國家。在缺乏奧援之下，鴉片是少數可靠的財富來源之一，這項作物利潤豐厚，讓許多游擊隊指揮官在蘇聯入侵期間荷包滿滿。到了一九九〇年代初期，海洛因輸出量大增，讓阿富汗有實力和東南亞競爭全球最大鴉片供應地的寶座。一九九四年，各地區紛紛淪陷在毛拉·歐瑪爾的軍隊淫威下，巴達桑省許多游擊隊只好以販毒作為對抗塔利班的主要財務來源，將大量的毒品經由蘇俄犯罪組織開發的路線往北輸出，再由這些組織把毒品運往莫斯科和歐洲各大城市。

除了從種植和出口鴉片課稅之外，這些游擊隊也會把毒品賣給偏遠地區的農民，特別是瓦罕走廊的瓦希族和吉爾吉斯族。一村接著一村，情況都是一樣的：由於家家戶戶比鄰而居，先是體弱多病的先生或者叛逆的青少年染上毒癮，然後很快就會傳遍所有家庭成員，包括婦女、老人，甚至幼兒。毒癮魔爪再從這些源頭伸入家族親戚，最後染指整個村落。從一九九〇年代後期開始，整個瓦罕走廊的以實馬利和吉爾吉斯村落都陸續傳出整個社區染上毒癮的消息，據估人數高達成人人口的四分之一。

結果令人震驚。毒癮難耐的家庭賣掉所有物品來滿足他們一天三次的吸毒量。先賣動產——主要是山羊、綿羊和犛牛，然後是土地，最誇張的情況是把女兒賣掉，也就是所謂的鴉片新娘。（全家人都賣身為奴的情況也很常見。）那些留下來的人只喝茶、吃麵包，身體孱弱，很容易生病。

到了二〇〇五年初，村民染毒狀況已經非常嚴重，於是，阿都．拉希德．可汗決定號召阿富汗東北部領袖組成代表團，一起到喀布爾向新當選的總統哈米德．卡札陳情。代表團除了要讓卡札總統了解海洛因毒癮所衍生的問題之外，還要昭告政府，他們的家鄉完全未受到聯邦政府任何管理和保護。

前往喀布爾的旅程，花了阿都．拉希德．可汗整整一個月的時間，交通工具包括騎馬、搭乘吉普車和大眾運輸。他和尼亞茲．阿里好不容易在三月初抵達喀布爾，又花了好幾個禮拜的時間遊走於各個政府部門，設法面見負責教育、交通、健保和郵政等業務的官員。在這些接觸當中，他們就像我和沙爾法拉茲一樣，一再得到推諉塞責的回應。在此期間，他們住在一個沒有暖氣也沒有電力的簡陋公寓，等候求見卡札總統。他們等了兩個月，才得到回音。

他們終於能夠晉見總統，阿都．拉希德．可汗開始詳述問題，話才說到一半，就被總統打斷。

「別擔心，」卡札插話：「我會安排食物——我會派直升機讓你把食物帶回去。你絕對能夠帶著解決辦法回家。我們會安排醫療小組必要文件，而且我們會提供食物。」

會面就在這些承諾下結束。

無論是食物、直升機、醫療服務或任何方面，卡札辦公室完全沒有後續動作。五月初，阿都・拉希德・可汗和尼亞茲・阿里意識到總統的承諾不可能實現，於是決定空手返回瓦罕——經陸路回家。我在巴哈拉克由瓦希德・可汗提供的晚餐上見到阿都・拉希德・可汗時，這兩位吉爾吉斯領袖已經離家四個多月，散盡了個人財產。他們回到帕米爾高原後，還得把自己毫無所獲的結果一五一十地告知村民。

阿都・拉希德・可汗說完自己的遭遇後，證實他知道我和他的兒子在艾爾沙德山口會面的情況，同時也表達了他的驚訝，老天安排，讓他在喀布爾絕望痛心的短暫停留後，我們居然能見到面。這是場非常情緒化的會面：他說他非常榮幸能夠見到我；我堅稱我更榮幸能夠見到**他**。然後，他開始傳誦「度瓦」，一個接著一個，並且和尼亞茲・阿里朗讀《可蘭經》，來表達他們心中的快樂。

「度瓦」是祝福或感謝阿拉的禱告，而阿都・拉希德・可汗此時的禱告，部分感激我們終於見面的奇蹟，部分則希望這段羞辱又徒然的旅程可望出現正面結果。

「我真心希望人民有一所學校，能為子女提供教育，」他說：「為達成這個目的，我願意放棄我所有的財富——全部的綿羊、駱駝和犛牛，我所擁有的每一件物品，只求阿拉能夠答應這個要求。」

「你不需要擔心，」我說：「我已經答應你兒子，我們會為你們蓋學校。」

「如果是這樣，」他回答：「那麼，讓我們現在就開始——馬上！」

「烏巴」（好的），我告訴阿都・拉希德・可汗，不過，先讓我打個電話。我走到外面涼爽的夜裡，打開衛星電話，打電話給住在灣區的中亞協會董事凱倫・麥克考恩。請求董事會撥款進行某項建校工程，並不是我們在中亞協會一般會採行的做法。我興奮得不知所措，現場每個人也是，當下的情緒掩蓋了一切。

「凱倫，」我衝口說出：「你還記得一九九九年十月穿越邊境到祖德可汗村找到我的那些吉爾吉斯族人嗎？是這樣的，我終於見到阿都·拉希德·可汗了，他的處境非常危急，我們得立刻為他和他的族人動工建校。」

我的興奮顯然傳染到電話的那一頭。

「去做吧，葛瑞格，」凱倫表示。「我會通知董事會，補上同意文件，不過你先開始進行吧！」

我回到餐室，宣布我們已獲得建校資金，阿都·拉希德·可汗表示他想馬上訂定一份正式合約。身為吉爾吉斯領袖，他有義務保證他的人民會捐出土地和勞力，協助工程的進行。

瓦希德·可汗召喚警衛拿來一本線圈筆記本和一支筆，我寫下了中亞協會的制式合約，這是我們和任何新社區簽約時都會使用的文件。然後，我把這張紙交給尼亞茲·阿里，他拿出一支古董自來水筆，把內容謄寫成吉爾吉斯文。全文總共只有八句，翻譯成英文是：

下

比斯米拉，伊爾—拉赫曼，伊爾—拉辛姆

奉慈悲的、施恩的阿拉之名

在瓦希德·可汗指揮官、阿都·拉希德·可汗、毛拉·穆罕默德和葛瑞格·摩頓森的見證之

鑑於瓦罕的吉爾吉斯人沒有學校、老師或教育

阿富汗政府又未依承諾提供學校

在阿都·拉希德·可汗的領導之下，吉爾吉斯人簽署這項合約，同意接受登記有案的非政府

組織中亞協會的協助，在波札貢拜蓋一所有四間教室的學校
中亞協會將提供建材、技術勞工、學校補給品，並資助教師薪水、提供教師訓練
阿都・拉希德・可汗同意免費提供土地、人力和師資
詳細預算和合約項目將待在波札貢拜召開「吉爾嘎」後定案
阿都・拉希德・可汗
瓦希德・可汗
葛瑞格・摩頓森
毛拉・穆罕默德

然後，阿都・拉希德・可汗做了一件我從來沒有看過的事情。他把手伸進夾克口袋，拉出一個咖啡色的小皮袋。裡面有個非常老舊的木頭圖章，上面刻有「小帕米爾吉爾吉斯可汗」的官印圖樣，上頭有一對螺旋形馬可波羅羊角的紋章。他連印泥都有。他小心地把印章按在印泥上，然後蓋在合約上，我注意到印章中央有一道小小的裂縫。蓋完章後，他拿了一支紅蠟燭，在官印下方滴了一點蠟油，重重地用拇指在蠟上按出指紋。

整套儀式完成後，尼亞茲・阿里開始吟誦冗長的禱文，裡頭提到了吉爾吉斯人大半個歷史、求見總統請願的情況，還有其他許多事情：

阿拉是慈悲之神、阿拉是寬容之神、阿拉是幫助之神，願祂看顧瓦希德・可汗，他的食物讓這些卑微的伊斯蘭子僕奇蹟般相遇……還有保護我們度過危險黑夜的東巴達桑全體邊境保衛軍

……是的，就連哈米德．卡札總統也無法信守承諾，他一肩挑起重建破碎國家的重擔，這已經是任何人所能承受、最沉重的責任……這位幫人蓋學校的美國登山者，努力承兑神聖《可蘭經》的第一個字：伊卡拉（閱讀），為不識讀寫的伊斯蘭女兒點亮火炬……還有這個美國人古怪的員工群——首先，保佑那些遜尼派，當然，還有什葉派，甚至來自巴基斯坦狂熱的以實馬利派，那位手掌殘缺的沙爾法拉茲．可汗……願阿拉賜福在他們所有人身上……

讚美神……

唯一真神……

穆罕默德是祂的先知……

拉—伊拉哈，伊拉—阿拉……

祝禱持續了一段時間，最後結束時，大家鼓掌。我和阿都．拉希德．可汗擁抱。然後，瓦希德．可汗嚴肅地宣布，如果有必要，他會親自前往喀布爾，以確保沒有腐敗的官僚或被誤導的政府官員膽敢干涉我們為小帕米爾的吉爾吉斯人蓋學校。

這場會面就此告終，這是自從我十二年前企圖攀登K2失敗、偶然進到科爾飛村之後，最令人難忘的偶遇。會面本身就已經非常奇妙了——但事後回想，它所導致的事件，更是令人驚奇萬分。

翌日早上十點左右，我和毛拉．穆罕默德向吉爾吉斯朋友道別，準備離開巴哈拉克，往西前往法札巴德。當天是十三號星期五，我們驅車經過鎮區時，可以看到大批人群聚集在市場旁的納穆丁．可汗．沃西克清真寺周圍。他們面有怒意，而且很多人手上都拿著鋤頭、鏟子和棍子。

我們繼續往前開，大約在三個小時後到達法札巴德，並立刻住進馬可波羅俱樂部，這是位於阿姆河中一座島嶼上的前蘇聯招待所，現在是破舊的旅社。到現在，《新聞周刊》關於褻瀆《可蘭經》的報導已經傳遍穆斯林世界的每個角落，從摩洛哥到伊斯蘭馬巴德，各地的伊瑪目準備在週五下午一點半左右開始的祈禱佈道上齊聲提出嚴厲譴責。東巴達桑的所有外國非政府組織員工擔心情況會失控，似乎都準備撤離法札巴德，他們不是到機場搭乘聯合國專機，就是開著休旅車前往南邊的喀布爾。

我對於這些事情的看法一向與人不同。當情勢緊張時，我寧願和當地人在一起，即使外國人有槍，我也不要向他們尋求保護。所以，我就在馬可波羅安頓下來。

當晚，一群從巴哈拉克想要撤退到喀布爾的救難人員行經法札巴德，捎來訊息，說有兩名保守派的毛拉當天下午在巴哈拉克的清真寺發表了非常激動的演說，宣稱關達那摩灣美軍污辱《可蘭經》之舉是不可饒恕的罪過，必須用暴力加以懲罰。幾百名男子群情激憤，衝出清真寺，來到巴哈拉克街區，往西南來到一條幾乎每個國外救援機構辦事處都坐落在此的街上。

經過幾小時的暴動，這些辦事處全都遭洗劫一空，門窗破碎傾倒，家具和設備全被破壞殆盡，停在外面的車輛也都遭人用鍾子和鐵棍敲打，然後放火燒掉。在暴動中，有四位受雇於這些機構的當地居民慘遭殺害，整個市場也被搗毀粉碎。瓦希德．可汗和邊境保衛軍最後終於恢復秩序、鎮壓暴動，但在過程中，有兩名暴動者遭槍殺，至少十多人受傷、五十多人被捕。

我在法札巴德聽聞這些事件時，心情相當沉重。我多半保持樂觀心態，認為亞洲情勢終將會有好結果；可是，當晚，我相信我們在巴哈拉克城外、離暴動發生的非政府組織辦公街不到一英里處的新學校已經遭到破壞。如果這是真的，將是我們整個瓦罕計畫的一大挫敗，可能永遠無法彌補。多年來的努力和耐心協商，還有我們終於可以實現對阿都．拉希德．可汗與帕米爾子民的希望，可能就此捲入深淵。簡單來說，這所學校位於我們在整個巴達桑省最強力支持者薩哈．可汗本人的後院，如果它真的遭受暴民劫掠搗毀，我們在瓦罕將全面停工。

當然，我無法證實這件事是否屬實，可是，恐懼擊敗了我。毛拉．穆罕默德還幫倒忙，週五那天他倉皇逃出馬可波羅俱樂部、藏匿起來，顯然他認為不和我在一起比較安全。我並不生氣——誰能對他生氣呢？可是，他似乎反應過度，高估了情勢失控的範圍。

兩天後，毛拉．穆罕默德又出現在馬可波羅俱樂部，不斷向我道歉、要我原諒他拋棄我。我想問他為什麼要違背神聖的部落規範、離棄我，可是，我注意到他依舊怕得全身發抖，於是我安慰他，我們兩個都沒事——不過，我還說，我們需要找個交通工具前往暴動已經平息的巴哈拉克，以確認我們的學校是否安在。他很快找到一輛出租箱型車，我們便立刻出發。

當我們進入法札巴德北邊郊區時，放眼望去，是一堆又一堆的燒焦木材、扭曲的鋼筋和各種暴動殘跡。在清真寺附近，一輛被汽油彈擊中的休旅車還在悶燒著，可是天線卻不見了。緊張好奇的人們在關閉的市場攤販旁逗留。幾家繼續營業的茶攤生意特別好，顧客群集討論滿城謠言中哪些是事實、哪些是虛構。

過了法札巴德，路旁完全看不出暴動或毀壞痕跡。農夫在田裡除草、變更灌溉水渠；路旁小店多半開門營業。午餐時間，我們在當地一家泥爐炭火餐廳喝熱茶、吃剛出爐的烤餅。老闆抱怨當天車輛多半急著離開此地，都不光顧他的店。我們說出我們的目的地以後，他被逗笑了。

「你們今天要去巴哈拉克，真是兩個傻瓜，」他表示，「你們應該回頭。」

道路在進入巴哈拉克前爬坡上了高原，美麗懾人的全城景觀盡入眼簾，背景是南方遠處的興都庫什山。我們行進到最高點時，並未看到任何不尋常之處——不過，就在我們開上通往巴哈拉克的橋樑、進入清真寺和政府辦公室所在的市場街區時，感覺就像誤入戰場。街上除了仍在燃燒的橡膠輪胎之外，還布滿棍棒、磚塊和石頭。

市場街區中段、也就是非政府組織辦公室分布的地方，四處都是損毀的休旅車、砸爛的電腦和殘破的玻璃。氣憤的暴民顯然以這些建築為發洩對象，包括阿嘎．可汗發展集團、關注全球南方組織、東西基金會、阿富汗救援組織和其他非政府組織都在此辦公。他們的辦公室裸露在廢墟中，就連保險箱和書桌都被砸得粉碎。

我們向南經過市場街區、朝雅爾達爾駛去，我心中做了最壞的打算。可是，當我們在新學校外牆停車後，我簡直不敢相信我的眼睛。沒有一扇窗戶被打破。大門完整無缺。校舍外牆一個禮拜前才漆好的萊姆綠邊，還是像新硬幣一樣光鮮。

「阿拉阿格巴，神是偉大的！」毛拉．穆罕默德咕噥著說，並且露出笑容。

我們站在那裡檢視學校建築時，薩哈．可汗的兒子瓦利斯走過來，告訴我們，暴動發展到最高點時，有一小群暴民攻擊完市場街區後，直接朝著學校衝過來。不過，在他們到達圍牆以前，遇到了一群耆老。這些長老曾捐出學校建地、號召居民貢獻勞力，並親身參與打地基。這些長者，也就是「皮爾」，告訴暴民，中亞協會不屬於外國救援組織，而是屬於當地社區團體。這是他們的學校，他們引以為傲，不准任何人越雷池一步。於是，暴民就離開了。

瓦利斯告訴我，沒有人丟出一塊石頭。

後來，所有損失評估完畢，巴哈拉克暴動造成兩百多萬美元的損失。中亞協會學校是少數幾個與國際救援組織沾上邊的建築中、完好無缺的。我相信，這是因為我們的學校根本不算「國際性」。不管從哪一方面來看，它都是，也一直會是——「地方性」學校。

這樣的結果似乎證明我們的三杯茶做法非常有效，這讓我既驕傲，又大為鬆了一口氣——這些情緒將我淹沒，但願這段旅程不會殘酷地提醒我，我們在這裡要做的事情還很多。

瓦利斯熱心地開車要載我和毛拉．穆罕默德回到法札巴德，依計畫搭乘聯合國飛機飛去喀布爾。從巴哈拉克往西約一個小時，就在辛德拉村外，我從右邊看到路旁二十碼外有個老舊的土屋，裡面好像擠滿了孩童。至少我認為我看到的是這樣，我無法確定。

「你能停車嗎？」我問瓦利斯：「我想那裡有一間學校。」

瓦利斯和毛拉．穆罕默德都笑了。「不是的，葛瑞格，那是公廁，」瓦利斯解釋道：「那是蘇聯入侵時留下來的，是給那些拓寬道路、讓蘇聯坦克進入的工人使用。」

他繼續開車。

「也許是吧，瓦利斯，可是裡面好像擠滿了孩童。他們在那裡做什麼？我們需要回去弄清楚。」瓦利斯不相信，繼續和我爭辯，我執意要回去查看，幾乎是以命令的口吻要他回頭。我們開回小屋，我下車走到敞開的門前往裡面看。這絕對是一間廁所，至少曾經是。屋頂不見了，四個尿池都蓋上了舊木板。裡面有二十五名四、五歲大的兒童，還有一位老師，牆上靠著一塊石板當作黑板。

學生們興高采烈地和我、瓦利斯及毛拉．穆罕默德談論著他們的學校和課程。我們聊了十分鐘，那位二十來歲、年輕有禮的女老師問我們要不要參觀「學校其他地方」。我們非常好奇還有什麼教室比得上舊公廁，於是點點頭，跟著她走上山坡。

登上坡頂，馬路才剛消失在視線外，就看到兩個破爛的聯合國難民營帳篷，裡面各掛著一面黑板，至少都有三十名學生，他們全都坐在地上。這些學生年紀大一點，大概是二、三年級，他們非常興奮，因為他們和山腳下廁所學校裡的學生不一樣，從來沒有人造訪他們的帳篷教室。我們聊了幾分鐘後，兩名老師中的一位轉頭問我：「你想要看看我們的高年級學校嗎？」

「當然——請帶路。」

山丘的另一邊出現了一個看來像是舊工具房的構造體。這棟建築有屋頂、一扇小窗戶、門口還掛了一面防水布。它要比之前那間廁所大一點，大約十英尺寬、十八英尺長——裡面非常暗，而且還很嘈雜，因為將近有一百名學生像沙丁魚似地擠在裡面。他們是四、五、六年級生，教導他們的兩位女老師表示，他們的學習情況很好——不過，如果能有幾本書、幾疊紙和幾支筆，那就更好了。

這是我初次接觸到辛德拉地區的教育系統，此處人口約四千人。二十多年來，他們在沒有外援的情況下勉力維持學校運作。這些學生沒有書本、學用品，也沒有制服，而且老師已經兩年沒領薪水了——他們每個禮拜會領到一袋麵粉作為報酬。

我們不得不上路去趕飛機了。稍後，我打電話給沙爾法拉茲，要求他前往法札巴德的教育當局了解這個情況。法札巴德的教育官員辦公室離這些克難學校才不過四十英里，卻表示他們從來沒有聽過辛德拉學區——不過他們樂見我們考慮在當地蓋一所適合的學校。

此時，我們在阿富汗的經費都已經拿去為瓦罕地區蓋新學校，不過，我們還是勉強湊到足夠現金，來支付辛德拉幾位老師的薪水。我們希望能在幾個月內設法讓學生走出廁所和帳篷，進入一個至少看起來像學校的地方就讀。

不過，等到時序進入秋天，地牛翻身，我、沙爾法拉茲和「決死突擊隊」其他成員的生活全都埋入二〇〇五年十月八日早上發生的那一場災難裡。

第 二 部

天啟

第七章

遙遠的黑暗怒吼

十月七日，我是自由查謨和喀什米爾邦總理。
十月八日，我成了墓地總理。
——薩達爾・辛坎達・哈雅特・可汗

巴基斯坦大地震後，難民營的寡婦孤兒

一億五千萬年前，印度板塊屬於一個叫做「岡瓦那」的超級大陸板塊，這個大陸板塊橫跨大半個南半球，周遭是名為提特斯海的遠古時代海洋。侏儸紀到晚白堊紀之間，岡瓦那板塊開始分裂，印度因此分割出來，像一個巨型的陸地之船，一路往北漂流，一直到碰撞到歐亞大陸邊緣才停止。撞擊產生的板塊構造力量驚人，壓壞了提特斯海底，把整個海底向上擠壓、高入雲霄。結果，形成了終年覆蓋白雪的山峰，從現在的阿富汗東部如月球表面般的峭壁，一路延伸五百多英里，一直到不丹溼氣氤氳的花海森林裡。

遠古時代生存在提特斯海暖流中的三葉蟲、海百合和其他海洋生物的化石，如今被發現分布在喜馬拉雅山的峰頂上，由於印度次大陸持續緩慢地擠壓中亞，因此人們發現這些山峰的高度每一百年增加十公尺。衝擊會不定期釋放壓力，造成撼動喜馬拉雅山的地震，讓此處成為全世界活動最頻繁的斷層帶。這裡的地震多半是無感地震。不過，每隔幾十年，地球表面就會因嚴重地震而翻動，讓這些全世界最高的山峰就像強風中的蘋果樹枝一樣來回晃動。

這就是二〇〇五年十月八日星期六上午八點五十分左右發生的事情。

由於當時還是禁食月（拉瑪月）、伊斯蘭教曆法的第九個月，虔誠的穆斯林在日出到日落之間禁止進食和喝水，因此當天早上許多成人都待在家裡，趕在黎明前吃完早餐後，正在做家事或打盹。在巴基斯坦，星期六也要上學，因此，地震發生時，多數學童已經進入教室。

此次地震震央就在喀什米爾的尼蘭姆河谷下方、離地表十六英里處，而該處表面正好是帕提卡村的公立男子高中所在地，距離穆札法拉巴德東北約十二英里。校舍是兩層樓磚造建築，早上八點半，八十一名十年級男童正在六號教室上課。第一堂課是英文，授課的老師二十四歲，名叫蕭卡特・阿里・喬德立，他參加過喀什米爾游擊隊，也是前塔利班成員，有著像喀什米爾地形一樣糾葛迴旋的過去。

蕭卡特．阿里於一九八一年出生於帕提卡，十二歲時，父親去世，他被迫半工半讀，擔任家教賺錢養家，還得教他的八個弟弟妹妹讀書。他家正好在印度軍隊的瑞典製波佛斯大砲二十英里的射程外，不過，他少年時期偶爾會聽到尼蘭姆河谷鄰近村莊傳來的印度軍砲擊聲。當時是一九九〇年代後期，他發現自己對於喀什米爾迅速發展的獨立運動非常著迷——這個運動是受到一九八九年阿富汗穆斯林游擊隊成功擊退蘇聯所啟發。蕭卡特．阿里剛過十六歲生日不久，便加入查謨喀什米爾解放陣線，並接受游擊隊訓練，而後潛入印屬喀什米爾境內，對軍隊進行突襲。

這段期間，他也首度到了喀布爾，觀察塔利班如何在阿富汗執行嚴格的伊斯蘭律法，並從當地再進入中亞和車臣。一開始，他對於塔利班思想的狂熱感到印象深刻，於是決定加入他們，但越來越看不慣塔利班對百姓的殘暴，尤其是他們對女人的態度。由於蕭卡特．阿里精通阿拉伯文——這是他許多唸過書的同袍欠缺的語言技巧——他了解他們違背了《可蘭經》教義，並且立刻提出糾正。「如果那女人是你的母親或姐妹，」他會指著被同袍迫害的女人，疾聲譴責：「你敢以伊斯蘭之名，鞭打她、殺害她嗎？」

他和這群頂著伊斯蘭之名，行姦淫擄掠之實的匪徒有袍澤之情，但他又想回鄉重拾教鞭，最後，他選擇後者。「我生命中最快樂的時光，」他曾告訴我：「就是我終於永遠棄戎從筆。這是阿拉召喚我進行的聖戰。」

他回到帕提卡，接受了公立男子高中的教職，同時也在零點八英里外的岡狄皮蘭女子中學兼課，教導三百名女學生英文、經濟學和數學——他是當地史上第一位獲准教導女學生的男老師。熱愛運動的他戴著金邊眼鏡、留著長長的黑色鬍鬚，就像阿富汗游擊隊和柏克萊大學哲學教授的混合體。到了二〇〇五年秋天，這位年輕、正直、有才華的伊斯蘭叛徒已經非常熱心地竭力幫助喀什米爾第一代受過科學教育的女子進入大學就讀，並進一步投身職場。

十月八日當天早上，蕭卡特・阿里根據教學進度，正在英文課堂上朗讀一段文章，開頭是「運動和比賽非常有益於身體健康。」他還沒開口，抬頭看到一名叫做塔瑞克的學生，他前一天沒有來上學。

「塔瑞克，」他問道：「你昨天去哪裡了？」

塔瑞克站起身。

「老師，我生病了，沒辦法來上學，」他解釋道：「您能不能再講一次昨天的內容？」

蕭卡特・阿里還沒開口，一陣邪惡的轟隆聲吞沒整個尼蘭姆河谷，校舍牆壁開始劇烈震動。

「快跑！」蕭卡特・阿里大叫。

他緊緊抓著門，讓學生一一通過，然後跟在學生後面；接著要學生跟著他唸第一段「卡里麥」，也就是伊斯蘭教五功（五柱）之一：拉－伊拉哈－伊拉－拉，穆罕默德－拉蘇魯拉－拉。「阿拉是唯一真神，而穆罕默德是祂的先知。」

老師和學生跑過走廊、下樓和其他班級的學生一起聚集在院子，大家不可置信地眼看著二樓牆壁崩裂、校舍最高層樓坍塌。蕭卡特・阿里和其他老師趕緊開始清點人數，以確定是否有人尚未逃出來，很快地，他們就發現校長阿克巴爾・阿文和歷史老師卡立德・胡斯曼尼教授不見蹤影。這兩人後來被發現死在瓦礫堆當中。另外，他們也發現學校職員寇許努德・阿里・可汗的屍體，地震發生時，他顯然是在逐間檢查教室，確定所有學生都逃出去，最後自己卻來不及逃生。

就在老師進行初步點名的短暫期間，發生了很多事情。東南方約四百五十英里以外，地震在安姆利澤和德里兩座印度城市造成一片驚恐；在蓬澤區，具有兩百年歷史的珍珠宮應聲倒塌。在西北邊，阿富汗城市賈拉拉巴德，一面牆被震垮，壓死了一名女孩；地震在阿富汗境內只造成兩人死亡，而這名女孩就是其中之一。同時，西南方五十五英里以外，也就是伊斯蘭馬巴德的外交特區「藍區」，馬嘉拉住宅大廈崩塌，根據美聯社報導，死亡者達七十四人。不過，這些都比不上蕭卡特．阿里老師點完名後，大家抬頭看到的一片慘況。

沿著城區後方的山丘，山崩切斷所有道路、掩埋了整個村莊。尼蘭姆河上的橋樑扭曲地被拋在路邊。帕提卡城區裡，幾乎看不到一間房子、都肯（商店）或辦公室屹立著，人們在街上奔跑，許多人不斷尖叫、滿身是血。

蕭卡特．阿里趕緊穿越市場街區，卻突然被眼前的景象嚇得停下腳步，他看到岡狄皮蘭女子中學只剩下一堆灰白瓦礫。整個校舍結構全部瓦解，把三百名女學生困在裡面。許多人已經死亡，但有一些人尚有氣息，當學生家長衝進校園時，耳中傳來的，是他們的女兒在校舍殘骸下方的哀嗚哭泣。

蕭卡特．阿里住在八英里以外的巴坦吉村，他是一家之主，他知道家人此時最需要他的領導。身為長子的他，此時應該立刻回家，可是，他身負另一項責任，需要他留下來。「瓦礫下方的每一名女學生我都認識，」他後來告訴我：「這些是我的學生——她們就像是我的妹妹和女兒，我不能丟下她們不管。」

街道無法通行，大型機具進不來，餘震又不時發作。家長和老師可以在破瓦殘礫中看到女學生露出的手、腳和衣服，於是他們徒手開挖。隱約微弱的聲響和呼喊讓狂喜的救援者找到生還者的位置。雖然被救出的學生驚魂未定，但許多生還者也投入救援工作，協助把死者和傷者分開，將她們同學的屍體放在中庭，然後盡力照顧那些受傷的人。

地震發生的第一天，當地沒有飲水、沒有醫療用品，也沒有毯子。蕭卡特．阿里拉出一個殘缺的屍體，這名女孩叫做莎賓娜，她一直視他為大哥，還答應要幫他找個老婆。他不忍正視莎賓娜的臉龐——多年後，每次想起把她的屍體覆蓋起來的那一刻，他還是會掩面哭泣。到了晚上，他們開挖的範圍還不及整座建築廢墟的一角。

當晚，黑夜從西南方的喀什米爾谷地籠罩大地，整個尼蘭姆河谷沒有半盞燈泡或街燈，伸手不見五指。然後，開始下起雨來。

這不是輕柔的細雨或漸歇性的毛毛雨，而是傾盆大雨。暴雨狂瀉，讓帕提卡又濕又冷。無情的雨點重重地敲打在各處，地震廢墟很快充滿了無數條小河流。河水奔流於倒塌的街區建築之間，也蹂躪著罹難者的屍體。

蕭卡特．阿里整晚都在照顧一名女孩蘇拉。雖然她身受重傷、痛苦不堪，但蕭卡特唯一能夠提供的慰藉只是讓她的頭枕在他的腿上，設法用外套為她擋雨。午夜後，又過了許久，雨終於停了，但餘震依舊不斷。他企圖記下餘震次數，數到一百次之後，就放棄了。不過，地震第一晚最讓他難以忘懷的，就是餘震之間的死寂。

通常，此處入夜後會有成群的胡狼和野狗在山腳下出沒——尤其是「阿茲恩」的時候（宣禮員宣布晚禱時間），牠們的嗥叫形成一片悲切的喧鬧，越過山脊，回響在山谷之間。

當天晚上，沒有任何一隻動物發出聲音。

巴基斯坦和洛磯山脈有十二個小時的時差。十月七日晚上，我投宿在鹽湖城一家旅館，等著隔天早上帶兒子和女兒參加跆拳道錦標賽。我的妻子塔拉在晚上剛過九點半時打電話來，告訴我喀什米爾的災情，當時我和兩個孩子才剛從「星期五」餐廳吃完晚餐回來。塔拉不知道細節，我也無法和巴基斯坦的任何人取得聯繫。我打電話給蘇利曼、薩都拉、帕爾維、納茲爾，我想得到的所有人，但電話都打不通——連沙爾法拉茲的衛星電話也撥不通。

我請塔拉繼續聯絡蘇利曼，如果電話通了，告訴他隨時設法保持聯絡。孩子們想去游泳，但我先要他們坐在床上，然後告訴他們發生了什麼事。

「爸爸，巴基斯坦的小孩都快死了，」阿蜜拉說：「我們明天怎麼還能去比賽跆拳道呢？」

「阿波和蘇利曼都平安嗎？」開伯爾問道，然後，他告訴我，我應該立刻前往巴基斯坦去幫忙。

「很難理解這個世界為什麼會有這樣的苦難和悲劇——而且情況還會更糟，」我告訴他們，他們緊抓著我的手。「不過，我們會盡全力協助我們在那裡的朋友。現在，讓我們來禱告，把他們交給上帝。」

稍晚，我上網查看。整個中亞和南亞都能感受到地震，初步的報導都著重在伊斯蘭馬巴德那兩棟倒塌的公寓大廈。至於深山裡的村落和住在震央附近的居民狀況，得再等好幾個小時才會陸續傳出消息。

現在，我最擔心的，是我們的職員和他們家人的平安，還有我們的老師、學生和學校是否無恙。中亞協會的工程當中，最接近震央的是八十幾英里外的古爾托瑞，我們在那裡有兩所可抵抗砲彈的學校。還有許多所學校位於一百英里以外的地方，當然也都還在大地震的影響範圍之內。

從當天夜裡到隔天白天我一直在打電話，已經能確認我們所有的員工和家人都平安無事，而我們在巴基斯坦的學校都完好無缺。司卡度的艾爾·阿比德小學底牆有些許裂縫，除此之外，沒有任何傷亡消息傳出。不過，此時我們已經了解到，喀什米爾的災情非常慘重。

報導指出，整個巴基斯坦北部難以計數的城鎮和村落完全被夷平。各地都傳出整個家族，包括數十位男人、女人和小孩，在家中慘遭瓦礫活埋、當場死亡。在首都穆札法拉巴德，最大的醫院倒塌，奪走兩百多名病患的性命。市立監獄也震倒平躺，囚犯有十五人遭活埋、四十人受傷、六十人成功逃出。（唯一完好無缺的，只有中庭裡一次能處死三人的絞臺。）在穆札法拉巴德大學的廢墟裡，有幾百名大學生慘遭活埋。家家戶戶在街上遊蕩，拒絕回家。小孩、女人和男人在戶外或坐或站，嚎啕大哭。到了晚上，街上野狗出沒，撕爛死者屍體，直到巡邏士兵把牠們槍殺。

在之前半個世紀，巴基斯坦歷經四次戰爭、兩次軍事政變，以及數不清的洪水、轟炸、政治暗殺和其他災難，但從來沒有像這次一樣。芮式規模七點六的地震強度和一九〇六年的洛杉磯大地震相當。兩名美國地質學家表示，後來的衛星照片顯示此次地震造成兩千兩百五十二處山崩。在帕提卡鎮方圓十英里之內，沒有醫院床位、沒有打得通的電話、連一滴飲水也沒有。根據美國地質調查局的估計，死亡人數將超過八萬六千人，堪稱巴基斯坦史上最大的天然災難，也是破壞力名列史上第十二的大地震。

罹難者中有四分之一是兒童，人數約一萬八千人，他們多半是學生，地震發生時正在學校上課。奇怪的是，多數的罹難學童都是女生，這現象的原因後來逐漸明朗。男生會立刻跳窗或跑出門外逃生，而女生多半本能地擠在一起、終致遭到活埋。還有，由於政府把最好的資源全都給了男學生，不知道女學生也有一樣的需求，因此許多女學生沒有桌子——如果可以躲在桌子底下，那可以拯救幾千名女孩的性命。

根據巴基斯坦教育部的統計，在地震中倒塌的大專和中小學中，喀什米爾有三千七百九十四所、西北邊境省有兩千一百五十九所。約五十萬名學生沒有學校可唸。該區的教育基礎建設——辦公室、紀錄、發薪名單、所有東西，全都沒了，五百多名老師喪生。才不到四分鐘的時間，整個知識兒童世代就此滅絕。

要全面分類和分析地震破壞的程度，還需要花上好幾個月的時間。此時，巴基斯坦北部居民所有的，只是這個大災難的名稱。

地震的烏爾都語稱為「札爾札拉」。可是，從那天至今，整個喀什米爾地區把十月八日早上發生的不幸稱為「夸雅馬特」——天啟。

十月九日星期日，蕭卡特．阿里一整天都在瓦礫堆中搜尋受傷的女學生，並成功救出三名生還者。此時，他的雙手已經受傷，衣服也布滿了血跡。受困的女學生呼救聲越來越微弱，終於在當晚完全消失，只剩一片死寂。不過，週一近午，蕭卡特．阿里聽到四年級教室倒塌處傳來啜泣聲。他和一群男人興奮地在瓦礫中挖出一個小洞，掉進一堆石頭和灰塵。

「你這愚笨的渾蛋，不要再朝我們丟石頭！」裡頭傳出聲音：「你看不出來我們無助地困在裡面嗎？」

「我是你們的老師，蕭卡特．阿里，」喬德立大叫：「你們都好嗎？」

「我們需要水，」傳出回答聲：「還有，我們不喜歡你向我們丟石頭，我們又沒有做錯事！」

一個小時以後，十幾個男人已經移開幾個重達兩百磅的大石頭和一大堆扭曲的鋼筋，終於能看到裡面的兩名生還者，安娜姆和阿妮。她們被十五位死去的同學包圍，這些同學的屍體保護她們不被碎片砸中，並緩和了最嚴重的撞擊。雖然安娜姆和阿妮在灰塵滿布的黑暗當中無法看見彼此，但兩人的手緊緊握在一起，七十五個小時都不曾鬆開。

兩名女孩被救出後，各灌了一大瓶礦泉水，然後直接跑回家。當晚，蕭卡特．阿里決定，終於是他該回家的時候了。

他回到巴坦吉村時，發現他的母親，薩荷拉．貝岡姆，杵在他們的房屋廢墟旁，用一塊塑膠布擋雨，冷得發抖。什麼都不剩，甚至連她的鞋子和家族《可蘭經》都沒能搶救出來。他的母親告訴他，他有個妹妹罹難，已經下葬；他的妹夫和所有同年密友也都在地震中喪生。他的家鄉共有一百六十五棟房屋，如今只剩下兩棟還搖搖欲墜。

隔天，蕭卡特．阿里走回帕提卡，在市場買了鏟子、十字鎬和煤油，還幫他母親買了一雙鞋子。他又走回家，先挖出母親的東西；然後和幾個弟弟妹妹花了兩天的時間挖掘家園的破瓦碎礫，草草建一個臨時棲息地。七天後，他走了十二英里進入穆札法拉巴德，被眼前的景象嚇了一跳。

在斷垣殘壁、一片混亂當中，屹立著一座全新的城市：一個雜亂無章的市場堆滿了從國外運來的物資，成了一個帳篷林立、鋪滿塑膠布的新社區，最令人吃驚的是，這些人全都是新面孔。除了紅十字會、巴基斯坦軍隊和美國軍隊之外，還有一大堆國際救援組織及媒體。他們正在發送免費的衣服和食物，蕭卡特．阿里怎麼樣也無法接受這些救濟。他也回絕了一個工作機會：紅十字會急需翻譯人員，像他這樣有語言專長的人非常搶手。他們提供一天一百美元的報酬，比他一個月的薪水還要多。可是，他卻返回帕提卡，去找岡狄皮蘭女子中學的校長賽達．夏比爾。

夏比爾身材嬌小，一雙黑色眼珠上戴著厚重的眼鏡，走起路來一拐一拐，但威嚴懾人。她投身教育界已經近三十年，從老師一路做到管理者，以嚴厲的作風著稱。當她開口表達不滿時，就連男人也噤聲不語。她最有名的就是人人害怕的凶猛脾氣、讓事情快速完成的能力；還有，凡是任何學生、老師或政府官員未能遵守她訂定的標準，她絕對不假思索地公開斥責。

夏比爾和蕭卡特．阿里都認為，雖然對於那些帶頭救援的軍隊和政府官員來說，重建該區教育建設絕對稱不上最優先事項，但是，學校——尤其是女子學校，絕對是進步的重要指標。盡快讓學生復課能為整個社區帶來希望。

「蕭卡特，」女校長以命令的口吻說道：「立刻返回穆札法拉巴德，去找負責的軍隊指揮官，了解他能提供什麼樣的協助。」

他到達穆札法拉巴德後，找到了一位負責分發救援物資的巴基斯坦陸軍上校，向對方表明他需要幾個帳篷，讓他們的女子學校得以重新開班復課。當這名上校發現蕭卡特．阿里是認真的，他罵他傻瓜。

「沒錯，也許你說得對，」蕭卡特．阿里回答：「可是如果巴基斯坦軍隊拒絕提供遮蔽物，那我們就會讓他們在戶外上課——你該知道，冬天就快來了。」

他離開穆札法拉巴德時，帶著四個八英尺寬、十二英尺長的帳篷，足以容納六百名學生。回到帕提卡後，他和夏比爾都認為時間非常緊迫。巴基斯坦全國公立學校將在翌年三月舉行期末考，如果岡狄皮蘭中學的女學生想要通過這些測驗，就必須盡快復課。於是，他們把學校即將在十一月一日重開的消息傳出去。

十月十三日那個下午，雨勢終於停歇，開始下雪。

在此同時，我已經回到波茲曼家裡，急於了解損害範圍、與受災當地的人交談。不過，也許我現在留在美國比較重要。我們的支持者和贊助人，無論是熟面孔還是新面孔，將會陸續寄來支票，而且想了解我們將如何運用這些捐款。登山團體一定會捐贈帳篷、睡袋、外套——他們會參考我們如何將這些物資運往巴基斯坦的做法。這種種事情讓我身處一個相當尷尬又不自在的處境。

在天然災害當中提供救援是非常複雜又花錢的工作，充滿了許許多多難以克服的困難，就連專門從事這類工作的組織也感到棘手。運送食物、提供收容處、確保環境衛生的基礎建設，不僅受難者需要，救援工作人員也需要，而這些工作常常需要從零開始、匆忙趕建。至於恢復電力、交通、通訊和適當醫療照護則需要由專業人員來執行。面臨這類挑戰時，像中亞協會如此迷你的團體——當時每年預算不超過一百萬美元、蓋好的學校不超過五十所的非政府組織——想要立刻改變自身的功能，成為一個緊急救援提供者，這樣的想法聽來立意良善，但卻非常不實際。急難救助不是我們的專長，我們對於災難救援相關事宜更是一無所知，而且，我們在阿富汗的新工程已經啟動，我們有限的人力和財力早已經運用到了極限。

另一方面，發生這樣的災難後，巴基斯坦東北部一大塊區域與全世界斷絕往來、自生自滅。不管我們喜不喜歡，現在，此區居民簡直就是道路盡頭的孤民了。

十月十日，沙爾法拉茲終於打電話來。他已經到達地震災區了。

沙爾法拉茲在祖德可汗的家中感受到震動，立刻了解事態嚴重，於是馬上上路。他花了超過四十八個小時的時間才到達伊斯蘭馬巴德，然後再往東行，搭上路邊經過的卡車、箱型車和吉普車，遇到山崩掩埋的路段就徒步行走。

我聽到他的聲音後，立刻開始詢問他發生的事，不過，他要我停止問問題。他說，他得再花好幾天的時間才會抵達災區最偏遠的地方。等他到達後，他會了解當地狀況，並向我回報。屆時，我們再決定中亞協會該如何提供協助。如果有我們可以扮演的角色，他建議，應該盡量視當地學校的災情而定。此時，我們最需要的就是資訊。

他的第一個目的地位於巴基斯坦西北邊境省最東邊的巴拉克特。當地的景象讓他怵目驚心。有些地方，路上排滿屍體，等待親友領回下葬。還有一些地方，屍體已經下葬，但由於缺乏十字鎬和鏟子，災民只能用木板或雙手來挖掘墳墓。在另一處，他看到有個女人坐在倒塌建築的石堆上，這裡是她兩個女兒上學的地方；碎瓦殘礫已經用挖土機移開，搜救犬也搜尋過這個區域，卻沒有找到她的兩個女兒，可是，悲慟的母親拒絕相信她孩子的屍體不在裡面。沙爾法拉茲設法安慰她，但她不吃、不喝、也不睡。

他從巴拉克特繼續往北走，來到帕坦族居住的卡根河谷，這裡是惡名昭彰的孤立社區。許多人似乎對於外來闖入者要提供援助非常反感。「你來這裡做什麼？」當地居民質問沙爾法拉茲。「我們自己都沒有食物或住所了——走開！」

後來，沙爾法拉茲還是想辦法和一位叫做穆罕默德．拉薩的老人交朋友，老人建議他最好立刻離開這裡。拉薩表示，居民最後一定會注意到重建學校的事情，不過現在時候未到。如果沙爾法拉茲能等到一、兩年後再來訪，人們的態度可能會比較和善。

由於卡根居民的反應，沙爾法拉茲的結論相當悲觀。如果人們連他這個巴基斯坦同胞都不歡迎，對於一個為中亞協會這樣的非政府組織工作的美國人又會有什麼樣的反應呢？他回到伊斯蘭馬巴德後，與我分享這個消極的看法，然後，提出了一個棘手的問題。

如果我們連卡根河谷都進不去，是否還應該挺進到印巴邊境更偏遠的地區呢？換句話說，我們真的要將建校觸角伸入巴屬喀什米爾嗎？

這讓我們暫時無言，深深地吸了一口氣。

喀什米爾除了惡名遠播的地質不穩定之外，還處於錯綜複雜的政治紛擾中心，其棘手和複雜程度只有以色列和巴基斯坦的衝突才能比擬。此區戰爭的起源，可追溯至一九四七年八月十五日午夜，原英屬印度正式一分為二，成為印度和巴基斯坦兩個新國家。

分裂造成近代史上最龐大的難民潮之一（約兩千五百萬人），近一百萬人慘遭屠殺，印度教徒和錫克教徒往南逃入印度，而穆斯林則反向逃往巴基斯坦。另一個死傷慘重的地區則是印度最北方侯國，查謨喀什米爾。此處人口以穆斯林為主，統治者是名叫哈里．辛的印度大君，他的曾祖父於一八四六年以七百五十萬盧比的代價，向英國買下喀什米爾，這樣的價格等於是每位居民只值五盧比，相當於印度路邊飲食攤一杯茶的價錢。

分裂兩個月後，巴基斯坦入侵喀什米爾，讓哈里．辛驚慌失措、不知所以，他一向只對馬球、夜宴和狩獵有興趣。十月二十六日一早，這名大君就帶著最貴重的珠寶、魏爾比—史考特獵槍和愛犬泰山逃出王國。同時，印度政府出動一整隊的客機機隊，運送三百名錫克族軍隊進入首府斯利納加。

第一回合戰役結束，印度奪下三分之二的喀什米爾，包括查謨、佛教地區拉達克，還有最大的戰利品：著名的喀什米爾谷地。巴基斯坦則控制了吉爾吉特和巴提斯坦，再加上喀什米爾西南方的一小塊區域，現在印度稱它為巴屬喀什米爾，巴基斯坦則稱它為自由喀什米爾。在地圖上，自由喀什米爾是一塊峽長地帶，有些地方甚至寬度只有十五英里，形狀很像瓦罕走廊，不同的是呈南北向。兩個喀什米爾的界線，幾乎和一九四九年一月停火前的最後戰線吻合。這條從印度查謨附近往東北對角斜切至中國、長達四百五十英里的邊界線，現在被稱為「控制線」。

之後，印度和巴基斯坦又分別在一九六五和一九七一年在喀什米爾開戰，巴基斯坦兩盤皆輸。然後，一九八九年夏天，喀什米爾平民揭竿起義，想要從印度和巴基斯坦獨立出來。幾個月內，反抗行動就發展成暴力戰爭，到最後，形成六十幾個各自獨立的伊斯蘭游擊隊，共同對抗印度的五十萬大軍，造成三萬六千多人喪生。雙方手法都很殘暴。印度安全部隊會拘留、拷打並處死平民百姓，而在巴基斯坦受訓的伊斯蘭軍隊則潛過邊界攻擊印度士兵，並且對印度教詩人、法官和社會工作者進行暗殺行動。十二個月前，巴基斯坦首次核子武器測試成功，讓情勢更加惡化。

鎮壓和報復紛迭，直到一九九九年四月，八百名激進分子在巴基斯坦的支持下，在「控制線」展開突襲，成功占領了印屬喀什米爾境內長達一萬七千英尺的山脊，對著加吉爾和德拉斯虎視眈眈，並且開始砲轟連接斯利納加和列城之間的重要印軍運輸幹道。到了七月四日，印度全力反擊，再加上柯林頓政府的施壓，迫使巴基斯坦總理納瓦茲．謝里夫決定撤退。據報雙方的核子武器都已經準備就緒，讓柯林頓總統氣得大罵喀什米爾真是「地球上最危險的地方」。

聯合國指出，這個已經懸而未決達六十多年的爭議地區，其最後命運將由喀什米爾居民進行公民投票來表決，而這裡的多數族群還是穆斯林。在投票之前，「控制線」兩邊的居民都有機會行使聯合國認可的自決權，因此，喀什米爾動盪不安的局勢，很可能會持續下去。

二〇〇五年地震發生時，自由喀什米爾禁止外國人進入已達數十年。因此，雖然我在巴基斯坦各地居住和工作十多年，對這個地方卻一無所知。中亞協會和這一塊區域沒有關係、沒有聯絡、沒有緣由。簡言之，我們沒有在自由喀什米爾境內喝過一杯茶。

不過，這次災難如此慘重，該區對外國人的限制一夕之間完全移除，全球各地的非政府組織紛紛湧入。所以，我建議沙爾法拉茲回頭，盡量深入自由喀什米爾，往災區前進。

當然，在這個時候，我和沙爾法拉茲都還沒有聽過岡狄皮蘭女中，也還不認識蕭卡特．阿里或賽達．夏比爾。不過，讓我們相遇的事件已經展開。

第八章

束手無策

當你的心靈開口說話，請認真做筆記。

——蘇珊·坎貝兒

巴基斯坦尼蘭姆河谷的地震物資發放中心

十月十五日，沙爾法拉茲再度離開伊斯蘭馬巴德，這一次的目的地是穆札法拉巴德，也就是震央所在。他從巴基斯坦首府往東出發，沿著蜿蜒的山坡路，經過寧靜美麗的夏季避暑勝地穆里，此處是昔日英國人的山區避暑小鎮，住在低地的人為了躲避悶熱潮濕的旁遮普，最喜歡來這裡。過了穆里以後，道路俯衝直下，經過一座又一座令人驚豔的峽谷，最後來到克哈拉橋，從此處便可進入滿是翠綠山丘的自由喀什米爾。沙爾法拉茲吃驚地發現，巴基斯坦的工兵單位「前線工作組織」已經清除了十多處山崩，搶通道路。可是，當他尋著曲折道路進入位於尼蘭姆河和傑魯姆河交會處的穆札法拉巴德時，眼前依舊一片慘況，就像他在卡根河谷所見到的一樣。

城中幾乎每一棟建築不是龜裂、傾斜就是完全倒塌。街道上擠滿了無家可歸、四處遊蕩、身體受傷或精神受創的大人和小孩，無以計數的餘震讓他們的情緒更難平復。每個街坊都有巴基斯坦軍隊在廢墟殘骸中仔細搜尋罹難者遺體或可能生還者。災民衝突不斷，神情茫然地尋求食物和飲水。

沙爾法拉茲抵達後的第一晚，來到高踞於尼蘭姆河邊懸崖上的阿爾－阿巴斯旅館和餐廳（「決死突擊隊」的夥伴後來戲稱此處為「龜裂旅館」，因為建築的一邊出現了一個曲折垂直而下的大裂縫），就在門外人行道上攤開睡袋而眠。隔天，他在市區四處走動，並打衛星電話給我，表示當局利用該市作為整個災區的臨時工作站，因此免不了會將多數救援物資留在當地。沙爾法拉茲繼續解釋，這對穆札法拉巴德的居民是件好事；但對於鄰近山谷和丘陵上、與外界世界斷絕聯繫的兩百五十萬名居民來說，一點幫助也沒有。

沙爾法拉茲說明完畢後，提議由他繼續往東北走，挺進位於尼蘭姆河谷最深處的偏遠村落。尼蘭姆河谷因為此處蘊藏豐富的紅寶石而得其名，是一座由尼蘭姆河鑿蝕而成、長達一百五十英里的山谷，曾經是全世界最重要的佛教中心。由於陡峭的岩壁，再加上二十年來不斷遭受印度大量砲擊，尼蘭姆河谷堪稱是全自由喀什米爾最不受政府關心的地區。沙爾法拉茲表示，這些特性讓此處成為我們的理想工作對象。（不過，當時我們還不知道該地十四萬居民中，已有超過一成在地震中身亡，而多數罹難者都是學童。）

我告訴他我完全同意，並祝他好運。

沙爾法拉茲是雇車到穆札法拉巴德的，不過，當他看到城外的路況後，便讓司機先回伊斯蘭馬巴德，自己帶著幾瓶水、睡袋和一包蘇打餅乾，繼續徒步而行。通往尼蘭姆河谷的道路有多處坍方，在某些地方，甚至整塊山壁都崩解落入河裡。

他在泥濘瓦礫中跋涉，途中談上話的每個人都有一個故事，而每一個故事都是悲劇。他所遇到的每個人都至少失去一位至親，毫無例外，而且以失去多位親人居多。地震當時待在室內、還能生還的，即使多半失去了全部財產，但已經是不幸中的大幸。幾乎每個人都包著沾滿血跡的紗布、走起路來步履蹣跚。男男女女不是揹著兩、三個小孩，就是用獨輪小車推著受傷的家人。相較之下，擁有睡袋和餅乾的沙爾法拉茲真是富有得令人羨慕。

當晚，他睡在毀壞的卡車下方，用衛星電話與我聯絡。「路上擠滿了人：走路的人、尋找食物的人、哭泣的人，」他表示：「各地災情慘重。黑夜四下無人時，連我都放聲大哭。」

多數天然災害伴隨而來的，都是一團混亂，當局的首要目標是盡量有系統性地減少混亂。不過，十月的第二個禮拜，自由喀什米爾的情勢日趨困惑和雜亂。地震發生後才不過四十八小時，伊斯蘭馬巴德唯一兩條通往北方河谷的道路擠滿了各式各樣的交通工具，包括驢子、腳踏車和人力車，上面坐著心急的親友想要進來尋找摯愛。來自巴基斯坦各地的善心人士也都湧入山區想要提供協助，因此，幾條沒有坍方的公路全部大塞車。巴基斯坦軍隊還一度威嚇車輛離開幹道，以便讓交通恢復順暢。

國際救援動員前來災區，這讓當地局面更加混亂。國際性非政府組織需要的支援服務太多，包括休旅車、廚房、發電機、供筆記型電腦使用的遠端伺服器、礦泉水等許多東西。為方便人道與醫療救援進入，印度和巴基斯坦間的「控制線」上開放了五個檢哨站——不過，來自全球的救援團體很快地就把這些通道全都阻塞。地震發生後第十二天，巴基斯坦政府視察過的災區還不到百分之二十。兩個禮拜後，聯合國世界糧食計畫署預估有五十萬災民依舊孤立無援；到了十一月中旬，超過三百萬的地震難民將在無遮蔽、無食物的情況下，蜷縮在山區任憑寒冬降臨。

沙爾法拉茲往北走，先從穆札法拉巴德步行到帕提卡，然後再從帕提卡走十七個小時到諾薩達村，在許多地方，他看到山崩不僅摧毀道路，也掩埋了整個社區。例如，在穆札法拉巴德北方十英里以外的地方，有個坎沙爾難民營，裡面住了大約一千名從印屬喀什米爾逃出來的穆斯林難民，他們從一九九二年起就住在這裡。營區坐落於尼蘭姆河上方約兩千英尺高的狹窄岩架上；地震發生時，大半個營區滑落山坡、跌入峽谷，帶著三百多名難民一起跌落。還留在岩架上的營區也都倒塌，讓七百名生還者二度遭受煎熬。

沙爾法拉茲離開穆札法拉巴德三天後，來到了諾塞里村，此地已被地震夷為平地，衣衫襤褸的村民在荒地上流浪、無法理解發生了什麼事，至於今後該在哪裡、該如何重新站起來，他們一點概念也沒有。再往下約八英里是個叫做帕克拉特的小村落，他在這裡遇見一個名叫阿莉瑪的女人，她的丈夫和兩個小孩都在地震中喪生。她蹲坐在家園廢墟外的木床上，茫然地盯著一疊紙張。這是申請政府現金補助的表格。阿莉瑪意志消沉、根本沒有做事的動力，而且，她目不識丁。

「我請法奧吉—哈維達兒（軍官）幫我，」她告訴沙爾法拉茲：「他只給我一張紙——我開口抱怨、索討食物時，他就要我走開，否則他會用棍子打我。這張紙連狗都不吃。」

在沙爾法拉茲的眼中，阿莉瑪的困境令人瞠目、荒誕不經，簡直是對殘酷的一大諷刺。他們要她填的表格，問了一大堆她完全無法回答的問題，包括出生地和出生日期、年齡、身分證號碼等等。「這樣的女人要如何生存下去呢？」當晚他在衛星電話裡向我抱怨。「放眼望去，到處都是罹難者屍體，而那些倖存者也像是活死人。這太過分了。沒有人知道該怎麼辦。」

沙爾法拉茲的適應力很強，他一直過著充滿挑戰性的生活；可是，他在自由喀什米爾所看到的景況越來越讓他難以承受。每天晚上，他向我描述的內容都一樣令人沮喪。從每個地方、每個層面來看，這世界似乎充滿了混亂和絕望。

沙爾法拉茲勘察災情期間，「生命線行動」是少數幾個令人振奮的消息，這是透過直升機將緊急物資送進自由喀什米爾偏遠村落的國際性救援行動。執行任務的，除了由英國和德國提供的直升機之外，還有巴基斯坦自己的蘇聯時代Mi-17直升機。不過，這項行動的靈魂人物，是跟著堪薩斯州奧雷瑟的陸軍後備軍人飛抵災區的十四名美國奇努克印地安人。這些機具，以及與他們一同前往的兩百名飛行員和工作人員，都是早期救援行動中的無名英雄。

這幾位印地安人在地震發生後的兩天之內，就從阿富汗戰區直接飛抵災區，他們的首批任務包括運送搶通幹道所需的挖土機、卡車和其他大型機具，並且利用回程飛機撤離重傷者；然後，他們再搬運帳篷、屋頂建材、醫療用品、麵粉、水泥、嬰兒奶粉，以及任何所需用品，其中還包括一批縫紉機。地震發生後的三個月內，這批直升機總共運送了高達六千噸的物資，創下史上重量最大的直升機空運紀錄；各界認為，此次救援行動讓五十萬災民度過隨後而來的寒冬。

隨著直升機挺進災區深處，他們的名氣越來越大，到最後，塑膠直升機成了自由喀什米爾的孩子最夢寐以求的玩具。大家都愛這些印地安人和他們的工作夥伴，每次他們一現身，總是受到熱烈歡迎，當然，現場一定會有一大堆小孩子。沙爾法拉茲和幾位飛行員聊天，得知這些曾在伊拉克服役的美國士兵不敢相信居然會有巴基斯坦人**喜歡**他們。幾年後，這些機組人員會將這幾個禮拜視為他們軍旅生涯最精采的部分。

等到印地安人把重型機具運送完畢，塞車問題也得以解決之後，道路慢慢通暢。到了十月中旬，沙爾法拉茲回報，穆札法拉巴德成了整個救援行動的商業中心，各大國際救援組織如聯合國兒童基金會、樂施會、紅十字會、國際關懷組織、紅新月會等十幾個組織，紛紛在此架設衛星天線、建立電腦記憶庫，並開始儲備物資。可是，在「上面」更偏遠的地區，情況依舊不見改善，形成了令人憂心的對比。例如，沙爾法拉茲在穆札法拉巴德市內看到六家大型野戰醫院排成一排，每一家都配有發電機和手術設備。可是，才不過十英里外的村落，可能什麼醫療服務也沒有。地震發生後六個月，有些甚至在一年後，沙爾法拉茲還耳聞有些村落完全沒有接獲任何救援。

還有一個問題是缺乏協調。災難發生後的最初幾個禮拜，直升機送來的物資簡直可說是隨機發送。每次有直升機飛到某個山谷上空時，全村的人都聽得到，爭奪立刻展開。物資發放採先到先拿的方式，發生在直升機降落地的場面通常很不愉快。有某些地方，在那些奇努克印地安人的幫助下，難民營會突然堆滿了帳篷、衣服和食物，數千名災民你爭我搶、能拿多少算多少。一個禮拜後，可能四英里之外又會出現一個救濟營，然後每個人又急著跑到**那裡**。在這種「自掃門前雪」的氛圍下，有些人有意外收穫、有些人則空手而返。

到了十月底，沙爾法拉茲注意到，災民接獲的物資和他們真正需要的物資，兩者之間出現了奇怪的偏誤。舉例來說，幾家美國戶外用品廠商捐贈了數量非常龐大的高科技登山帳篷，全都是極度易燃的合成纖維質材。當氣候轉涼，擠在這些帳篷裡的家族成員用蠟燭和煤油燈照明，還直接在帳篷門口生火煮飯，因而發生多起帳篷燃燒事件，造成可怕的燒傷和多起死亡，尤其是孩童。事後諸葛，那些原始的厚重帆布帳篷還比較有用，又不危險。

在這個趨勢中，有個特別的例外，那就是土耳其政府實地查訪當地難民之後，決定捐贈「造屋工具組」。這些由土耳其官員向巴基斯坦購買的工具組，附有鐵鎚、鐵釘、鏟子、鋸子、電線、波狀金屬板和其他重要建築材料，讓村民能夠就地建造臨時住所，而不需要打包搬進難民營。我後來問自由喀什米爾的人們，災後這段期間最有幫助的是什麼，答案都一樣：搶通道路以及土耳其的造屋工具組。

十一月初，沙爾法拉茲陸續看到無數婦女捆紮救濟衣物——昂貴的防水大衣、褲子和圍兜，然後點火引燃，燒水煮飯。沒想到，這些女人真正需要的，是有用的烹飪燃油，在沒有穩定的煤油或丙烷來源之下，他們被迫拿那些「北臉」、「巴塔哥尼亞」和「山之友」等名牌衣服當燃料，生火煮飯、餵飽家人。

這些衣物還拿來作為他用。十一月下旬，沙爾法拉茲用電子郵件寄了一張照片給我，上面是一隻放牧在山坡上的綿羊，尾部包覆著一件羽絨外套。顯然這些難民需要的是建材，讓他們能為牲畜搭建庇護所保命。可是，既然沒有人詢問他們的意見，他們只好盡量就地取材。幫助別人是件好事，可是，如果這位羽絨外套的捐贈者親眼看到自己的好意被移作他用，不知會做何感想。這張綿羊的照片生動地說明了，沒有適度協調就隨便丟下大量救援物資的下場。

這種混亂做法有時會引起反感，讓災民更加沮喪。有一次，沙爾法拉茲遇到一名來自穆札法拉巴德的警察，庫爾班．阿里．沙，他的父親在地震中罹難。這個人拿出一大疊名片，這是他幾個禮拜以來，從各個救援人員和團體蒐集而來的。有一張來自於一位中國醫生，還有一張來自於一位德國「急難建築師」。有數十人把他們的聯絡資訊留給庫爾班．阿里．沙，但沒有一個人向他打聽後續情況。他所有的，只是他蒐集的一疊名片。

還有些例子，國際組織表示關切後，遲遲未見具體行動，讓災民有深受背叛的感覺，因而引發眾怒。岡狄皮蘭女子中學就是這樣，災難本身和英勇的救援行動成為國際媒體焦點，媒體記者紛紛立即搭直升機前往，實地取得該校畫面。岡狄皮蘭女中的老師表示，包括英國、法國、美國、德國、日本和義大利等國的各大電視網工作人員，還有幾十位來自廣播和報章雜誌的記者，全都前來訪問。校長賽達．夏比爾為了保護全體教職員和學生脆弱的情緒狀態，因而拒絕記者對他們進行侵入性採訪，不少記者顯然對此非常氣憤。幾個月後，夏比爾甚至連當初允許他們接近學校一事都感到後悔。她表示，雖然新聞爭相報導她的學校，但無論是非政府組織，還是巴基斯坦政府，她沒有接獲任何人表示願意提供實質協助——連一塊磚、一支筆也沒有；甚至沒有人出面為那七名從學校瓦礫中被拉出、家人可能都已喪生而無人前來認屍的罹難女學生辦一場像樣的葬禮。

到最後，蕭卡特．阿里和其他老師只得親手幫她們挖掘墳墓，把他們葬在校舍廢墟的中庭裡。

遺憾的是，有些最成功、最有效的協助居然來自於伊斯蘭教激進派。地震發生七十二小時後，蓋達組織的第二號人物艾曼．薩瓦里公布談話錄影帶，力促全世界的穆斯林幫助這些災民。「我號召全球穆斯林，特別是伊斯蘭人道組織，到巴基斯坦幫助巴基斯坦的同胞，馬上行動，」他宣布：「我們都知道邪惡的美國人正在打壓穆斯林的救援工作。」

在領袖的號召之下，有謀略、有精力的年輕「聖戰士」往往是地震後最早出現在各個村落的，在部分地區甚至領先巴基斯坦軍隊或國際救援組織達好幾天，甚至好幾個禮拜。《一片混亂》（*Descent Into Chaos*）作者、也是最早從阿富汗和巴基斯坦報導的獨立記者阿哈瑪．拉希德表示，總共有十七個原先名列聯合國恐怖主義組織，或遭巴基斯坦政府取締的激進團體，此時以伊斯蘭教非政府組織的名義再度活躍起來。他們執行複雜的救援行動，以無人能及的效率和速度為災民提供物資和醫療服務，表現令人印象深刻。

其中一個迅速動員到災區的團體是「虔誠軍」的政治部門，「達瓦慈善會」。虔誠軍是一群被政府禁止的激進派國民兵，是塔利班的盟友，涉嫌於二〇〇八年十一月在孟買進行恐怖主義血腥攻擊，造成一百七十三名無辜民眾喪生。還有一個精密複雜的組織，是由一群極端保守的伊斯蘭大會黨派分子所組成。在幾個受災城鎮設置基地營之後，該組織的國民基金會開始將觸角伸展到汽車到不了的偏遠地區。穆札法拉巴德市內，離伊斯蘭黨組織總部不遠處，還有一個由艾爾．拉希德信託贊助的陣營，該組織創辦人是曾在英國學醫的整型醫生阿米爾．阿吉茲，他曾經為許多蓋達領袖動過整型手術，包括奧薩瑪．賓拉登在內。

在各界爭相提供帳篷、食物和醫療用品時，西方的非政府組織似乎很少想到學校的問題。不過，根據過去經驗，那些忙著建立救援網路的武裝團體，非常了解這種情況下的教育力量。想當初在西元一九八九年冬天，蘇聯撤離阿富汗後，阿富汗全國上下使勁想從十年戰爭中再站起來，沙烏地阿拉伯政府贊助成立了數千所極端保守的宗教學校，只收男學生，灌輸他們伊斯蘭教的基本教義。一九九〇年代，來自這些宗教學校、八萬多名受過嚴格宗教教育的少年紛紛加入塔利班陣營。現在，類似的動員情況似乎開始在自由喀什米爾展開。一年之內，這些營區將成為孕育伊斯蘭教武裝新血的溫床。

我在穆札法拉巴德看過一個難民營，各個家庭每天接受食物配給的食堂就在一個大型的宗教學校帳篷旁，每個男童就在此處學習關於聖戰的種種。許多難民家長並不願意讓小孩進入這些激進學校就讀，可是，成為聖戰士，就可以享用食物、住所和醫療照護，他們不願拒絕這個大好機會。

將救援與意識形態結合，是非常有效的策略——四年後，巴基斯坦軍隊在斯瓦特河谷攻打塔利班時，兩百多萬名巴國平民被迫遷移，有心人士再度採行相同的模式。（到了二〇〇九年夏天，強硬派伊斯蘭教慈善團體已經奠定了一模一樣的立足點，向斯瓦特難民營的居民有系統地散播反西方思想。）

透過成立世俗學校，提供學童均衡又不極端的教育形式，可能是對抗這種宗教化最便宜、最有效的方式，可是，西方國家一直不能或不願意了解這一點，這讓我非常沮喪。雖然美國政府從來不能領會其重要性，但是，這個觀念從一開始就是我們的努力宗旨——現在，由沙爾法拉茲開疆闢土，我們從二〇〇五年冬天開始在自由喀什米爾繼續追求這個目標。

隔年一月，沙爾法拉茲已經設法從巴拉克特和穆札法拉巴德的軍事倉庫中，取得不少聯合國兒童基金會的帳篷。他將這些帳篷運到尼蘭姆河谷最偏遠的幾個村落，像是諾塞里、帕克拉特和畢黑地等等，然後開始在這些地方找出領導者——那些精力旺盛的地震生還者。在他們的協助之下，他聘請老師、安排他們的薪水，然後召集家長和孩童，讓學校開始運作。

不到幾個月的時間，沙爾法拉茲在非政府組織或政府當局到達不了的偏遠地區，獨力成立了十幾所這類小型學校。不用說，在這個學校全都遭受地震摧毀的地區裡，這只是杯水車薪。可是，中亞協會的每名員工都相信滴水可以穿石。從宏觀層面來看，沙爾法拉茲的帳篷學校的確是微不足道；可是對於那些住在道路盡頭的災民來說，這些規劃為他們帶來無窮的希望。

喀什米爾那年秋天遭遇大災難後，我們就是用這種方式與人分享三杯茶。

同時，在蒙大拿，我也忙得焦頭爛額。地震發生後才不過幾個小時，電子郵件、電話、信件和支票已經不斷湧入我在波茲曼的兩房小型辦公室。那些致電、來信的人，多半要求我們立刻採取行動，因為他們認為我們擁有所需的資源和關係，可以提供災後援助。

可是，老實說，我根本不知道中亞協會此時能夠做什麼——當然，沙爾法拉茲到災區考察的目的是搜集資訊，讓我們能做出明智的決策，並且善用資源。我就是這樣向那些與我們聯絡的人表示，可是，我這個有條理又務實的做法似乎起不了什麼作用。整個十月，善心人士捐贈的帳篷、衣物和戶外用品擠爆了辦公室；每個人或直接、或含蓄地要求我們做點事情，任何事都好，去幫助巴基斯坦災民度過苦難。

我們很多支持者還寄錢來，在感恩節的前一個禮拜，教育捐款已經高達十六萬美元。

每當我蜷縮在地下室辦公室的一角，聽著沙爾法拉茲訴說當地的混亂和絕望、宗教學校，以及其他他看到的事情，我最強烈的反應，就是感受到在前線缺席的罪惡感。凌晨兩點左右，我總會突然驚醒，想到難民，便輾轉不能成眠。然後，早晨四點半，我會開車到「黃金健身房」找傑夫．麥克米蘭一起健身，他是我的健身教練、也是我的好朋友，我不在家的時候，他三不五時就會來家裡幫忙塔拉和孩子。可是，運動好像也沒什麼用，我很快又陷入我做得不夠多的失落感當中。最後，多虧了比任何人都要了解我的塔拉，她決定採取行動。

「我們今晚出去一起吃個飯，」她說：「我們需要談一談。」

我們進了餐廳後，她馬上切入正題。

「親愛的，你再待在這裡，只會把你自己和周遭的人都逼瘋。所以，等一下我們回到家後，我會拉出你的麻布背包，我要你開始打包。時候到了，你得去做你該做的事。這是你的使命。等你回家後，我們都會在這裡等你。」

時間很不恰當——假期就快到了，我和塔拉都心知肚明，如果我現在離開，就絕不可能回家過聖誕節。這是個很困難的決定，最後幫我做決定的，是我的妻子、也是我最好的朋友。她知道，即使我人在家，心也不在家——為了全心全意回到家，我現在必須離開。

感恩節早上，我出發了。

第九章

法爾札娜的課桌

可是，等到瓦礫殘骸在震天價響中被清除，
我們搭建了一所臨時學校……陽光照進斷垣殘壁中，
孩子們轉頭看著我們，個個露出清澈明亮的笑容。
——柯林·施伯龍，《絲路之影》

慘遭地震摧毀的家園，巴基斯坦自由喀什米爾

接下來的六個禮拜，我、沙爾法拉茲以及「決死突擊隊」的巴基斯坦籍成員輪流結伴進入尼蘭姆河谷最深處。我們偶爾會搭便車，也騎過一、兩次驢子，但多半是徒步而行。我們吃餅乾和速食麵，喝加了碘劑淨化的河水，睡在路邊毀壞的車子裡或防水布下。若是我和沙爾法拉茲兩人前往，我們會更刻苦，晚上打盹三個小時，吞消炎藥維持體力，狂灌一杯又一杯的茶。我三不五時會打電話給塔拉，可是周遭的慘狀已經讓我筋疲力盡、無力想家。

我很快就發現，沙爾法拉茲之前描述的災情範圍和悲慘情況一點也不誇張。即使現在已經是地震發生兩個月之後，還有數千人下落不明。他們究竟是罹難、受傷、由難民營收容，還是投靠外地親戚家？沒有人知道，一則因為搜救人員仍持續在廢墟中找到遺體，一則因為每個人似乎都居無定所、四處流浪。

路上擠滿成群男子，多半都是來自於同一村落，結伴冒險跋涉來到物資分配站，為家人和鄰居領取食物、尋找避難所。這些人一旦發現存放物資的帳篷，就會分進合擊，同時還傳話回村莊，叫更多村民過來。沒多久，幾乎全村的生還者都會集體搬遷至此。這些災民聚集的營區，讓我想起遠在巴基斯坦另一邊、我常去的阿富汗難民營，也是散發著排泄物的惡臭，沒有下水道和化糞池，也沒有乾淨的飲水。夜晚災民就在擁擠不堪的帳篷裡勉強棲身。白天則四處遊蕩、無所事事。

時間久了，有些難民營物資告罄、宣告關閉，逼得難民一一離開、自生自滅。有時候，營區可能會成為半永久性的物資供給站，慢慢轉型成真正的社區。在這種情況下，難民會開始找個幫傭的工作，把原來的塑膠布帳篷換成由零碎的建材搭建的簡陋棚屋。

這種人性動態的更迭吸引我們造訪這些營區。我們進入後，會詢問災民來自於哪一個村落、當地有多少個孩童，以及他們的學校是否在地震中倖存。我們發現，最後一個問題的答案，一定都是否定的。尼蘭姆河谷上方的五、六十個村落裡，每一所學校都完全被震毀。我們以為會有例外，但就算有，我們也一直未曾聽聞。

該區各所學校的學生人數從一百五十人到六百人不等，幾乎每一所學校都有三分之一到二分之一的學生罹難。粗劣的工程品質是主要殺手。許多政府承包商偷工減料，將屋樑間隔拉到四十英寸以上（應該不得超過二十八英寸）。有些承包商使用的沙土和水泥比例是十比一（應該是六比一），或者沒使用鋼筋或雙鑄鋼來強化建築體。

這些原因引起的結構破壞情況都很類似：不是屋頂瓦解、碎片直接砸中學生頭部，就是牆壁坍塌、整塊屋頂掉落。如果是後者，多半無人生還。在諾薩達這個小村落，就有一百九十八名學生在這種情況下全部罹難。三年後，也就是二〇〇九年夏天，整塊水泥屋頂板依舊躺在學校原址所在的山坡上。直至今日，它一直是諾薩達兒童巨塚的紀念碑。

在這些偏遠村莊裡，通常看不到政府或非政府組織前來發送食物或醫療用品，也沒有人關切教育方面的需求。巴基斯坦軍隊在某些地方搭起大型帳篷，宣布把它充當學校，可是，這種做法很不適當。在這些災區，最需要的是找到可以教學的人，或者從鄰近地區延請老師，然後提供老師書本、教具和薪水。在我們的重點區域內，沙爾法拉茲的帳篷學校通常是唯一看起來有永續力的機構。

整個十二月和翌年一月上旬，我們訪遍了沙爾法拉茲設立的帳篷學校，以便了解學校需要什麼樣的資助才能持續支撐下去。至於那些沙爾法拉茲尚未造訪的社區，我們則從零開始。一開始總是一片混亂。

秘訣在於，在附近先找出一、兩位有熱誠的老師。如果每位老師負責教授的學生超過一百人，我們就會採兩班輪流制，每一班三到四小時，男學生一個時段、女學生一個時段，高年級教導中、低年級。由於四處搬遷的人口非常多，有些學校可能一天出現兩百名學生、隔天一下子增加到四百名學生。老師也是來來去去，因為他們自己也有生活上的考量。

這種情況顯然不理想，但已經是我們或任何人所能做到最好的程度了。由於山區的人力和資源都有限，災難發生後的最初幾個月，我們的後續追蹤工作無法如所需一般緊湊。不過，在二〇〇五年跨越二〇〇六年的冬天，我們在當地的員工一定每隔一、兩週訪遍所有帳篷學校，除了付薪水給老師之外，也視察學生的進度，並安排運送補給品。在缺乏政府和大型國際救援組織的協助之下，這是這些社區現階段能夠獲得的唯一協助，但其影響卻往往是最深遠的。儘管寒冬期間學校應該放寒假，但偉大的老師還是努力教下去，讓學生進度不落後。這成了許多災區最值得驕傲之處。家長會送來熱茶和「恰巴帝」（印巴傳統薄煎餅）給學生當午餐，然後他們也跟著坐在教室後方聽課，隨時應要求提供協助。

在這段期間，災民對我們的態度也跟著改變。關於自由喀什米爾兩個怪人的傳言逐漸遠播：一個是來自查普森河谷、手掌殘廢的以實馬利派，還有他那體型笨重得像熊一樣、一身土色夏米兒卡瓦茲的夥伴。慢慢地，我們在當地的關係逐漸紮根。

我和沙爾法拉茲從不介紹自己是急難救援工作人員，不過，災民都知道我們想要幫忙。這一點很重要，因為除了那幾位奇努克印地安人之外，從來沒有來自外面世界的人造訪此區。不過，我認為更重要的是，我們會先造訪各社區，請教當地長老和家長，以便了解**他們**真正的需求。即使我們深入災區是為了幫他們蓋學校、提振教育，但從某些方面來看，此區的居民卻成了**我們的**老師。到頭來，我和沙爾法拉茲又重新溫習了多年前，科爾飛村的銀髯村長哈吉·阿里教我的事情。

當你花時間謙遜地聆聽別人所言，就能有出乎意外的收穫。如果說話的人剛好是孩童，則更是如此。

法爾札娜是個長相甜美的九年級學生，她有一雙深邃的棕色眼睛和濃密的黑眉毛，住在諾塞里村。她的故事充滿了生離死別的悲劇，是諾塞里所有生還兒童的生活寫照。此處一千五百多名村民中，有三分之一罹難，村裡未倒的屋舍屈指可數。

法爾札娜的母親賈蜜拉．卡頓，和她十二歲的弟弟納比爾，全都在家中慘遭崩塌的屋頂砸死。兩英里外的女子學校斷瓦殘礫中，法爾札娜十三歲的妹妹希卓拉是四十七名魂斷此處的學生之一。除了法爾札娜之外，家中的倖存者只有她的父親，巴基斯坦退休軍人努爾．哈珊，以及她三歲大的小妹，庫拉特。

地震發生後的幾個禮拜，災民連悲傷的時間都沒有。諾塞里的供水系統完全被摧毀，這意味著，法爾札娜和村裡其他婦女每天必須步行兩英里，小心下降到三千英尺底下的河邊汲水，然後再帶著重達五十英磅的水罐爬回去。同時，努爾．哈珊每天一大早就必須離家，來回走上六個小時，到鄰近的巴基斯坦軍營領取全家人每日配給的麵粉、食用油、鹽和茶。

我和沙爾法拉茲來到諾塞里的時候，地震生還的學生應該在沙爾法拉茲設置的帳篷學校裡上課；可是，學生的出席狀況卻很零星。到處可見兒童的蹤影，我們可以看到他們在村裡遊蕩——可是他們多半不去上學，甚至不想接近學校。一直沒有人願意告訴我們原因，直到有一天，我進入帳篷裡，和老師以及幾名願意來上學的學生一起席地而坐，其中包括法爾札娜在內，這才了解事情緣由。

我的妻子是專門協助受創婦女的精神治療師。我離開波茲曼前，她要我鼓勵那些在地震中倖存的孩童用語言、圖畫、文字，甚至歌聲，將他們的經驗描述出來，她說，只要能夠讓他們公開吐露內心感受，展開治療過程，則使用任何媒材都可以。因此，當全班靜默下來時，我清清喉嚨，問了一個問題。

「今天有誰想要談談這場地震呢？」

全場一片死寂。幾名學生怒視著我。有個女生衝出帳篷外，坐在門邊開始哭泣，並且用她的「杜帕塔」（頭巾）擦拭眼睛。

好吧，現在你真的這麼做了，葛瑞格。我心想。

此時，一個細微、低沉的聲音從帳篷後方傳出。說話的是法爾札娜，她的小妹庫拉特還緊抱著她的背。

「讓我代表大家回答你的問題。」她開口。

現場頓時安靜下來，還有幾個人換位子坐定。坐在外頭哭泣的女孩也緩步走回帳篷裡。

「比斯米拉，伊爾─拉赫曼，拉可姆，伊爾─拉辛姆，」法爾札娜說：「奉慈悲的、寬容的阿拉之名。」

「我們每一個人都難以開口，」她繼續說：「夸雅瑪特（天啟）那天，就像是我們想要遺忘的黑夜，請原諒我們如此悲傷。」

她十分仔細地描述地震本身，並且不時停頓、讓情緒不致崩潰，也讓同學能低聲交換意見。

「才剛上課，山谷便傳來一陣像獅子發出的奇怪吼叫聲，然後安靜了幾秒鐘，立刻出現劇烈震動，就像一個老人傾全力搖晃一棵小杏樹一樣。一分鐘後，又再度安靜下來。緊接著，天崩地裂——整座山就像波浪一樣搖晃。」

每個人都用力點頭。

法爾札娜說，此時，建築已經開始倒塌。先是外牆碎裂，然後屋頂崩落，像爆炸一樣不斷迸出水泥塊和木頭。建築被震垮時，瓦礫的煙塵遮蓋了天空。然後，尖叫聲四起，在尖叫聲中，你可以聽到父母們一面叫喊、一面從村裡跑下山來尋找他們的小孩。幾分鐘內，出現了男丁用十字鎬和鏟子敲打瓦礫的聲音。現在尖叫聲越來越少了，取而代之的是呻吟和哭聲。空氣中依舊塵土飛揚。

法爾札娜對於當天早晨的那場大災難，描述得生動又詳細，她精準的表達能力，再加上她能夠同時以表情傳達思緒，讓我想知道她是否能幫我解答該校出席率的問題。

於是當她說完後，我問她，為什麼來上學的孩子那麼少。

「因為帳篷裡沒有桌子。」她就事論事地回答。

這就有趣了，但也很奇怪。在這個地方，很多家庭都沒桌沒椅，因為坐在地上比較舒服。我們在巴基斯坦和阿富汗蓋的學校，全班學生盤腿席地而坐，只有老師一人站著，這也是很常見的情況。因為沒有桌子而不上學，似乎很奇怪。

「為什麼桌子那麼重要呢？」我問。

「桌子能讓學生有安全感，」她解釋道：「而且，有了桌子，這帳篷感覺起來比較像是真正的學校。」

這似乎很有道理，我點點頭，但她還沒說完。

「不過，就算我們在戶外上課，還是需要桌子，」她說：「只有這樣，學生才會來上學。」

這聽起來就怪了，可是，法爾札娜認真直接的態度讓我想要相信她。於是，隔天我和沙爾法拉茲開始在女子學校的廢墟瓦礫中翻找，拉出幾十個殘缺不全的桌子。當天下午，我們找來幾個男人，付錢請他們修復這些桌子。此舉迅速傳遍全村，我們把桌子搬到帳篷後的一、兩個小時之內，就有好幾十名學童進來上課。

法爾札娜深知，在這些學童心中，桌子象徵著他們的生活又恢復秩序、穩定和正常，至少在課堂上是這樣。在所有事物都已翻覆、毀滅的災區裡，一張桌子能帶來確實感，是你能夠信賴的東西。

我們的「課桌行動」就此展開。

有了法爾札娜的精闢見解，我們開始從各個可能來源回收損壞的家具，接下來一整個禮拜，我們這群業餘木匠敲敲打打拼湊出八百多張桌子，送到災區每一所帳篷學校。但事情還沒結束。位於巴拉克特和穆札法拉巴德的其他組織也聽聞法爾札娜的見解，沒多久，尼蘭姆河谷上上下下每所學校都擺滿了桌子。從那個時候開始，課桌成為我們在自由喀什米爾設置帳篷學校時的必備品。

相較於解決整個自由喀什米爾遭受的危機，我們的課桌行動根本不算什麼。可是，它卻象徵著百廢待舉中的一小步。也許更重要的是，這完全是來自於學童自己的貢獻。

不過，我即將發現，有話要對我們說的，不只是喀什米爾的孩子而已。

一月中旬，我再度不得不與沙爾法拉茲道別，飛回波茲曼的家。我極端不願意離開災區，可是，回到波茲曼後，我終日有接不完的電話和收不完的電子郵件，但心中真正掛念的，是那些我遺留在自由喀什米爾的生還者。我總是會拿那裡需要完成的緊急工作、和美國這些世俗的辦公室瑣事互相比較。返家不到一個禮拜，我極度消沉、虛脫，已經開始計畫如何返回巴基斯坦。

《三杯茶》即將出版，這是我為我們在巴基斯坦和阿富汗的工作展開募款活動的最佳時機。

一月下旬某天晚上，我帶著這樣的心情正在為當時五歲的開伯爾唸故事、哄他睡覺。我回家他很高興，這讓我也感到高興。而且，為他和阿蜜拉唸故事一向是我和塔拉最喜歡做的事情。可是，當晚我嘴裡唸著莫里士・桑塔克的《野獸國》，手指頭指著書中的句子，但心裡卻塞滿了地球另一端世界的事情。

現在喀什米爾是幾點？沙爾法拉茲現在會在哪裡？他什麼時候才會打電話來？現在尼蘭姆河谷有幾位老師在發薪名冊上？我需不需要匯錢到伊斯蘭馬巴德以支付他們這個月的薪水呢？

哦，我的天哪！

此時我發現兒子已經不聽我唸的故事，乾脆自己唸起書上的文字，我的思緒馬上拉回現實。他並非憑記憶唸出書中內容。開伯爾會唸書了。

對於做父母的來說，小孩第一次唸出文字簡直是奇蹟。不管你是住在喀什米爾、波茲曼、坦尚尼亞，還是曼哈頓，全都一樣——見證到知識的火光照亮孩童的心靈是一件神奇的體驗。在我心中，這就像是鬆開綁著氦氣氣球的繩子，看著它獨自飛上雲端。

不過，在這種飄浮的興奮感受之中，還夾雜著另外一種感受，我驚覺自己已經無法挽回地錯失了我兩個孩子的許多次重要時刻。他們踏出的第一步、第一次說的話、第一次騎腳踏車、第一天上學。這些讓許多父母最高興的發展，都發生在我置身世界另一邊工作的時候，我忙著滿足別人小孩的需求和夢想。但現在我居然能夠躺在我兒子身邊、見證這珍貴的一刻。喜悅和失落的錐心組合實在令人難以承受，我的眼淚不爭氣地從我臉上滑落。

開伯爾茫然不解，他怎麼會了解他爸爸此刻複雜的心情呢？

「爸爸，怎麼了？你還好嗎？」他一面問、一面拍我的肩膀安慰我。

「是的，開伯爾，我沒事，你今天太讓我感到驕傲了，」我回答：「你會唸書了！」

開伯爾叫來在隔壁房間陪伴阿蜜拉的塔拉，她們兩人立刻跑來，和我們一起擠在床上。過了小孩上床的時間，我們一家人繼續依偎在一起，聽著開伯爾唸書，他姊姊不時會指點他。塔拉和我驕傲地一起慶祝這珍貴的時光。

當晚我體會到我是多麼幸福，而我為中亞學童提升知識和教育水準的工作負擔是多麼沉重。這份感受也幫助我度過我即將在幾個禮拜後遇到的諸多挑戰。

到了二月，沙爾法拉茲斬釘截鐵地表示，無論我們多想動用賑災捐款、著手將我們的帳篷學校轉建為永久性建築，在目前的情況下，我們都得耐心等待。前一年十二月間，我們曾多次搭乘奇努克印地安人的飛機，從上往下看，不難發現嚴重的走山情況。幾個沖積扇明顯變形、排水渠道走位、幾百年來開墾成梯田的山坡完全被弭平。由於這些變化，許多村莊可能必須集體遷村，這表示，沒有人能夠確定災區數萬人民最後會流落何方。

沙爾法拉茲建議，在這些不確定因素下，現在動工蓋學校未免太早。他認為我們倒不如先專心思考該如何提供乾淨又可靠的水源。在這些災區裡，水是最高優先事項，因為，良好的水源是成立學校的先決條件之一。

在巴提斯坦的許多村落，水源多半仰賴冰川融化。可是，在自由喀什米爾的村莊裡，水源幾乎全靠山泉水，而地震發生後，許多湧泉已經阻塞或改道。綜觀全局，沙爾法拉茲認為我們得先蓋幾個小型的儲水槽，並加設水管，將水運到包括諾塞里在內的五個村莊。我同意後，他付了一小筆錢請兩位水利工程師來設計這些系統。另外還設法從拉瓦爾品第公共工程部要來許多免費的聚氯乙烯水管，光是在諾塞里，就用掉了兩萬英尺長的免費水管。

目前為止一切順利。誰會反對這樣的工程呢？沒想到，有位專拿美國國際開發署經費、為美國承包商工作的巴基斯坦籍轉包商出面反對，理由是，中亞協會沒有獲得官方許可，不得在自由喀什米爾供水。

他辯稱，你們是教育性的非政府組織，而我簽有預付合約，要用卡車和直升機，將數萬桶瓶裝水從穆札法拉巴德的倉庫運到自由喀什米爾。

沙爾法拉茲向我報告這件事時，我一開始還以為他在開玩笑。無論用什麼樣的標準來看，運送瓶裝水成本高得嚇人，根本是浪費公帑的荒謬之舉。可是，我們卻被迫花了好幾個禮拜的時間，奔波於自由喀什米爾各政府部門，極力爭取，最後，總算從一片混亂中理出頭緒，為我們的供水系統補發同意書，而對這些不必要的行政程序氣憤不已的沙爾法拉茲，早就逕自開始動工。

在波茲曼的家裡，從二月到三月，包括這件事在內的各種挑戰一直是我們家晚餐桌上的話題。沙爾法拉茲來電報告進度，以及他透過電子郵件傳來的照片，讓開伯爾和阿蜜拉對於我們所面臨的挑戰有所概念，我也很高興兒子和女兒似乎對這些事情很有興趣。有天晚上，阿蜜拉問了一個問題，似乎猛然跳脫了聚氯乙烯水管的繁瑣遊說，以及政府和美國承包商私相授受的政治問題。

「嗨，爸爸，」她問：「在你的喀什米爾學校裡，小朋友玩什麼遊戲？」

在災區的蒼涼和絕望中，我不記得看過學童玩過什麼遊戲。不過，也可能是因為我和沙爾法拉茲把心思都放在供水系統技術、帳篷學校的營運上面，所以沒有留意。

「嗯……我不確定，」我回答：「我實在不知道。」

「那麼，」阿蜜拉表示：「你該送這些孩子幾條跳繩。」

然後，她對我拋來一個機巧的眼神，她似乎想到了什麼好主意。

「爸，你們的學校**根本沒有**遊戲場吧！對不對？」

「沒有！」我承認。遊戲場算不上是我和沙爾法拉茲的最優先事項。

「你們應該要蓋遊戲場的，」她說：「小孩都需要遊玩，尤其是巴基斯坦那些受到災難和創傷的學童。」

事實上，我們有些學校是有黃土操場讓學童踢足球。可是，我們沒有那種有鞦韆、滑梯和翹翹板的遊戲場。我們怎麼沒能早點想到呢？

隔天，阿蜜拉打電話給我的兩個朋友，在波茲曼黃金健身房工作的傑夫．麥克米蘭和基斯．漢柏格，告訴他們她需要募捐跳繩。消息很快傳開，才一會兒工夫，阿蜜拉就募集了兩千多條跳繩，堆放在我們客廳裡。我們把這些跳繩船運送到伊斯蘭馬巴德給蘇利曼，並在那年春天再加上我們在拉瓦爾品第另外購買的七千條跳繩，分送給所有的帳篷學校和其他學校。

所有學生的反應就像對法爾札娜的桌子一樣。玩耍和運動能為他們帶來喜悅和樂趣，他們的熱情就像野火一樣，延燒到整個消沉的社區。沒多久，除了跳繩以外，學生也希望我們提供板球球棒和足球。阿蜜拉的跳繩和法爾札娜的課桌一樣，敦促我們改寫中亞協會的營運政策。

從二〇〇六年春天開始，我們新蓋的學校都會增建遊戲場，另外，我們也在許多以前蓋的學校裡增設鞦韆、翹翹板和滑梯。我們死忠的贊助者非常喜愛這個構想，也很樂意捐款。這些遊戲場還吸引了一些意想不到的仰慕者。例如，二〇〇九年夏天，一群支持塔利班政權的長老來參觀我們在阿富汗的一所學校，並特別要求導覽各項設施。當他們走進校園、放下手中武器後，訪問團的領導人，哈吉．穆罕默德．伊布拉印看到了遊戲場，立刻露出燦爛的笑容。接下來的半個小時，他和每個團員高興地試玩鞦韆、滑梯和翹翹板。等他們玩夠了以後，哈吉．穆罕默德．伊布拉印宣布，他們不需要參觀校舍內部了。

「可是，你不想看看教室裡是什麼樣子嗎？」校長問。

「不用了，我們已經看夠了，」哈吉・穆罕默德・伊布拉印回答：「我們想要正式向你們提出申請，請你們來我們的村莊蓋學校。如果你們能來蓋學校，校園裡一定要有遊戲場。」

第十章

沙爾法拉茲的承諾

除了鬥牛士以外，沒有人能一輩子過著刺激的生活。
——海明威，《旭日又東升》

巴基斯坦聯合國難民署震災收容營區的一對姊妹

就在我們持續往尼蘭姆河谷上方拓展興建帳篷學校時，帕提卡岡狄皮蘭女中的全體老師正在對抗他們所面臨的許多挑戰。十一月一日，學校在蕭卡特・阿里向軍隊要來的帳篷裡重新開課。開學第一天，只來了七個女生和幾位老師。其中有位老師叫賽瑪・可汗，儘管她小腿嚴重骨折，尚為痊癒，但她每天都到校，從不缺席。

多數女學生還在服喪，而且她們的教科書、筆記本，甚至鉛筆和原子筆都不見了，於是蕭卡特・阿里在開課的第一天，為他們朗誦詩詞和宗教經句。「閱讀、文學和宗教有益心靈，」他告訴她們：「所以，讓我們從這些學科開始。」

幾個禮拜後，學校開課的消息傳到各地，女學生慢慢開始返校。到了十二月中旬，已經有一百四十五位學生——全校的地震生還者只有一百九十五人，能有這樣的出席率，相當不簡單。

二〇〇六年的冬天，她們就待在沒水沒電的帳篷裡上課，用鄰近紅十字會捐贈的幾箱毛毯和衣物保暖。有些學生穿著美國企業家捐贈的飛行員皮夾克或藍色西裝外套；也有人用絲巾或高科技的諾迪克滑雪裝包覆身體。有個五年級的女學生拿到了一件鮮艷的泡泡糖粉紅外套，這樣的衣服只會出現在青春偶像麥莉・希拉的衣櫃裡。

除了身體上的折磨之外，即將舉行的高等教育入學考試更是讓大家緊張不已。經過地震的摧殘和幾個禮拜的停課，不少師生開始擔心可能會有許多人無法通過考試。越來越多的學生在放學後留下來晚自習。

三月份，學生參加考試，結果出爐，有百分之八十二的學生通過考試。

這樣的表現讓賽達・夏比爾非常吃驚，師生們在這樣艱困的情況下，居然能有如此的好成績。不過，這樣的結果——在平常的情況下是很正常的成績——似乎凸顯了岡狄皮蘭女中仍將持續面對的重大問題。地震發生已經六個月，學校還是沒有校舍、基本服務和教材——而且，整個自由喀什米爾的重建工作緩如牛步，這些問題更難在短期內獲得解決。儘管他們有長足進步，但前景依舊相當晦暗。

然而，夏比爾校長當時完全不知道援助即將到來——不過，冥冥之中身負使命為她解決問題的人還有一大段路需要跋涉，而他自己也即將在途中遭遇重大障礙。

雖然管理自由喀什米爾的帳篷學校任務已經相當繁重，但沙爾法拉茲還是得兼顧我們在瓦罕走廊的建校計畫。二〇〇六年五月，他在阿富汗和巴基斯坦的工作量已經龐大到荒謬的程度。現在，他還得負責管理自由喀什米爾災區內十八處帳篷學校和五座供水系統，同時又要監督瓦罕地區七所新學校的工程進度。

同時兼顧以上工作已經是一大挑戰，再加上，這三十件工程散布於兩個國家，其間還有全世界最稠密、最集中的高山阻隔著。從自由喀什米爾到瓦罕這段兩百英里的路程中，他得橫越四座高山——皮爾潘甲山、喀拉崑崙山、興都庫什山和帕米爾高原。此外，沙爾法拉茲在瓦罕遇到的人力運籌問題和災區一樣棘手。例如，阿富汗歷經近三十年的戰爭，瓦罕地區找不到足夠的專業泥水匠和木工，這是讓他最頭痛的問題之一。

沙爾法拉茲最後決定，解決這個問題的辦法，就是從巴基斯坦請來專業工匠，來瓦罕蓋好第一所學校，同時也協助訓練阿富汗籍的同業。於是，他開始一批批地護送二十來位的營造工人越過艾爾沙德山口，把他們直接安頓在瓦罕走廊。這些工人既沒有簽證、也沒有護照，可是沙爾法拉茲卻有辦法從瓦希德·可汗的邊境保衛軍弄來特別入境許可。每次旅程歷時三天。這些泥水匠和木工在凌晨四點半出發，跋涉十四個小時，天黑後才歇腳。他們沒有攜帶任何食物，因為背包裡，光是工具就已經重達八十幾磅。

工人抵達工程地點安頓後，沙爾法拉茲就會騎馬越過山口，爬上他的休旅車，走最短的路線，經過喀拉崑崙公路到達自由喀什米爾。在尼蘭姆河谷四處奔走一、兩個禮拜後，他再開著休旅車，往北沿著喀拉崑崙公路來到查普森河谷。沙爾法拉茲在這裡換騎馬匹，馳騁躍過艾爾沙德山口，去監督泥水匠的進度、訂購鋼筋和水泥，並且和我們的前塔利班成員會計毛拉．穆罕默德結帳，把沙爾法拉茲裝在鞍囊裡的一疊疊鈔票拿出來支付帳款。（他通常一次帶一萬美元，他會用髒衣服把這些鈔票包起來，然後藏在好幾盒K2香菸下方。他總是一根又一根地抽著這些香菸，此舉他稱之為「高海拔計畫」。）

這些來往於興都庫什山的旅途非常險惡，沙爾法拉茲製作了一條特殊的繩索，讓他能夠睡在馬鞍上面。他馬不停蹄地趕路，有一次，就在他通過山口抵達沙爾哈德村時，他的愛馬土魯克居然倒在地上死了。（我們有位董事聽聞土魯克累死的消息，馬上捐了四百美元買了一匹馬，沙爾法拉茲把這結實的白馬取名為卡吉爾。這匹馬至今都還英勇地為瓦罕走廊的教育而四處奔走。）

這是一份勞累、不間斷、費盡心力的工作，必須不斷奔波、不得安眠、也沒時間休息。可是，沙爾法拉茲似乎得心應手。當我自己也忙著為我們在巴基斯坦和阿富汗的工作四處募款時，我每隔三、四天就會接到他的來電，報告工作進度。在我眼中，沙爾法拉茲不是一個右手殘廢的凡人，而是一股擋不住的自然力量：是一股比西喜馬拉雅山中任何勁風急流都還要堅定的意志漩渦。

可是，當年夏天，他卻帶給我一生中最大的驚嚇。

六月是瓦罕夏日工程季的高峰，沙爾法拉茲加緊趕建瓦罕走廊的七件工程。六月十二日，我接到泰德．卡拉漢打來的緊急電話。泰德是史丹佛大學人類學博士生，也是兼職登山嚮導，當時他正在東瓦罕針對吉爾吉斯游牧民族進行一項大規模的學術研究。泰德找上沙爾法拉茲，希望能認識當地的吉爾吉斯人，但這會兒他卻表示，在四十八小時以前，沙爾法拉茲的右腹部開始劇烈疼痛。隨著疼痛加劇，沙爾法拉茲越來越虛弱，臉色蒼白，渾身發熱。當時是晚上，而他們置身於瓦罕區中央的巴布坦吉，可以說是前不著村、後不著店。泰德是領有執照的救護員，他擔心沙爾法拉茲有生命危險。

我和泰德都同意，應該將沙爾法拉茲送到西邊不到二十英里的夸拉潘吉。不幸的是，整個巴布坦吉找不到一輛車，於是他們別無選擇，只好徒步而行。沙爾法拉茲步履蹣跚，只好由泰德和兩位泥水匠輪流攙扶他。同時，我也開始從波茲曼打電話，想辦法找人進入瓦罕搭救我們的人員。我先打電話給瓦希德·可汗，又和國務院取得聯繫，另外還打電話給駐紮在喀布爾北方三十英里外的巴格蘭美軍基地，聯絡了幾位軍方的朋友。

兩個小時後，一輛蘇聯時代的老舊吉普車已經上路——沙爾法拉茲有了麻煩、需要幫助的消息已經傳開。吉普車在黑夜裡徐徐緩行，一路謹慎地避開巴布坦吉和夸拉潘吉之間道路被沖刷的缺口和火山口大的破洞。這輛沒有懸吊系統、也沒有避震器的車子在險惡的道路上劇烈顛簸。沙爾法拉茲沒有止痛藥可吃，隨身的特大號消炎藥現在也無用武之地，因為他已經不能吞嚥。四個小時的車程中，疼痛一定讓他苦不堪言。

吉普救護車終於抵達夸拉潘吉時，沙爾法拉茲乞求泰德讓他下車。「就讓我死在這裡，」他苦苦哀求：「我再也無法前行了。」可是，泰德決意要繼續走，於是要求司機開往康都德村，希望能在當地找到一輛狀況比較好的車，也許還能先在診所進行初步治療。他們到達康都德村後，幾個男人尋遍全村的診所和商店，找不到任何藥品。此時，沙爾法拉茲整個人已經蜷縮起來、痛暈了過去。泰德決定讓他在此過夜，稍有好轉後，再繼續趕路。

隔天，他們駕著一輛休旅車繼續一路顛簸，抵達塔吉克邊界的伊什寇生。泰德找來一位醫生，醫生看了沙爾法拉茲一眼，就建議立刻用直升機把他運到巴基斯坦。可是，就連病入膏肓的沙爾法拉茲都明白，這麼短的時間內，要安排往返阿富汗和巴基斯坦的跨國私人直升機，幾乎是不可能的任務——而且就算可行，直升機也只能飛越興都庫什山，把他送到吉德拉爾，之後還得再開兩天的車，才能到達白夏瓦的醫院。沙爾法拉茲建議，也許他們最好往西走，希望能抵達法札巴德機場。

當時，沙爾法拉茲和泰德都還不知道，我們在巴格蘭的朋友已經通知我，美國空軍準備派直升機飛進伊什寇生，把沙爾法拉茲送到喀布爾。可是，他們還在觀察天候是否適合飛行，就在我們還在確認安排之前，由瓦希德．可汗派遣的兩輛福特遊騎兵小貨車已經浩浩蕩蕩抵達，接了沙爾法拉茲和泰德，往法札巴德疾駛而去。

沙爾法拉茲就算是瀕臨死亡、孱弱不堪，我們還是追不上他。

他們一行人抵達法札巴德後，泰德攙扶著沙爾法拉茲直衝醫院，醫生表示，他已經感染嚴重的敗血症，需要手術治療。沙爾法拉茲並不想在阿富汗接受手術，因此要醫生先給他服用大量的抗生素，等到隔天一早，他便和泰德搭乘紅十字會的飛機前往喀布爾。他們抵達機場時，我們的好朋友、巴基斯坦退休飛行員、現在經營阿斯卡瑞航空公司的伊利阿斯．米爾札上校已經安排好專機，送他到伊斯蘭馬巴德。沙爾法拉茲抵達拉瓦爾品第聯合軍事醫院的幾分鐘內，就被推進手術室。整個手術歷時四天。

在手術台上，醫生發現沙爾法拉茲的膽囊長了一個很大的膿瘡，並研判已經感染到肝臟。他們先切除他的膽囊，三天後，再度為他動刀，割除肝臟感染的部分。兩次手術之間，蘇利曼和阿波隨伺在側，與醫生討論病情、拿處方箋、付帳單、確認他按時吃藥，並且隨時向我報告最新情況。

沙爾法拉茲住院的這五天當中，曾不經意地向同事提到，他在去阿富汗之前就已經開始胃痛，痛得厲害時，他在吉爾吉特就去看過醫生，醫生要他先動手術，再出發去瓦罕。沙爾法拉茲的回答是，阿富汗的建校工程刻不容緩，他的手術得延後到他回家以後。

蘇利曼和阿波決定，最好過了幾個月之後，再把這件事告訴我。

沙爾法拉茲終於出院，我要他待在伊斯蘭馬巴德休息幾天，然後直接回祖德可汗的家，因為我已經在當地安排好所有照顧他的資源。我屈指一算，自從二〇〇五年初春開始，沙爾法拉茲就不斷四處奔波，已經有將近十六個月沒有休息了。

「你至少得在家休息一個月，兩個月更好，待在祖德可汗，什麼也不要做，」幾天後我在電話裡厲聲對他說：「你可以照料你的山羊、輕輕地為卡吉爾刷背、照顧你的老婆。除此之外，嚴格禁止你從事其他任何工作或活動。」

「這是你的命令嗎，老闆？」沙爾法拉茲問。

「沒錯，沙爾法拉茲，這是我的命令，而且沒得商量。現在，趕快回家休息！」

「遵命，老闆。沒問題。」

幾個月後，我終於把接下來的故事拼湊起來，這才發現，沙爾法拉茲早在離開拉瓦爾品第醫院之前，就已經開始密謀返回尼蘭姆河谷。他回到祖德可汗村不到四十八個小時，就偷偷地坐上紅色休旅車，抱著傷口還沒癒合的肚子，開上喀拉崑崙公路，往自由喀什米爾駛去。

當他抵達穆札法拉巴德時，驚見自從他上次造訪災區這一個多月以來，情況幾乎沒什麼進展。在城區北邊，雖然救援工作不斷，但婦女們依舊用塑膠袋汲水。在尼蘭姆河上游地帶，廢墟裡依舊見得到罹難者的屍體。到處都是挖土機。

接下來的四個月，沙爾法拉茲多半留在尼蘭姆河上游監督帳篷學校和供水工程。七月下旬，有一天，他發現尼蘭姆河上方有一座通往帕提卡的新建人行橋，他決定來個小小的探險。當他來到帕提卡的市場時，首度聽聞岡狄皮蘭女中的困境，心想，不妨順道拜訪一下賽達·夏比爾校長。

她見到他一點也不高興，這讓他很驚訝。整個春夏期間，不斷有大批的記者、救援人員和政府官員來訪，可是，沒有人提供半點協助，讓他們重建被震垮的學校，夏比爾心力交瘁，既沮喪又氣憤。等到沙爾法拉茲出現，這位女校長的耐心已經耗盡。

「你來這裡做什麼?你想要什麼?」她問道，連杯茶也不願倒給他。

沙爾法拉茲禮貌地說明他希望能有機會參觀學校。

「你似乎不了解，」她回答：「我是校長，我請你馬上離開。請走吧！」

沙爾法拉茲具有一種贏得別人好感的魔力，就在她開始像連珠炮似地批評幾個禮拜以來那些吝於協助的訪客時，沙爾法拉茲專心聆聽、不發一語。

「阿斯—薩蘭母，阿拉伊昆，」等她說完後，他說了這句通常在會話之初說的伊斯蘭問候語。「可敬的女士，我叫沙爾法拉茲·可汗。我是個鄉下人，曾經當過老師，目前是中亞協會的代表，我們專門協助提振女子教育。」

校長聽到沙爾法拉茲這麼說，於是不情願地同意給他十分鐘來參觀學校；可是，她警告他不得拍照、做筆記，也不得與老師或學生交談。兩人走過帳篷、觀察課堂上的情況後，夏比爾帶他來到學生視線之外的石塊上坐下。

「好吧，現在你來了，我們很抱歉連張可以讓你坐的椅子或地毯都沒有，」她嘆口氣：「你到底想要什麼？」

「女士，中亞協會不是一般的非政府組織，」他要她放心。「我們確實說得很多，但我們也蓋學校。」如果她能准許他照幾張相、評估學校遭受的損失，他答應她，他一定會找到資金，回來幫他們蓋一所新學校。

「眼見為憑，到時候我就會相信。」夏比爾回答，雖然心中仍有疑慮，但她已經準備相信。

沙爾法拉茲根本沒有權限許下這樣的承諾，而且，他發現自己還遇到了另一個問題。中亞協會蓋的學校，一向比巴基斯坦或阿富汗當地的學校來得堅固——雖然我們以廉價和有效率的方式來蓋校舍，但在設計和建材上絕不偷工減料，而且一定遵照法規。可是，即便如此，我們目前蓋好的學校依舊抵擋不住大地震直接侵襲——而在自由喀什米爾，防震結構顯然是想要讓學童長期回校上課的先決條件。

我和沙爾法拉茲待在災區的這幾個月，訪遍尼蘭姆河谷上下游的學生和家長，了解到，多數家長不會再讓他們的孩子回到會像十月份在大地震中倒塌的建築裡。如果我們在災區將暫時的帳篷學校改成永久校舍，則我們得有不同的做法。沙爾法拉茲後來想起，他在幾年前曾聽過可能行得通的方法。

巴基斯坦北邊毗鄰的中國新疆省，和喀什米爾一樣，長年遭受地震侵襲，中國西部的建築師和工程師因此非常熱中研究防震建築技術。沙爾法拉茲曾在二十年前聽到幾位協助建造喀拉崑崙公路（通過查普森河谷東邊）的中國工程師提及這項技術。最近，他又聽聞中國人想要把他們的防震技術推廣到巴基斯坦。如果是這樣，他們會不會有適合喀什米爾的技術呢？

為了尋求答案，他來到伊斯蘭馬巴德車水馬龍的G9商業區，進入一家名為CAC的中國公司地方辦事處，而CAC的總部就位於新疆省的烏魯木齊。就在他告別半信半疑的岡狄皮蘭女校長三天後，他來到CAC辦事處，要求看該公司的工程樣本。

第一眼，中國設計令人有點失望，尤其是，它完全比不上沙爾法拉茲監工建造的校舍。中亞協會的建築多半擁有吸引人的精緻石工，而且在設計和色彩方面也具有獨到風格。相較之下，中國的防震建築既醜陋、又充滿功利意味，而且，預製組合的外觀讓這些建築表面上顯得非常脆弱。可是，這種設計背後的科學令人嘖嘖稱奇，就連沙爾法拉茲也不得不承認這一點。這種建築的組合原理，是中國西部建築師早在五十年前就已經發現的，也就是像鬆散拼湊的小木屋一樣，將木材結構卡榫在一起。這種分離式裝配讓建築架構擁有內建的「晃動空間」，可以用搖晃和震動的方式，紓解地震的力量而不會倒塌。這種建築可承受規模八點二的地震，而且中國建商提供為期二十年的保固。

沙爾法拉茲對於這樣的設計深感佩服，要是他能拿起衛星電話告訴我這項資訊，他相信我一定會同意——當然，他違反約定的舉動，以及他已經不在祖德可汗家裡的行蹤，也會跟著敗露。所以，他只好忍住衝動，直接進行下一步驟。

中國工程師是否認為岡狄皮蘭女中的舊址適合這樣的防震建築呢？

也許可以吧，中國工程師回答，可是他們需要看看當地的照片。

不行，沙爾法拉茲說。學校師生的安全，不是光靠幾張照片就能保證無虞。如果這些中國人真的想要做這筆生意，他們得坐上他的紅色休旅車——馬上，親自到自由喀什米爾一趟。

接下來的三天，沙爾法拉茲和三位中國工程師參觀了尼蘭姆河谷三處可能建地，包括諾塞里、帕克拉特和岡狄皮蘭；在岡狄皮蘭，雖然沙爾法拉茲帶了茶和餅乾，但這些訪客絲毫無法動搖賽達·夏比爾心中的疑慮。

「別擔心，我很快就會進行工程探勘！」他們離去時，沙爾法拉茲對她說。

「因夏拉，」她回答。「可是，如果你還要再回來，你最好帶點建材過來。」

一行人巡視建地時，中國工程師向沙爾法拉茲說明，校舍使用的鋁合金骨架需要先在烏魯木齊預裁成需要的大小，然後用卡車運送，先通過長達一萬五千三百九十七英尺的紅旗拉甫山口，然後經過伊斯蘭馬巴德，最後才到達自由喀什米爾。然後，再由公司人員親赴建地，將整個結構組合在一個特製的水泥地基上。這塊地基的底部是由碎石和泡棉混合而成，可以減輕震波。有道理，沙爾法拉茲回答。

回到伊斯蘭馬巴德後，沙爾法拉茲告訴中國人他會再聯絡，然後便開始四處證實他所聽到的資訊。他詢問了幾位在巴基斯坦軍隊服役、對避震建築技術也很熟悉的工程師，然後又將所聞與自由喀什米爾美軍基地的工程師討論。他還搬出筆記型電腦，上網搜尋避震設計。全盤了解後，他回頭去找那些中國人。

「好的，我們準備好開工了。」沙爾法拉茲宣布。

「沒有錢我們什麼也不做。」首席工程師彥敬一面回答，一面開始估算三所學校的費用。

現在，該是沙爾法拉茲坐下來，寫份備忘錄給我的時候了。

雖然八月十三日是星期天，我還是一如往常，早晨五點就坐在地下室的辦公桌前。此時，傳真機響起，開始印出一份文件，上面寫著：

> 我很抱歉，老闆，我需要您轉帳五萬四千美元，在自由喀什米爾建三所學校——帕克拉特、諾塞里和帕提卡……

這份備忘錄長達三頁，還附上了樣本圖，以及購買螺栓、鋼筋、金屬板和鐵鎚的預算。最後照常寫上沙爾法拉茲每次必寫的建議。

請與中亞協會董事會討論後，立即匯款。

就在當下，我首度明瞭，中亞協會顯然已經準備好更上一層樓，可以開始蓋避震校舍了。我得說，我最初的反應是驚訝、也有點惱怒。之前沙爾法拉茲才建議永久校舍的建造工作可以暫緩，等到自由喀什米爾的人口不再遷徙、情勢較為穩定以後再說，我以為我們還得屈就在帳篷學校好一陣子，甚至好幾年。我還以為，我們得先等自由喀什米爾政府訂出避震建築法規以後，才會考慮跟進。老實說，在我們的人力與資源都已經過分耗用的情況下，我從來沒有想過我們會打頭陣去蓋避震建築。那麼，沙爾法拉茲的備忘錄到底在說什麼啊？

我正準備拿起電話問他，電話響起。

「你收到傳真了嗎？」他問。

「收到了，」我回答：「讓我們先談談你怎麼不在祖德可汗村，坐在樹下牧羊？」

沙爾法拉茲一點也不想進入這個話題，以壓倒性的氣勢直接進入正題。地震發生已經將近一年，他表示，自由喀什米爾的人民，尤其是那些住在尼蘭姆河谷的災民，他們需要見到一些實質的東西，而不只是幾所帳篷學校。而且，當地政府重建的幾所永久校舍根本不實用，不但是原地重建，而且還沿用原來在地震時害死那麼多學生的建築技術。這種方式根本行不通，因為，下次地震再發生，會有更多學生罹難。真正需要的，而且迫在眉睫的——是有人出面讓政府知道，可以用合理的價格建造更安全的學校。在沒有人出面的情況下，我們義不容辭。

「你說的也許對，沙爾法拉茲，可是，你知道中亞協會董事會已經通過我們所有的預算，而且二○○六年的預算也已經撥款了嗎？」

「我知道。你得說服他們破例。這是你可以解決的問題。」

「可是，沙爾法拉茲，董事會兩個月後才會召開。就算我說服他們，也要到十月才能撥款。」

「不能等到十月。冬天就快到了。請馬上打電話給他們，請他們在電話中核准。」

「沙爾法拉茲，讓我說明一件事——」

「老闆！」他打斷我的話：「我已經答應一位校長女士。你總是告訴我們要傾心聆聽，了解人們真正要什麼。嗯，好吧。我聆聽了，也了解了，然後我許下承諾。如果我說話不算話，她再也不會相信我們。」

長嘆一聲。

「那麼，你今天會寄『山羊』給我囉？」

沙爾法拉茲和「決死突擊隊」的夥伴習慣把美國匯到的資金稱為「山羊」，藉以向科爾飛村的村長哈吉·阿里致意，他曾在一九九六年送了十二隻他珍貴的山羊給鄰村村長，以換取科爾飛村成為布勞度河谷上游第一個擁有學校的村莊。

我們的十六萬美元地震救濟專款的帳戶中，碰巧還剩下七萬五千元，錢已經有了，現在只要獲得董事會許可就可以了。即便如此，想到要將這筆龐大的資金用在某個從中國西部進口到巴基斯坦的花俏技術上，還是覺得很冒險。現在，紅十字會已經在帕提卡的尼蘭姆河對岸設立一個大型基地，上下游都有人在密切觀察我們。如果這項工程不如預期順利，將波及我們的財務和聲譽。最後，還有時間問題。

「現在已經是九月了，沙爾法拉茲，」我抱怨。「你和我都明白，山上沒有人在九月動工的。」

「沒問題，老闆。現在還不晚。」

（事實上，他繼續說明，他估算三所學校能在一個月之內建造完畢。）

「嗯，好吧，那海關方面、必須從中國運來的建材呢？你有沒有想過？」

「沒問題，老闆。全都安排好了。」

（他已經確認中國工程師早就準備好海關文件。從中國出發的貨車在境內海關處有一個小時的卸貨時間，然後由巴基斯坦籍的卡車司機接手。三所學校的建材，只需要六到七趟就可以運完。）

「從開始到結束，一個月，老闆，」沙爾法拉茲表示。「我保證。」

我還是很不情願。整件事來得太快。也許沙爾法拉茲被精力和熱情沖昏了頭，影響了判斷力。

「沙爾法拉茲，要我同意這件事，有幾個條件，首先我得親自了解一下這項科技，然後，我還得與全體董事商談，然後……」

「沒問題，老闆，」他又打斷我的話：「等你決定後打電話給我。我會守在電話旁。」

然後，他掛斷了。

五分鐘後，又來了第二份傳真。長達好幾頁的文件，有預算、合約和工程說明。我把設計圖的部分撕下，開車到幾條街距離的蒙大拿州立大學，把它們交給土木工程系主任布瑞特．古寧克。布瑞特深表佩服，並證實這項設計非常穩當可靠。然後，我開始打電話給全體董事，一一說服他們：人們需要希望；我們有經費；需要有人為安全校舍工程訂定新標準。

有道理，全體董事表示，**就這樣辦！**

該是打電話給沙爾法拉茲的時候了。

「沙爾法拉茲，如果這項設計行不通，我們會信用破產，而我們在自由喀什米爾的聲譽也將『哈坦姆』（完蛋），你明白這一點吧？」我回電告知最新消息時，先這樣提醒他。「你知道事情的重要性，是嗎？」

「沒問題，老闆，那幾位奇努克美軍已經準備好明天把貨運到尼蘭姆河谷。那麼，你今天會把『山羊』寄給我吧？」

「因夏拉，沙爾法拉茲，我今天會把『山羊』寄給你。」

沙爾法拉茲還有一件事瞞著我，原來他認為我一定會答應這項提案，所以早就逕自進行了。消息傳到瓦罕，他在查普森河谷最信賴的一批泥水匠便立刻出發，越過艾爾沙德山口，疾馳在喀拉崑崙公路，現在已經在穆札法拉巴德待命，隨時準備協助中國工程師。

我把錢匯到巴基斯坦，工程立刻展開。我後來才知道，這三處工地充滿了愉悅的氣氛，甚至到了歡騰的地步。這是災區裡首批帶給人們希望的事業，讓人期待新成品可能會比倒塌的還要更好。因此，不管是巴基斯坦人，還是中國人，所有工程人員的心情都和尼蘭姆河谷這一年多來的低迷截然不同。他們每晚歡笑、戲謔、高歌——而且，和正常人相比，他們工作起來就像魔鬼一樣精力充沛。

十九天後，三所學校——帕克拉特、諾塞里和帕提卡——全都完成了。

兩天後，沙爾法拉茲把新建築的照片傳到我的電子郵件帳戶中。我把它們拿給塔拉、開伯爾和阿蜜拉看。帕克拉特的學校就坐落在險峻的山坡下，照片裡有個頭上包著鮮豔杜帕塔、笑容滿面的女孩站在大門旁邊。諾塞里的學校有六間教室，每一張照片都看得到法爾札娜提議的書桌。不過，最吸引人的還是岡狄皮蘭學校的照片。

沙爾法拉茲將賽達．夏比爾的學校建造成一百六十二英尺長的平房，裡面共有十二間教室，全都漆成白色，再加上鮮豔的紅邊。學校對面約五十英尺處，用鋼樑和金屬屋頂板蓋了一道開放式走廊。那些依舊無法從二〇〇五年十月八日早上那場災難走出來的女學生，可以把桌子搬來這裡上課，不用擔心會受困在室內。

在走廊的水泥地板正中央，工程小組留了一小塊長方形的空地。那七名無人領回的女學生罹難者就埋葬在此。這些與家人至親分開的孩子，現在整齊地躺在一起。每一座墳墓都用一小塊石頭做標記，而她們全都以頭朝著黑板的方向安息著。

任何人來到這座開放式教室，都能夠明白這項設計的美意。如果老師傳授知識的同時，也能夠讚頌恩典和救贖，那麼，岡狄皮蘭女中每天上課時，都能將祝福直接傳達給在墓裡安歇的罹難學生。

當晚，我的妻小都睡著後，我又來到地下室，叫出電腦裡的照片，好好欣賞、讚嘆這些偉大成果。我點閱這些照片時，不禁想起我的父親，想到他在一九七一年夏天，當吉力馬扎羅山基督教醫學中心落成啟用時，曾預言醫院每個部門主管都將是坦尚尼亞人，結果預言成真。

此時我才發現，雖然我無意繼承父親衣缽，但我再度見證另一項偉大事蹟在喀什米爾展開。

第十一章

機不可失

歷史是一場教育與災難之間的競賽。
——H.G. 威爾斯

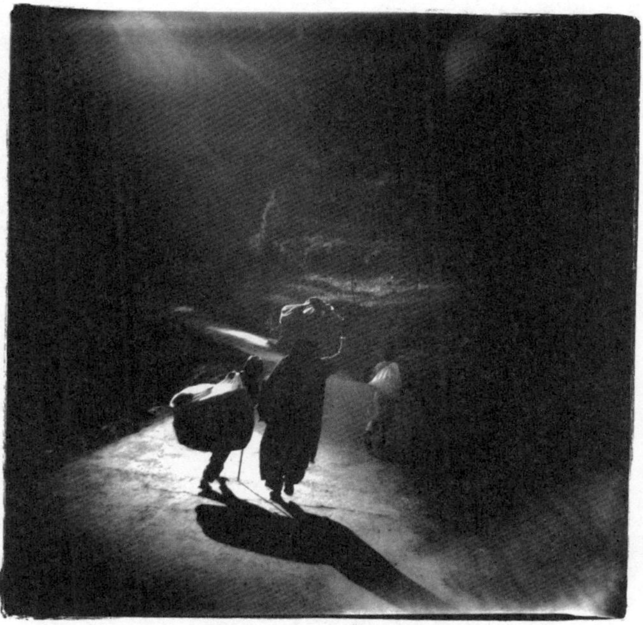

巴基斯坦地震過後，離開帕克拉特的災民

二〇〇六年十一月一日，新的避震學校落成五週後，查爾斯王子和康瓦爾公爵夫人抵達伊斯蘭馬巴德，展開為期五天的親善訪問。在這對英國王儲夫婦首次參訪巴基斯坦期間，安排了三個小時到帕提卡巡視幾項重建計畫。這趟短暫參訪的目的，部分是要贏回全球媒體對自由喀什米爾地震災民的持續關注，藉以強調還有千頭萬緒的工作等待完成。王儲夫婦會順道拜訪一家由國際紅十字會興建的照護機構、一家送出將近一千五百頭乳牛的德國動物醫療中心，以及全新的岡狄皮蘭女子中學。

去年十一月曾經協助帶頭投入學校重新開課的蕭卡特．阿里，在王儲夫婦參訪之前接受了英國大使館人事部門的面談及審查，負責在岡狄皮蘭女子中學接待王儲夫婦的到訪。為了這個場合，他穿了雪白的夏瓦兒卡米茲和擦得閃亮的黑皮鞋，加上臉上的金邊圓框眼鏡和游擊隊風格的鬍子，讓他看起來非常有型。

英國隨扈保護著王儲夫婦的所有行動，可說是戒備森嚴。帕提卡的每條主要街道從早上就開始交通管制。到了早上十點左右，一架英國皇家海軍的直升機和兩架巴基斯坦Mi-17軍用直升機在市中心附近的補給站降落。查爾斯王子與公爵夫人穿著互相搭配的奶油色服裝步出直升機。他們走過帕提卡市場，接受孩子們揮舞著英國國旗鼓掌歡迎之後，來到紅十字會的醫院，並參訪岡狄皮蘭女子中學。

蕭卡特．阿里送給公爵夫人一條喀什米爾羊毛圍巾作為見面禮，並當場把圍巾圍在公爵夫人肩膀上。賽達．夏比爾則以茶和餅乾歡迎王儲夫婦，還有兩個女孩向他們獻花。在與全體教師寒暄之後，王子與公爵夫人參觀了幾間不同的教室，又花了幾分鐘看了幾座女孩的無名墓，她們的屍體一直無人認領。然後，奇怪的事情發生了。

查爾斯王子問蕭卡特．阿里，負責重建學校的人是誰。蕭卡特．阿里毫不遲疑地把功勞歸於兩個機構：阿嘎．可汗基金會——一個在全亞洲穆斯林社會表現出色的以實馬利派非政府組織，以及一家中國的建設公司。但是完全沒有提到中亞協會。

這讓中亞協會的工作人員感到非常奇怪。在王儲夫婦離開之後，有幾位工作人員走近蕭卡特・阿里，要求他解釋剛剛為何這麼說。因為自己引起的氣憤與傷害而慌張不安的蕭卡特・阿里辯解，他對於中亞協會在學校重建工作上的角色一直感到困惑。因為有件事使得他越來越不解：不同於大多數的非政府組織，我們並未在建築物完成時，把刻著我們名字的大型牌額掛上，歌頌宣傳我們的成就。

關於牌額，他說的有道理。因為時間緊迫，我們的確忽略了這個細節。再者，他因為自己失禮所表達的反省看來真實且十分誠懇。然而，最撼動我的是稍後蕭卡特・阿里對一位來訪的美國記者所發表的評論。這位記者跟我分享了他的想法。

「你知道嗎，我認為中亞協會在這裡的所作所為是一種小小的奇蹟。」他說：「在沒有人伸出援手的情況下，在不區別宗教、種族或政治的基礎上，這個機構改變了這裡人們的想法，其中有百分之七十到八十是保守的穆斯林。在地震發生之前，這裡有許多人認為美國人不是好人，但是中亞協會證明這個想法是錯誤的。現在這裡的居民對中亞協會深存尊重和敬意。」

不幸的是，這樣的說法對沙爾法拉茲來說不太起作用。當他聽到我們在重建岡狄皮蘭女子中學的角色不受承認時，簡直是氣壞了。他在電話中跟我道歉了五分鐘之後，決定要報復還擊蕭卡特・阿里，他列出了許多選擇，想要決定最適合的懲罰。

「沙爾法拉茲，沙爾法拉茲，放輕鬆一點。」我勸他：「這些都沒關係。孩子有學校可以唸，最終，這才是最重要的。你和我為何不找點其他的事情來抓狂呢？」

不出所料，我們找到了。

岡狄皮蘭女子中學倒塌時，有一名生還者是十一歲的五年級女生，哥希亞・穆格哈爾。地震發生時，她正在室外從水龍頭裡接水到茶壺裡。

哥希亞的生還有著殘酷的轉折。岡狄皮蘭女子中學的一百零八位罹難者中包括了她的母親柯薩兒．帕維，她是八年級的烏爾都語和阿拉伯語老師。不只是母親，哥希亞的兩個姊姊薩芭和蘿西亞，還有她的許多好朋友也不幸喪生。

哥希亞位於學校上方山坡地的家也倒塌了，她的一位遠房叔叔收留了她生還的家人，包括哥希亞、她的姊姊、弟弟，還有十年前中風癱瘓的父親薩比爾。自二〇〇五年起，他們就住在叔叔家旁的一棟鐵皮屋，就位於帕提卡村外的山坡上。在夏天，鐵皮屋裡的溫度高達攝氏四十九度，而到了冬天，一桶水若在屋裡放過夜，肯定會結冰。

在英國皇室拜訪岡狄皮蘭後的幾個月，我們注意到哥西亞，當時我和同事正在針對一個有趣問題策劃新方案，於是我們很快就讓她成為測試者。

讓女孩接受包含語文和數學技能的基礎教育是我們的基本工作，而在巴基斯坦和阿富汗推動基礎教育所帶來的好處無庸置疑。不過大約從二〇〇三年開始，因中亞協會而接受教育的第一批女孩開始畢業，於是我們面臨了一個不爭的事實：在我們努力建立學校的那些偏遠貧窮的村落裡，畢業的女孩少有機會能夠學以致用。她所受的教育最終能在村落中協助提高衛生保健標準並降低出生率，進而讓村民的生活品質提高；當然，她所受的教育也能成為讓她孩子受教的跳板。但是，除非她能夠在家鄉以外找到工作，否則，她很難發揮所學貼補家用。然而，在巴基斯坦和阿富汗鄉間的偏遠村落中，工作機會微乎其微。女人不能做小生意，因為保守的伊斯蘭文化禁止她們與家族以外的男性接觸；也因此，她們不能到大城市找工作。除了當老師以外，幾乎沒有任何工作能讓鄉下的女性離開家鄉。

我們發現，這樣的文化會導致幾個結果。第一，會讓那些畢業的學生變成教師，教導自己的學生將來也變成教師，如此循環下去。第二，第一批受教育的學生沒有角色典範或是任何支持網絡，幫助她們追尋更多的教育機會，最終能夠進入職場成為醫生、律師、工程師或是女性能夠成為的任何專業人士；而且，只要她們願意，就能夠獲致財富並創造自己的人生。簡而言之，我們開始了解，不僅是我們建造的學校，還包括她們人生中會遇到的人，都需要我們密集的後續行動、廣泛的支持和長期的承諾，如此才可能達到自給自足的情況。窮困國家的貧窮人民並不會自動步上軌道。

當問題一一浮現，我們開始自問：要如何才能打破循環，讓那些從我們學校畢業的女孩有更多機會？我們決定展開一個新專案，資助成績頂尖的學生接受高中以上的教育。我們希望這些領獎學金補助的學生能夠成為先驅，為後繼之人打開一扇門。我們把一部分的資金用於栽培這些菁英女學生，讓她們成為其他人的前鋒部隊。雖然進展緩慢，但我們確信將會培育出適合各種職業的畢業生。

這是我們的理論，然而要付之執行，事情就變得複雜許多。

當我們開始為了這個想法而努力時，很快地發現，光是解決女孩離家求學的安全與督導問題，就讓這個獎學金計畫變得複雜。這個問題是所有鄉村家庭的最大考量，他們對於住在大城市裡可能導致的解放與西化相當焦慮。為了弭平家長的焦慮，我們需要讓女孩接受可靠女性監護人的監督，夜間武裝大門警衛的保護。我們也需要當地毛拉在精神上所給予的祝福。

考慮到這一點，二〇〇七年初我們開始撥款建造第一座女生宿舍。在司卡度，曾擔任巴基斯坦電台的會計師、現任中亞協會在巴提斯坦的經理，古拉姆．帕爾維，仔細地審視了宿舍的設計圖，這座宿舍將提供從附近幾個村落的學校畢業的六十名頂尖女學生住宿。她們所贏得的獎學金可以讓她們進入當地的高中或是大專就讀，或是讓她們可以接受兩年的專業訓練，例如產婦醫療照護。同年春天，我們在查普森河谷也提供八名女學生類似的計畫，把她們送到吉爾吉特繼續求學，在那裡，她們由亨札地區的經理薩都拉・貝格監護。

差不多同時，我們也開始關注自由喀什米爾。在那裡，獎學金的計畫必須和建校計畫同時進行。我們的第一個任務是研究。我想知道在尼蘭姆河谷有多少學生可能得到獎學金，獲得獎學金的女孩有多少來自我們的學校，而這些學生又會面臨哪些來自家庭的挑戰。為了解答這些問題，我尋求潔娜薇芙・查玻的協助，她是一位來自波茲曼的活躍女性。當時潔娜薇芙即將完成蒙大拿州立大學的教育學博士學位。我建議她負責我們在自由喀什米爾的獎學金計畫。她的第一個任務是調查尼蘭姆河谷裡最有前途的年輕女性，作為獎學金資助的對象。這就是為什麼她會認識哥希亞・穆格哈爾。

二〇〇七年春天，潔娜薇芙首次來到巴基斯坦開始彙整候選學生的檔案，她拜訪了岡狄皮蘭女子中學，學校裡好幾名學生催促她和坐在教室前排的一名十二歲女學生聊一聊。哥希亞當時就讀七年級，是班上的第一名。儘管家中的唯一收入來源是父親每個月十二美金的殘障補助，哥希亞仍舊滿懷信心與企圖，希望能夠到伊斯蘭馬巴德念醫學院，並回到帕提卡當醫生。賽達・夏比爾確認哥希亞的確是學校的頂尖學生。根據潔娜薇芙的報告，我決定哥希亞應該名列中亞協會在尼蘭姆河谷的第一批獎學金計畫。

只有一個問題要解決：她的父親原本同意讓她接受獎學金，後來卻又改變主意，收回成命。後來發現，許多獲得獎學金的學生如此回應的情況還不少。一開始表達內心興奮能夠追求更高教育的獎學金候選人，之後卻回頭來訴說家族中祖父母或是某位伯母觀念老舊，不願意支持她們。

我們常聽到這種說法：「除非他們不在人世，否則我不會有機會唸更多書。」

另一個主要的障礙來自村中耆老和宗教領袖，他們因為各種理由不願意支持這項計畫。結果是，我們在許多面談中看到那些不受支持的女孩落淚。看著那些有天賦的女孩夢想遭受阻撓或是不必要的延後，讓人痛苦並深感挫折。因為不受到支持，來自查普森、有著翡翠色眼睛的娜絲琳．貝格被迫等了整整十年才能接受獎學金到拉瓦爾品第學習產婦醫療照護。因為相同的理由，柯爾飛村長、我的人生導師哈吉．阿里的孫女嘉涵．阿里，也面對父親塔瓦哈強硬的反對。塔瓦哈寧可收到女兒豐厚的嫁妝，也不願意讓她到司卡度的宿舍接受公共醫療方面的更多訓練（塔瓦哈最後終於答應，嘉涵目前在司卡度的公立大學繼續學業）。

這些反對背後的真正原因通常很難問到，當他們終於願意透露，有些原因理由充分。哥希亞的例子就是這種情況。

當潔娜薇芙、沙爾法拉茲和薩都拉．貝格首次到哥希亞家中拜訪時，哥希亞的父親薩比爾和兩位叔叔抱持著懷疑的態度質問了幾個問題。他們擔心哥希亞年紀太小，也擔心讓哥希亞接受獎學金卻忽略兄姊的需求會不公平。他們也不希望她離開家。經過幾次後續的拜訪之後，另一個問題也浮現了。因為哥希亞是家中現存最小的女兒，她必須負起照顧父親的責任。少了她的照顧，父親將幾乎喪失行為能力。

我們完全能夠了解薩比爾的憂慮，當所有原因明朗之後，我們決定雙頭進行，一次解決問題。首先，我們提議，哥希亞的獎學金中將包含為薩比爾請一名看護。其次，我們提出計畫中最有力的論證，我常將這個論證聯想到「抓住當下」。在這個案例中，我讓薩都拉．貝格負責勸說。

有一天晚上，薩都拉提醒哥希亞的父親：「在人的一生中，可能會出現一次**機不可失**的情況。當機會來臨，你不能因為擔心自己而讓自己變成女兒的負擔，因為你愛她，也希望能給她最好的。我們會幫助你家的每個人，但是你必須了解，這是**哥希亞的**機會。在我們的國家裡，很多人一輩子都沒有這樣的機會，這也可能是哥希亞唯一的機會。如果你讓這個機會溜走，也許不會再有下個機會了。」

薩都拉太過謙遜，並未提及另一個具有說服力的理由。幾年之前，他犧牲頗多，讓自己的妻子唸完高中和大學，在巴基斯坦北部，很少有男人做得到這一點——而在丈夫如此的付出下，她現在在吉爾吉特一家私立學校有相當不錯的工作。儘管如此，薩都拉的規勸還是產生了極大的效果。

「你說得沒錯，」在幾分鐘的深思之後，薩比爾點點頭：「我會盡可能給我的女兒最好的一切。」

這次談話之後，薩比爾的想法開始動搖。我們非常希望經過時間和耐心等待後，他會看清讓哥希亞接受獎學金的好處，最終並給予同意。然而，我們同時遭遇到另一個狀況，讓我們實在很難繼續保持樂觀。

當我們勸說哥希亞家人的同時，我收到一位名叫穆罕默德·哈珊的人給我的訊息。他是一位環境小康的牙醫，住在尼蘭姆河谷高處的村落畢黑地。他希望我們能提供他女兒希德蕊獎學金。雖然我們的目標是最貧窮的家庭，因為他們最需要幫助，但我還是把這個人的聯絡方式給了潔娜薇芙，建議她繼續處理。哈珊醫生除了提供我們尋找其他符合獎學金資格學生的方向，他在尼蘭姆河谷也有相當的影響力，會讓我們想要和他維持良好的關係。

因此一天晚上，潔娜薇芙、沙爾法拉茲和穆罕默德·納茲爾開車沿著山路來到畢黑地，和哈珊醫生與家中其他成員碰面。除了希德蕊，其他成員包括哈珊的妻子、另外四個女兒和兩個兒子，還有名叫米拉夫塔伯的女婿，他正好從穆札法拉巴德來訪。希德蕊是個聰明、口齒清晰的女孩，正在岡狄皮蘭女子中學唸十二年級，希望將來能進大學，成為醫生，並回到畢黑地貢獻所學。她母親在接待室歡迎三位賓客之後，家中女輩就引著潔娜薇芙進到廚房，留下沙爾法拉茲和納茲爾與哈珊醫生和米拉夫塔伯討論希德蕊的未來。

潔娜薇芙坐在點著火的廚房的水泥地板上，她發現家中女性對於希德蕊能夠追求醫學學位而欣喜若狂，但她的女婿米拉夫塔伯則持反對意見。在接待室中，沙爾法拉茲和納茲爾很快有了相同結論。哈珊醫生有點擔心這個美國的非政府組織想把他的女兒變成基督教徒，但是沙爾法拉茲成功地解釋了中亞協會並非宗教團體，對於改變宗教信仰一點興趣也沒有。然而，米拉夫塔伯強烈反對提供給希德蕊的獎學金計畫，而且當男人結束了接待室的討論之後，他移步進到廚房，坐在椅凳上，而婦女們坐在下面的地板上。他用英語對潔娜薇芙提出了質疑。

他想知道，為什麼她以為像她一個來自西方的女性，可以這樣提議把「我們的女孩」送去學校？她覺得自己哪來的權力可以這麼大膽提供一個女孩獎學金？

米拉夫塔伯接著問希德蕊受了教育之後，對他的家人和畢黑地的村民有什麼好處。最後，他說到問題的重點。中亞協會真正應該為這個家提供的獎學金——唯一有意義且有真正價值的贊助——不是給希德蕊，而是給**他**。

工作人員花了整個晚上和哈珊醫生的家人在一起，潔娜薇芙跟醫生的幾個女兒睡同一個房間，她們因為米拉夫塔伯的所作所為而哭泣心煩。第二天早上，希德蕊重申到醫學院唸書的夢想（就像我們面談過的許多女孩一樣，處於同樣情況的她用了烏爾都語中的夢想「卡布」這個字）。在他們道別離開之前，米拉夫塔伯清楚表明他的立場不會改變，因此，也確認了希德蕊的「卡布」永遠不會實現。

那天早上，當沙爾法拉茲開車往山下馳行，他轉頭問潔娜薇芙對米拉夫塔伯有什麼看法。她認為他並不清楚有一個女孩能接受教育對全村有多重要。沙爾法拉茲和納茲爾均表同意，並表示一個女婿也有權力破壞一個有天分的年輕女孩追求更高教育的機會，這讓他們多麼感到挫折。

要親眼看見一個女孩達成「卡布」非常困難，然而，當這樣的情況是因為家族男性成員無法克服自己對於她所擁有的機會所產生的妒忌和怨恨，總是讓人特別難以接受。沙爾法拉茲、潔娜薇芙和納茲爾都同意，建造學校在很多方面比起克服獎學金候選人家庭所丟出的障礙容易多了。

稍晚，潔娜薇芙寫了一篇報告，結論是：雖然希德蕊是極佳的獎學金候選人，但米拉夫塔伯讓這個計畫無法實行。在讀過她的報告之後，我不得不同意，只要哈珊醫生讓他的女婿有權力決定女兒的未來，我們永遠沒辦法資助希德蕊上醫學院的費用。

這就是問題所在，而這樣的問題會繼續存在——除非米拉夫塔伯改變心意。只要他不再反對，希德蕊的獎學金就會等著她。

然而，於此同時，我也將回到美國面對意想不到的新挑戰。

二〇〇七年二月，才剛剛發行的平裝版《三杯茶》衝上了《紐約時報》非文學類平裝書的暢銷排行榜。由於一般民眾對這本書非常喜愛，在美國各地書店、婦女讀書俱樂部和社區機構等銷量極佳，到本書出版之前，《三杯茶》在暢銷排行榜上盤據超過一百四十週，其中有四十三週高居榜首。

如此日復一日、月復一月的曝光與宣傳，似乎提供了空前機會，讓我們在為新學校籌款時可以說明讓巴基斯坦和阿富汗的女孩受教育有多重要。因此，代表著數千名等著上學的年輕女孩，我開始把中亞協會變成行銷募款機器。

隨著《三杯茶》故事的流傳，各地的邀請蜂擁而至。當宣傳活動加速進行時，幾位行銷宣傳專家強烈建議我專注對成人宣傳，這顯然是因為成人才是掏錢買書和捐款的人。我認為這樣的策略非常短視狹隘，更何況，我就是比較喜歡和孩子在一起。所以我盡力結合「官方」活動——晚間為成人舉辦的演講與簽書會，以及白天和孩子在一起的非正式活動，這些活動大都在圖書館或學校舉辦。

當所有的活動時間安排好了之後，我的行程表很快爆滿到失去控制。在二〇〇五年，我去過八座城市介紹我們在西喜馬拉雅做些什麼事。到了二〇〇七年，城市數量暴增到八十一個，活動也多達一百零七場。成果讓人印象深刻：在二〇〇五至二〇〇七年，中亞協會的捐款總金額是原本的三倍。然而情緒和身體的傷害卻非常巨大。光是二〇〇七年一月，我就到過十四座城市參加十八場活動，從波士頓的哈佛旅人俱樂部、羅徹斯特公立圖書館，到明尼蘇達州威諾納市的藍鷺咖啡館。四月則在十三座城市舉辦十五場活動。到了九月，我的行事曆上記載的演講地點包括伊利諾州的羅斯蒙特、北卡羅萊納州的夏洛特、蒙大拿州的海倫那、華盛頓州的班布里奇島，以及其他十八個地方，到最後所有的活動在我心裡都變成混亂的模糊記憶。

十一月二十日那一天，我崩潰了。

那場活動是在賓州西切斯特大學舉辦的。我結束在舊金山、帕羅奧多市、聖荷西、科泉市和卡本代爾等地七天十一場的活動之後，從加州飛到賓州。我租了一輛車，在導航系統裡鍵入了住址，而當我準備開往下一家旅館時，突然感到筋疲力竭、全身虛脫，感覺徹底被擊垮。我完全不知道該對五、六個小時後來參加活動的人說些什麼，我開始恐慌。我從車裡打電話給塔拉，告訴她我有麻煩了。

塔拉從我的聲音判斷，我應該正經歷著最強烈的恐慌症發作。然而，在安撫我並讓我訴說自己的焦慮之後，她要求我吃點東西、補個眠，之後還是照常演講。

我抵達了旅館，洗了個澡，燙了襯衫，然後睡了兩三個小時。第二天我準時抵達學校並完成演講。但是當演講結束，數百位聽眾上前問候時，我發現自己正面臨我最畏懼的其中一種情況。

通常在演講之後會舉辦簽書會，成百上千的聽眾會排隊購買我親筆簽名的書、和我握手，並分享他們關於第三世界的親身經驗或是表達對於到國外當志工的意願。在這種情況中，我了解控制速度並避免和每位聽眾落入冗長的討論很重要。然而我的直覺反應是重視每次對話，而不是很快的結束換下一位。把速度放慢、眼神交流，並試著建立聯繫，這對我來說很重要。速度因此失控，時間跟著拉長（有些簽書會甚至長達五個小時直到凌晨兩點才結束）。然而這麼做可以換來人們對中亞協會的正面評價。這也是一種基本的尊重與感謝，畢竟就是這些聽眾讓我們有錢蓋學校。沒有他們的支持，我們什麼也成就不了。

然而那天在西切斯特，我喪失了和別人建立聯繫的熱切與能力。我不想向面前的人伸出手，只想縮回自己小小的殼裡。我覺得自己就像站在隧道裡，兩側的牆不斷向我逼近。灰心喪氣的感受占領了我，讓我覺得這場活動既混亂又令人疲憊不堪，有種想要奪門而出的衝動。然而，站在隊伍最後的是一名小學三年級的小女孩，她耐心等待並請我轉交一封信給巴基斯坦的一位學生。信的開始這麼寫：「給我在巴基斯坦最好的朋友。你是我的英雄。我在家裡存了一桶硬幣，希望能讓你去上學……」

即使我當時處於情緒的絕境，也因此回過神來，想起了我做這些事最主要的原因。

主辦單位原本安排我稍晚參加校園裡的晚宴，但當時的我完全沒辦法配合。我回到旅館，立刻倒在床上，昏了過去。幾小時後，我撥電話給塔拉告訴她我不知道自己在哪裡，發生了什麼事。她再次安撫我，要我到機場搭飛機回家。

我回到波茲曼時已是深夜，她和孩子到機場接我，給了我一個深深的擁抱，然後我們回家，互相依偎說故事給孩子聽。稍後，塔拉告訴我她已經聯絡了董事會和協會在波茲曼的執行經理珍妮佛．史畢斯，請他們取消下一場活動。我的兩隻手機都會關機。為了避免讓塔拉不高興，我現在乖乖聽話，不收任何電子郵件，一整個星期都待在家裡。

當我仔細思考發生的事，我覺得害怕並有些困惑。一直到恐慌發作之前，我從沒想過自己有可能會崩潰。當我和沙爾法拉茲及其他巴基斯坦和阿富汗的夥伴工作時，我常常好幾週緊繃精神工作，幾乎不睡覺，也吃得很少。然後我開始了解，在亞洲直接和村落以及老師、學生溝通交流（這是一種讓我找到活力與動力的互動方式），與在美國馬不停蹄地宣傳、銷售和募款（這讓我疲憊不堪），兩者有很大的不同。

塔拉用一句話總結：「有些人需要靠別人來充電，葛瑞格則需要遠離別人才能充電。」

然而，我心裡也非常清楚，《三杯茶》意料之外的成功為中亞協會創造了難得的契機，將來也許不會再發生。簡而言之，這是**千載難逢**、**機不可失**。我個人寧願把時間花在和沙爾法拉茲一起開車奔波在巴提斯坦和巴達桑省的黃土路上，但是我想要的和需要的並不重要。如果中亞協會力勸那些獎學金候選人的父母要把個人考量和欲求放在一邊，以成就更重要的事，那麼我怎麼能不負起同樣的責任？

結論無庸置疑。不管我喜不喜歡，我都是中亞協會募款的主力，也因為如此，我應該花大部分時間待在美國募款，讓沙爾法拉茲和其他同事有資金來源可以投身他們自己就能做得很好的工作。所以在二〇〇八年，我馬不停蹄、全心投入在一百一十四座城市的一百六十九場活動，然後每隔幾週，我就會再度經歷一次「崩潰」，讓我不得不躲在旅館房間，或是直奔波茲曼的家。

在這段期間，我幾乎沒有離開美國，這代表我已經切斷和我所愛的人民與土地的直接接觸，他們是我一開始從事這個志業的原因。這一切讓人痛苦、難以忍受。但沙爾法拉茲的電話和電子郵件不斷提醒我，這也是完成我們在阿富汗已展開之志業的唯一辦法。在那裡我們還有未完成的工作，以及對阿都．拉希德．可汗旗下的吉爾吉斯人的承諾。這個承諾最後讓我們和一個團體建立新關係，而這個團體不為和平使命貢獻一生，而是為了戰爭事業。

第三部

世界屋脊上的學校

第十二章

來自一名美軍上校的電子郵件

教育是解決宗教狂熱的長期有效辦法。
——美軍上校克里斯多夫．柯蘭達，
二〇〇八年十二月二十六《華爾街日報》

納桑爾．施普林格上尉（左）、古拉姆．薩哈奇和
克里斯多夫．柯蘭達上校攝於阿富汗庫納爾省

我高中畢業四天後就投身美國陸軍，一九七五年到一九七七年在德國服役，因此我對於報效國家的美國軍人有無限的敬意與欽佩。然而，身為人道主義者和提升教育的倡導者，多年來我也反對以軍事解決問題。

二〇〇一年，當我得知美國的轟炸導致大量的平民傷亡，我立刻改變原本支持美國進軍阿富汗的立場。根據新罕布夏大學的經濟學家馬克・哈洛所說，十月七日到十二月十日的死亡人數大約兩千七百至三千四百人。讓我不安的，不只是美國國防部所造成的阿富汗人民傷亡，還包括他們描述這些悲劇時的態度。國防部長倫斯斐在每日例行的新聞記者會上，以勝利口吻把塔利班和蓋達組織的武力削減歸功於美軍在人口密集地區丟下的炸彈與巡弋飛彈，只有當記者給他壓力時，他才不屑地提及「附帶損害」，也就是平民傷亡人數——即使如此，他的語氣也充滿怨恨並有點事後補充的味道。

我認為倫斯斐的雄辯和舉動傳達了一個印象，那就是美國陸軍的手提電腦部隊對於他們加諸於無辜婦女兒童的痛苦與災難十分冷漠。這個印象因為布希政府完全不關心（更別說補償）那些平民受害者而更加清晰。最後，這個訊息傳達給我和中亞協會在阿富汗的職員與朋友的是：美國一點也不在乎這個地球上最貧窮、深陷絕境之國的平民百姓。

二〇〇二年年底，一位捐款一千美元給中亞協會的海軍將領，邀請我到五角大廈為一群制服軍官和內勤人員演講，這給了我機會表達我的看法。我在談話中花了幾分鐘解釋在那個世界裡傳統部落戰爭的習俗——包括在交戰前雙方會先舉行「吉爾嘎」，協商各自可以接受的人員損失，因為戰勝一方要負責照顧戰敗一方的孤兒寡婦。

「在那裡，人們早就習慣死亡與暴力，」我說：「如果你們告訴他們：『我們很遺憾你失去了父親，但是他是為了阿富汗的自由而成為烈士。』然後給予他們撫恤金並尊崇他們的犧牲，我相信即使是現在，那些人民都還會支持我們。但是，最糟的情況就像你們現在所做的一樣——忽略死者，用『附帶損害』輕描淡寫帶過，甚至不想去計算死亡人數。因為忽略受害者等於否認他們曾經存在的事實，而這在伊斯蘭世界是最大的侮辱。為此，我們永遠不會得到原諒。」

我以之前在喀布爾曾浮現腦海的一個想法作結。當時我正走在街上，看見一棟遭巡弋飛彈擊毀的房舍殘骸。

「我不是軍事專家，而這些數字也不見得完全正確。」我說：「但是就我所知，截至目前為止，我們已經對阿富汗發射了一百一十四枚戰斧巡弋飛彈。一枚飛彈加上雷神導航系統的費用，我想大概是八十四萬美元左右。同樣的錢，我們可以蓋幾十所學校，供一整個世代幾萬名學生接受非極端的平衡教育。各位覺得哪種方式能讓我們更安全？」

我所傳達的訊息十分刺耳。雖然在場的主人與聽眾都極度親切有禮，我還是不得不猜想他們對我的所言所語相當不以為然。所以，當接下來幾個月，美國軍方不斷有人向我諮詢、交換意見，並對我們所做的努力表達感謝，這實在讓我覺得十分驚喜。

關鍵時刻發生在二〇〇三年四月，當期《遊行》雜誌的一篇文章讓大量捐款湧入，讓我們在阿富汗推動建校計畫的同時，更加穩固了巴基斯坦辦事處的財務基礎。信件如雪片般飛來（第一批寄來的信必須用帆布袋裝才能扛離波茲曼郵局），而有些最感人的回應則來自美國現役軍人，像是北卡羅萊納州菲特維爾的傑森．尼克森。

「我身為美國陸軍上尉，也是曾經與第八十二空降師參與阿富汗戰爭的老兵。」尼克森說：「這讓我有非常難得的機會見識中亞的鄉間生活。阿富汗戰爭曾經是、也一直會是殘酷並充滿毀滅性的，特別是對無辜的老百姓而言。他們不過想要賺份薪水，和家人過個像樣生活，最不應該遭受這一切痛苦。中亞協會的學校提供當地孩子另一種選擇，讓他們不再迫於生存而只能就讀於激進的宗教學校，這些激進的宗教學校就是傳播塔利班『伊斯蘭基本教義派』的溫床。再也沒有任何辦法比幫助孩子接受教育更能確保我們的未來安全了！中亞協會現在成了我捐款贊助的對象。」

這印記了我與美國軍方開啟的一層新關係。這段我們如何展開建校的過程，既創造了機會，也傳授了課業，並在沙爾法拉茲和我實踐對瓦罕走廊吉爾吉斯人的承諾中扮演了臨門一腳的重要角色，更是我們在阿富汗期間最令人難忘的驚奇。

尼克森上尉向我們表達友好的同時，美國軍方正展開大規模挑戰性的人員變革，他們發現自己正面臨兩大叛亂行動，一是伊拉克，一是阿富汗。當這兩個國家的戰火逐漸升高時，愈來愈多的美國軍官相信軍隊應該改變作戰方式，從有組織的摧毀敵方改為促進安全、重建和發展的行動。自從柯林頓政府介入波士尼亞、科索沃和索馬利亞等國家之後，「國家建構」一詞就引來許多譏諷，而這個詞再次成為駐伊拉克美軍司令戴維．裴卓斯所架構的新信條不可或缺的部分。裴卓斯將軍負責監督美國陸軍及海軍陸戰隊的刊物《反顛覆野戰手冊》。這個核心概念——當考慮到長期安全時，穩定飽受戰爭蹂躪的國家和打敗敵人一樣重要——由美國參謀首長聯席會議主席麥克．穆倫上將在二〇〇八年九月簡扼地向眾議院軍事委員會表達：「我們無法以殺戮獲得勝利。」

要能夠在戰爭中實踐這個理念，需要以超越傳統軍旅生活的思考所獲得的技巧。它所包含的部分任務不脫民政管理與工程：重建淨水廠、學校、電力網路，以及其他能夠安定社會的民政業務。然而，努力教育軍人，尤其是軍官，也相當重要，要讓他們能夠掌握不同國家的文化細微差異，並藉由熟悉包括人類學、歷史、社會學、語言和政治等專業領域，有效運用對文化的了解。目標是在基礎民間透過和社區領袖、村落耆老和部落權威培養關係，並建立信任來增進安全。

為數不少的軍官贊成以這種方法來反顛覆，雖然《三杯茶》從未刻意鎖定他們為目標讀者，他們卻受到這本書的感動。《三杯茶》自二〇〇六年出版以來，旋即得到一些讀書俱樂部和教會的支持。有些軍官的配偶在這些場合接觸到這本書，進而推薦。還有一些軍人子女在學校讀到這本書，因而加入了「為和平捐一分錢」活動。我們自一九九六年起為巴基斯坦和阿富汗的孩子發起這個募款活動，至今已在美國海內外的四千五百所學校推行。最後，國防部的反顛覆研究所課程也將該書納入軍官入學的必讀書單，已有數百名軍官有機會閱讀。

不久之前，我們收到在阿富汗及伊拉克服役的軍人寄來數百封電子郵件、信件和捐款，信中告訴我們，當他們回到國內，心中都堅信，對付伊斯蘭極端主義最強而有效且符合成本效益的方法，就是讓年輕的孩子受教育。大約同時，「為和平捐一分錢」活動總監克莉絲提安．雷汀格發現，這個活動大受軍人子女就讀學區的歡迎，包括北卡羅萊納州的列尊營（東岸最大的海軍陸戰隊基地）、德州的聖安東尼奧（軍醫人員在山姆．休斯頓堡受訓），以及加州的科羅納多（海軍航空兵司令部及海豹部隊主要的訓練基地）。

到了二〇〇七年初，中亞協會波茲曼辦事處執行經理珍妮佛．史畢斯開始安排一些活躍的退役官兵所邀約的演講活動。第一個邀請來自史提夫．瑞卡博士，他是退休海軍軍官，此時擔任科泉市科羅拉多大學的國土安全中心主任。當我回電給瑞卡博士時，他說明他服務的機構希望能更了解「如何透過教育推廣國土防衛」及「多少無知會成為真正的敵人」。我在一月的一個冷冽夜晚搭機抵達科羅拉多，穿過校園，來到一座有兩千名聽眾的教堂，另有三千名聽眾興奮地站在下著雪的教堂外頭。演講結束時，一名男性走向我，遞給我他的名片。他是北美航空司令部的一位將領，問我願不願意在他的單位進行一場類似的演講。

從那時開始，演講邀請來自全國各地的軍官學校、軍事學院、退伍軍人機構和二十幾個軍事基地。我受邀回到華盛頓，在國防部進行另一場簡報，然後飛到佛羅里達的美國中央司令部（負責美國在中東和中亞的所有軍事行動）和特種作戰司令部（負責指揮精銳部隊如陸軍三角洲特遣部隊），對高階軍官發表演說。

當我回應這些友好的表態，我開始瞥見美國軍方正將文化教育納入戰略原則中所表現出來的誠懇態度。當我待在紐約的西點軍校、科羅拉多的空軍官校、加州彭德爾頓營的海軍陸戰隊遠征部隊時，我震懾於士兵們對於了解伊斯蘭歷史與文化所投注的十足努力與活力。舉例來說，當我接受海軍軍官學校學生馬修・摩爾斯（他在九一一之後決定從軍，也是《三杯茶》的讀者）之邀，來到學校所在地安那波里斯時，我參觀了一堂宗教課程，課堂上同學們分析了舊約聖經中的《利未記》，然後將它和《可蘭經》的相關段落加以比較。當天稍晚，我參觀了另一堂社會學課程，課堂中熱烈討論了伊朗前國王與宗教領袖何梅尼，兩人就《可蘭經》同一段話賦予截然不同詮釋的兩場演講所展現的態度。

在這些經驗之中，我驚訝的發現，那些軍校學生、軍官和招募人員所抱持的一些價值觀和我的極為相同。舉例來說，許多人展現出謙卑之心，也十分尊重其他文化。跟他們相處之後，我也清楚了解，在他們諸多觀念中的愛國精神，是根植於對寬容和多元的敬意；但是最讓我印象深刻的，莫過於他們的情感真誠和道德正直。相較於我所遇過的其他行業，軍人似乎更願意承認失敗和錯誤，也更認知到這是邁向學習與成長的第一步。

說來奇怪，最後我發現，這群權高位重的人所傳達給我的觀念，有些恰好和非洲及中亞那些無權無勢的人完全一樣。之所以如此，在我看來，是因為這些曾三、四次派駐當地置身現場的軍人，他們工作的情況是一般外交人員、學院派、記者或是政策制訂者很難接觸到的。此外，這些經驗讓士兵們產生了同理心。

二〇〇九年四月，我參觀了舊金山市中心的海軍陸戰隊紀念協會，帶隊進入科威特的海軍陸戰隊第一遠征軍前任指揮官麥克．邁亞特為我導覽。他帶著我參觀兩道L形的灰牆，牆上刻著自二〇〇一年以來在伊拉克和阿富汗陣亡的海軍陸戰隊弟兄姓名。和牆上一長串的名字一樣讓我震驚的，是邁亞特將軍所說的話。

「在那裡有數千名平民百姓遭到殺害，」他說：「我真希望我們也能為他們所有人砌一座像這樣的牆。」

這些會面經驗的附加成果，除了讓我更加景仰與尊敬之外，對我來說，意想不到的對等互惠觀念，應該是最重要的啟示。

過去六年來我與曾派駐阿富汗的數百名士兵交談，幾乎所有人都堅信，加強我們安全的最好方式就是真正去幫助阿富汗人民；而要能提供有意義、良善的幫助，則務必去傾聽、了解和建立關係。就此而言，要能增進我們的安全，最好的方法就是加強他們的安全。兩者都能達成的關鍵就是教育。

在我與軍方會面之前，我對於美國進軍阿富汗的評價十分嚴厲，甚至強硬。即使有了上述的會面經驗，我還是不贊成軍方的做法。舉例來說，根據國防部的記者會簡報，在二〇〇六年六月到十一月之間，美國軍方在阿富汗投下大約九百八十七顆砲彈，在二〇〇一年到二〇〇四年間則投下超過八百四十八顆砲彈。這些轟炸造成的平民傷亡讓阿富汗大眾極為反感。

儘管如此，當我和美國軍方喝過三杯茶之後，我開始有所改觀。在某種程度上，我們彼此都可以教對方一些什麼，而我們也都因為這些會面變得更有智慧、更加豐富。到最後，我的結論是，軍方或許是美國政府當中，包括國務院、國會和白宮，最了解巴基斯坦和阿富汗複雜情勢的單位。

對我個人而言，與美國士兵的會面讓我極度喜悅，這些經驗也影響了我們在中亞協會做事的方法和態度。最能詮釋此一情況的莫過於肇端於二〇〇七年九月十五日那天的一連串事件，當我打開電子郵件時，看到以下的訊息：

中亞協會敬啟：

我是馬刀特遣分隊的指揮官，我們在庫納爾省北部和努里斯坦省東部為十九萬人服務。我們主要的反顛覆目標是提供希望給阿富汗的善良人民，尤其是孩童。建造學校是我們首要優先發展目標。

我相信不管在哪裡，對抗恐怖主義的長期解決方案都是教育，尤其是在阿富汗。這裡的衝突無法用砲彈解決，只能靠書本和知識來激發對和平、包容和繁榮的想像。這裡對於教育的需求極為強烈。人們已經厭倦長達三十年的戰亂，渴求更好的未來。教育的影響重大，能讓人變成愛國知識分子或是文盲戰士。這樣的賭注實在非常高。

如你所知，庫納爾省和努里斯坦省是這個飽受戰爭蹂躪的國家中最赤貧的區域。超過百分之九十的學校是「露天的」，有些是用防水布搭成，有些則是直接在樹下開班授課。我們正開始發起一個夥伴學校的活動，希望能讓美國和阿富汗的學校有所接觸，以期在我們的孩子與國家之間建立基層聯繫。我們已經運送了不少學校補給品，但永遠都不夠。

當我讀完《三杯茶》之後，更加深我追求阿富汗學校與教育發展的決心。我不確定中亞協會是否能幫助這些學校。但我希望讓你知道，你的工作對阿富汗及巴基斯坦的人民來說多麼鼓舞人心。

祝好

美軍上校　克里斯多夫・柯蘭達

聽聞一位軍官和我一樣尊敬教育，這當然讓我充滿感激；但最吸引我注意的，則是這封信的寄信地址。

庫納爾省北部和努里斯坦省東部位於興都庫什山脈的核心，有著高聳入雲的峻嶺和峭壁峽谷等奧妙景觀。這個區域地處阿富汗東北部，與巴基斯坦接壤，充滿著此地原住民的神話——他們是一群個性激烈的異教徒，有著南歐人的特徵，喜歡喝酒，用桌椅等家具布置房間，並說著他們穆斯林鄰居聽不懂的話。這個地方自古就被稱做「卡菲里斯坦」，意思是「異教徒的國度」，它可以說是地球上最遺世獨立、神祕和鮮為人知的地方，一直到二十世紀後期才逐漸為人所知。

正如艾瑞克・紐比在他那本奇妙的旅行書《走過興都庫什山》中所提，這個區域的原住民祖先是亞歷山大大帝麾下的遊離散兵；亞歷山大大帝在西元前三二六年前往印度，途經現在努里斯坦省的邊境時，與庫納爾河谷的居民發生戰鬥。從那時起，造訪當地的旅人相當稀少。六世紀，中國的僧侶在前往印度的旅行記錄中曾零星提到這個地方；十四世紀，帖木兒軍隊曾經入侵其中一處河谷；十五世紀，巴伯爾大帝品嚐過當地的一些酒。除此之外，卡菲里斯坦的原住民過著不受外界干擾的生活，直到一八九五年阿富汗國王阿布・拉赫曼下令三支軍隊分從三個不同方向進攻；主要兵力包括八個步兵團、一個騎兵團，以及一個砲兵連，他們穿過庫納爾河谷，在一場決定性的戰役中擊敗了卡菲爾人。

儘管當地人民拿出長矛和弓箭抵抗，甚至縱火燒村，但最後仍兵敗投降，全體被迫改變信仰，成為伊斯蘭教徒。

庫納爾省北部和努里斯坦省東部堅不可摧的地形、複雜的洞穴網絡，以及和巴基斯坦無法無天的聯邦直轄部落區共享的邊界，讓當地在一九七九年到一九八九年間蘇聯占領阿富汗期間成為各個聖戰士團體的庇護所。一九九〇年代，在奧薩瑪·賓拉登的協助下，數千名阿拉伯武裝分子在庫納爾省和努里斯坦省各地建造了許多基地。二〇〇一年之後，這個區域成為塔利班和蓋達組織的避難所，他們利用這裡作為從巴基斯坦運送武器和士兵到阿富汗的管道。二〇〇五年夏天，當顛覆分子在柯蘭戈河谷擊落一架美國奇努克印地安人駕駛的直升機，又殺害十六名特種部隊隊員之後，庫納爾被美國士兵稱為「敵方中央」。到了二〇〇六年夏天，這個區域見不到任何一個非政府組織在其中活動。

由於上述種種狀況，很難想像阿富汗會有其他地方比這裡更危險、更偏遠、對外來者更具敵意。然而卻有個美國指揮官尋求協助，只因為他想把建造學校當作首要優先目標？

很顯然的，這個人值得我去認識。

克里斯多夫·柯蘭達成長於內布拉斯加州的奧馬哈市，父親是軍中的聯合諮詢律師。這或許是他就讀美國西點軍校的原因。他的成績優秀，最喜歡歷史，讀遍所有他能到手的羅馬希臘史，以及各個帝國的興衰史。當他官拜上尉時，他到威斯康辛大學研究所攻讀，取得了現代歐洲史的碩士學位，並開始蒐集有關軍事領袖的文章，甚至把它們彙編成一本書，書名《領導：戰士的藝術》，其中收錄許多有抱負的指揮官的故事。他先成為空降突擊隊員，之後擔任第一七三空降師九十一騎兵團第一中隊的指揮官，二〇〇五年收到派令部隊將會部署至伊拉克；當部隊持續訓練並學習阿拉伯語時，卻收到改派駐阿富汗的命令，並於二〇〇七年五月部署至該地。他們的司令部位於庫納爾省北部的納瑞前進作戰基地。

馬刀特遣分隊的五個主要前進作戰基地在二〇〇六年設置，那時美國軍方沿著阿富汗東部與巴基斯坦相鄰的邊界設置了一連串的崗哨。柯蘭達所指揮的七百多名士兵加上六百名阿富汗士兵的共同首要目標，是執行反顛覆行動並維持當地的穩定。他們認為，任務的主要部分是和周圍村落的數百名長老、部落領袖和毛拉建立關係。柯蘭達位於納瑞村外的總部維持著庫納爾和努里斯坦兩省省界沿線的勢力平衡。在那個有著十九萬居民的區域，美國軍方曾於二〇〇七年和塔利班及蓋達組織有過幾次十分猛烈的交戰經驗。

在典型的軍隊指揮哨所，像柯蘭達這樣的軍官會在身邊準備一套詳細的地圖，裡面記載著敵方最重要的軍事情報，這些敵方資源概況包括部隊部署、補給與運輸網絡、移動方式，以及火力水準。柯蘭達上校擁有的資訊當然包括塔利班與蓋達組織在周邊地區行動的小隊布局。然而，他的資料不僅止於顛覆分子人力和武器的一般清單而已。六個月來喝了無數的茶、參與了無數的部落「吉爾嘎」，他和每個士兵已經和附近區域幾乎所有大大小小的社區領袖、宗教權威建立關係。除了知道他們的姓名、臉孔、屬於哪個部落，這些美國人還確切的知道他們每個人在這個區域屬於什麼政經階層。簡而言之，柯蘭達和他的部下掌握了親屬關係、家族世仇、經濟糾紛和種族對抗的複雜網絡，而這個網絡塑造了周遭鄉村社區生活的每個層面。

在部署的過程中，柯蘭達和屬下費盡辛苦努力蒐集資料，以針對庫納爾省北部和努里斯坦省東部的部落社會運作做出準確評估。如此所得的知識不見得完全正確，但他們所蒐集的資訊卻令人印象深刻。當他們派駐到另一個基地時，這些資料會移交給接替的同袍，這些同袍也會繼續他們原來的工作。與此同時，柯蘭達和周邊地區所建立的關係，讓他開始著手解決一直困擾部落的問題，並思考可以如何幫忙他們——這就是他寫信給我的原因。

在我回了柯蘭達第一封信之後，我們又通了幾次信。其中一次他告訴我，距離納瑞總部大約十七公里的庫納爾河對岸有個叫做「索」的村落，正出現難得一見的機會。

納瑞的哨所每個月會有七次遭受從索村附近山脊發射的火箭筒所攻擊。在收到許多關於索村內外的顛覆活動報告之後，柯蘭達有充分理由懷疑索村村民和這些砲彈攻擊有關。柯蘭達沒有包圍搜索這個村落，反而和他的部下發展出一個更有創意的方法：他們決定與索村召開「吉爾嘎」，以找出到底是什麼不滿引發他們發射火箭筒攻擊。

在阿富汗國民軍中，和柯蘭達同等軍階的希爾．艾哈邁德上校提交申請「吉爾嘎」。在「吉爾嘎」會議中，村落長老說明幾年前村裡曾被美軍包圍和搜索過一次，據說有些家中的財產在搜索過程中遭到偷竊。這讓村民覺得尊嚴受到侵犯，有些人一心想要復仇。幾位長老也在會議中強調教育對於這個社區有多麼重要，但是因為他們沒有學校，村裡的八百名孩童必須離家就學，而冬天就快要來了。

結果是，許多美國士兵收到來自美國家人或是鄰居所捐獻的學校用品，因此在會議之後，這些用品被集中在一起，足足裝滿三卡車。到了第二個星期，又召開了一次「吉爾嘎」，討論將這些用品移送給村落。會議後的第二天，索村的長老出現在納瑞哨所外，要見柯蘭達上校和艾哈邁德上校。他們帶來了一百多封村裡孩子以帕施圖文字所寫的感謝函。

這群長老與兩位上校興奮地談了兩個多小時，在談話中，很清楚地顯現出索村村民多麼渴切能有一所學校。柯蘭達相信，這個對於教育的熱情提供了一個基礎，讓他們能夠建立堅固長期的友好關係。不幸的是，柯蘭達沒有村裡需要的資源，這就是他來找我的原因。

中亞協會能幫助他什麼？

一開始，我不知道我們到底能做什麼。中亞協會不附屬於美國軍方，而且為了能夠獲得合作社區的信任，我們不惜一切和軍方劃清界線。（因為這個原因，我甚至不允許來我們學校的參觀者穿著軍用迷彩服。）當然還有一些實務上的考量：首先是庫納爾和努里斯坦極度危險，其次是我們也會面臨與在喀什米爾相同的問題——我們從未在這個區域工作過，因此我們沒有關係、沒有聯絡管道，也沒有朋友。

這些都是實質的考量。然而，這位美軍指揮官所支持的理念和想要完成的理想讓我景仰，讓一切變得不那麼重要。如果有辦法能夠不危及我們的聲譽，能夠以一個在財務和政治上不接受美國政府協助的組織身分出手幫忙，也許值得一試。

但是，首先我們必須找到可以完成這個困難任務的人。而我心中已有人選。

第十三章

來自賈洛塞難民營的男人

唯有用心才能辨識事物的價值，光憑肉眼是看不見事物的精髓。

——聖修伯里，《小王子》

魯斯加省長老和瓦奇爾・卡瑞密（前排右一）、
哈吉・伊布拉印（後排右一）及摩頓森合影

瓦奇爾．卡瑞密和我相遇於二〇〇二年的春天，在我拜訪喀布爾入住位於巴格耶巴拉路上的和平賓館時——那是我早期幾次進入阿富汗的宿點。瓦奇爾是個留著鬍子的帕施圖人，有著寬闊的臉和友善的棕色眼睛，身穿筆挺的夏瓦兒卡米茲和背心，跟其他幾千名在塔利班政權垮台後冒險回家的熱血年輕人沒有兩樣。而就和他的許多同胞一樣，他的故事——我認識他不久就聽說了——就是一個在擁擠的難民營度過大半輩子的男人故事。

瓦奇爾在阿富汗的童年記憶止於一九七九年十二月，當時他十一歲，一家人全都因為俄羅斯入侵被迫逃離家園。連續兩個星期，蘇聯的米格機不斷轟炸他們的村落，擊毀了幾乎所有房舍，也殺害了許多村民。

瓦奇爾和他的家人徒步、騎馬和騎驢，跋涉了四天四夜，沿著險峻的山路跨越國境來到巴基斯坦，在距白夏瓦東南方二十英里處的賈洛塞難民營安頓下來。自從蘇聯占領阿富汗之後，高達四百五十萬的阿富汗「穆哈吉爾」（難民）就湧進了巴基斯坦，而賈洛塞難民營就是巴基斯坦政府倉促設置的一百五十座難民營中最大的一座。在這個不毛之地上，七萬人擠在搖搖欲墜的帳篷和臨時搭起的帆布篷中，沒有水電、沒有管線配置、沒有交通工具，也沒有能力餵飽自己。警衛對待他們很殘酷，有些管理員還中飽私囊偷了許多食物和補給，整個難民營區都處於惡棍的掌控之下。那個地方任何人都不會想待上一個星期，更別說好幾個月。

雖然瓦奇爾當時還不知道，但是他接下來的二十三年幾乎都在那個難民營度過。

在安頓好妻子、父親、妹妹和六個孩子之後的一個星期，他的父親，阿杜．漢尼，做了當時大部分在賈洛塞的男人會做的事。他向家人告別，回到阿富汗，加入反抗軍游擊隊，從此消失在聖戰烽火中。瓦奇爾對父親的最後記憶是他們彼此擁抱，父親答應他一個月後就能再見面。一直到今天，瓦奇爾都不知道父親是怎麼死的，何時死的，葬在哪裡。

瓦奇爾和弟弟馬汀決定讓情況變得更好。他們的母親雖然從來沒上過學，卻十分崇敬教育，在母親的指引下，兩兄弟每天到臨時搭建的教室裡上半天課。另外半天，他們就去工作來養活母親、祖父和四個弟妹。他們賣水、到磚窯工作，最後他們學習英語，於是開始了他們的課後輔導——華盛頓英語中心教授難民營最有企圖心的學生英文字彙和文法。到了二〇〇二年的夏天，瓦奇爾聽說喀布爾的和平賓館正需要一名會說英語的經理。月資兩百美元，外加小費。他深感興趣，獨自兼程趕回阿富汗面試這個工作；於是，在我抵達的那個晚上，坐在櫃臺後面的就是他。

當瓦奇爾知道我想要在他的國家建造女子學校，他立刻用最強烈的詞語表達贊同。「喔。阿富汗對你的工作而言是**最適合**不過的地方了。」他驚呼，「而且教育女孩子是必要的！」他也透露他正好知道一個我們可以開始著手的理想地點：喀布爾西南方三十英里處一個叫做拉蘭達的小村落，蘇聯摧毀了當地的學校，那裡也正是瓦奇爾的家鄉。

當我向他解釋我們主要在特別偏遠的地區蓋學校時，他很有禮貌地聽著、點頭，並以卡爾．羅夫（美國前總統布希的資深顧問）會欣賞的一種堅定原則和完全無視事實的態度堅持自己的看法。在接下來的十八個月裡，當沙爾法拉茲和我在瓦罕與和平賓館之間奔走時，他的表現簡直就是帕施圖版的天才二手車銷售員。他從不停止微笑，從不提高聲量，從不停止相信只要他持續溫和誠懇地敦促我們，他終究會說服我們將拉蘭達視為我們「盡頭優先」政策的「特別例外」。

最後，瓦奇爾以一種更不易察覺、更迂迴的策略來加強他從不間斷的堅持，那就是藉由詳細的說明拉蘭達的苦難與不幸，來引起我們的同情。每一次沙爾法拉茲和我抵達和平賓館，瓦奇爾就會不厭其煩的訴說拉蘭達的各種不利條件，包括道路狀況有多差、水質有多糟、人民生活有多拮据，還有阿富汗政府對村落有多不關心。

經過這一年的疲勞轟炸，瓦奇爾終於讓我們感到不勝其擾，開始後悔當初不該要他詳細描述拉蘭達的事——如果我沒記錯的話，那是因為塔利班開始利用拉蘭達所在的河谷作為運送海洛因的管道。我們為了了解更多資訊，給了他等待多時的機會。

「拜託，讓我們去和舒拉（長老）喝杯茶，」他回答：「然後你們就可以親自了解狀況。」

我們怎麼能說不？

從喀布爾到拉蘭達的車程大約兩小時。拉蘭達位於查拉西阿布河谷的中心，河流切割出來的峽谷裸露著橘黑色的山壁，高達兩千英尺的山壁直上雲霄。狹窄的谷底襯著像拼布般的果園，有桃樹、杏樹、櫻桃樹和桑樹。他們也在村裡四處種了許多大蒜，以至於空氣中有一抹甜膩、讓人頭暈的氣味。

雖然瓦奇爾使勁推銷拉蘭達，他卻一點兒也沒有扭曲事實或誇大這個地方的不幸。泥土路況奇糟，最後十英里路花了五十分鐘的車程，隨便一個好的長跑選手都能輕易地趕過我們。由於蘇聯大規模的轟炸和掃射，村裡許多泥牆房子看起來像腐朽的美索不達米亞廢墟。要不是生鏽的俄國坦克和裝甲運兵車殘骸被丟棄在河床，這一切看起來就像走出二十一世紀，回到了中古時代。

當我們抵達當地，並與村落長老召開瓦奇爾事先安排好的「吉爾嘎」會議，很清楚地發現這個地方迫切需要學校。村子裡唯一的教育，是當地三位毛拉中的一位在清真寺為孩子上的非正式宗教課程。有一位毛拉表示抗拒，但是村落裡一百六十個家庭和另外兩位毛拉都熱切期待能夠蓋一所更好的學校。

在這場會議裡，我們想到一個不尋常的點子。雖然拉蘭達感覺上跟我們之前工作的許多地方一樣偏遠，但是由於它鄰近喀布爾，比較能夠讓那些有興趣的記者、捐款人和阿富汗政府官員，不必耗費六天艱鉅路程北上巴達桑省或進入瓦罕，就能知道我們在做些什麼。因此，會議之中浮現一個問題，對我們來說，在拉蘭達建造一所示範學校，作為我們的工作成果展示，對我們來說有沒有意義？

在二〇〇四年初，我向董事會提出這個詢問，董事會同意我進行這項工作。那年春天，在加州拉斐葉特社區所捐贈的三萬美金和一位有興趣資助單所學校的律師幫助之下，建造工程在瓦奇爾熱心志願無償監督下開始了。瓦奇爾在每個不必當班的星期四和星期五從喀布爾開車到施工地點，以便監督工程、訂購建材，並確保所有進度順利。也因為在拉蘭達的這些日子，他與一個男孩葛馬爾傑建立了友誼。

十四歲的葛馬爾傑和五個姊姊一起住在拉蘭達，從來沒有機會上學，因此對於能夠有機會學習讀書寫字興奮不已。然而這個機會對葛馬爾傑來說，卻來得不夠快。幾個星期過去了，他的不安快速增加，讓他深信學校工程的進度遠遠不及格。為了要讓速度加快，他不斷糾纏瓦奇爾，提醒他學校快點落成有多重要。每當瓦奇爾待在喀布爾，葛馬爾傑放羊的時候也會盡可能靠近施工地點，這樣就可以在看顧羊群時同時監工，然後在瓦奇爾下次來時向他報告。就在這些監工的日子裡，六月初的一個下午，村裡的每個人都聽到從葛馬爾傑的羊群附近傳來一聲尖銳的爆炸聲。

阿富汗是全世界地雷密度最高的國家之一，在蘇聯占領以及隨後的內戰期間，幾乎全國各地都埋設了地雷。正因為如此，這個國家到目前仍有大約一百五十萬到三百萬的地雷埋在土裡。每個月都有大約六十五名平民因為誤觸地雷而喪生或重傷，而且就像戰爭可能造成的各種傷害一樣，首當其衝的往往都是孩童。

葛馬爾傑誤踩的應該是二十多年前蘇聯埋下的人員殺傷地雷。當他觸發引信，爆炸讓他的下半身支離破碎。心急如焚的父親趕到他身邊，立刻把男孩放在一頭驢子上（拉蘭達村沒有人有車），然後再把他移到一輛腳踏車上，十萬火急地把他送到最近的醫院——在喀布爾。

五個小時後，到喀布爾僅剩四分之一的路程上，葛馬爾傑在父親懷裡斷了氣。

二〇〇四年七月，我第一次來到拉蘭達，對於瓦奇爾的工作團隊在建造學校的進度方面印象深刻。然而，葛馬爾傑的悲劇讓所有人感到沮喪，尤其當他父親費瑟．穆罕默德前來致意時。

這位四十出頭、有著花白鬍子和碧綠眼睛的英俊男人，想要讓我看看他的兒子葬在哪裡。葛馬爾傑觸動地雷的地方距離學校工地只有短短不到五分鐘的步行路程，他的墓是個簡單的長方形石堆，大約兩英尺高，在墓的上方有個綠色的金屬圓柱，那是蘇聯時代遺留下來的火砲筒，現在用來支撐幾根竿子，竿子上黏著在阿富汗各地飄揚在墓地上的綠白色旗子。在四周的岩石中，我們可以看到散落的金屬碎片，那些凹凸不平的銅片與鋼片正是置他於死地的地雷殘跡。

瓦奇爾、沙爾法拉茲和我沉默地站著，費瑟把手掌在胸前窩成杯狀，為長眠於腳下的兒子獻上「杜瓦」祈禱。對許多穆斯林男子來說，生兒子是人生大事，失去兒子當然也十分讓人心痛。只是，費瑟的悲傷遠遠超過我們所能夠理解的程度。他除了五個女兒以外，另有兩個兒子，但是葛馬爾傑的兩位哥哥也已不在人世。大兒子費瑟哈克被白喉奪走性命，二兒子齊亞烏拉在一場車禍中喪生，而現在他第三個兒子，也是僅存的兒子也被帶走。刻在他臉上的痛苦已經不是我們說些什麼就能撫平的。

當我們站在墓旁，沉痛地想著這個不幸時，耳邊還隱約聽到工地那頭的工作聲響。鏟子撞擊碎石的聲音和在石頭抹上新鮮灰泥的拍打聲，清楚地從工地傳來，兩地距離不到一百碼。也許是因為我們意識到工地如此接近，也感覺到那些工具所發出的噪音和費瑟祈禱時所發出的聲音交疊在一起，不禁讓我們感嘆，學校之生和葛馬爾傑之死如此近距離交錯。在短暫的沉默之後，我告訴費瑟，只要他同意，我們無論如何都要在葛馬爾傑的墓前到學校之間建一條水泥的紀念小路，來尊崇他及紀念他的兒子。

費瑟點點頭表示同意與感謝，瓦奇爾馬上就動身安排。

瓦奇爾監督完成的學校十分美麗。綠白相間的平房建築坐落在路底的斜坡上，底下有一叢櫻桃樹和蘋果樹。學校有六間教室、一間教師辦公室和遊戲場。在校園的北方，一段二十階的階梯通往水泥小路，小路的盡頭就是葛馬爾傑的墓。他從未有機會坐在教室裡，向任何老師學習，但是我們都相信，不管是在象徵意義或是精神層面，葛馬爾傑永遠與這所他夢想中的學校同在。

就在學校落成不久之後，三件事情發生了。

葛馬爾傑那活潑的姊姊賽達在父親的許可下，入學念一年級。她是一位資優生，夢想成為拉蘭達村的第一位女醫生。在她父親的眼中，賽達肩負了三位去世兄弟未完成的夢想——而這位父親之前還認為五個女兒都應該留在家裡。

同時，費瑟自己也決定去進修。在他兒子死後幾個月，他參加了一個十八個月的訓練課程，準備成為專業的地雷清除人員。課程結束之後，他加入了一家叫做RONCO的公司。這家公司負責阿富汗境內所有的地雷清除工作。薪水很不錯（每個月有五百美元的收入，是他以前所賺的四倍以上），但是這個工作剝奪了他和家人相處的時間，所以他終究還是辭去工作，賣掉一部分土地，自願在自己村落附近清除地雷。到了二〇〇九年九月，他已經在拉蘭達和學校附近移除了三十顆地雷。

此外，沙爾法拉茲和我終於決定雇用瓦奇爾為中亞協會駐阿富汗的事務經理。當他接受這份工作，他就成為決死突擊隊裡唯一的帕施圖人和穆哈吉爾。這就是為什麼當柯蘭達上校請求我們協助在庫納省美國前線基地的河岸對面建造一所學校時，這個來自賈洛塞難民營的男人會變成我的第一人選。

二〇〇七年底，我打電話給瓦奇爾，詢問他是否能夠花一週的時間到索村安全地探一次路。在我的詢問中，「安全」是個關鍵，因為我們都知道，這個時間到那裡十分危險。

從二〇〇五年底開始，塔利班的暴亂持續惡化，堅定狂熱的外國顛覆分子從烏茲別克、車臣、中國西部、沙烏地阿拉伯、葉門等地一批批湧至阿富汗。有些顛覆分子經歷過伊拉克內戰，因此十分精通於製造土製炸彈的最新技術、進行伏擊和完成自殺攻擊。效果幾乎馬上就呈現了。根據英國外交及國協事務部的資料，從二〇〇五年到二〇〇六年，塔利班與蓋達組織的自殺炸彈攻擊從二十一起變成一百四十一起，而土製炸彈的爆炸次數則從五百三十次飆升到一千二百九十七次。

連非軍事區都遭到日益嚴重的暴力活動所波及。根據聯合國難民署的資料，在二〇〇七年，塔利班殺害了三十四名救援工作者，另外劫持了七十六名救援工作者。他們甚至處決老師和學生、燒毀學校，以此增強對女孩教育的攻擊。二〇〇六年，扎布爾省的沙伊克馬蒂巴巴女子高中校長馬林・阿杜・哈必，在大半夜被拖下床，帶到他家的庭院中，在家人面前遭到槍決。二〇〇七年，《時代雜誌》報導，塔利班在洛迦省槍殺了三名正走出校門的高中女學生。在坎大哈附近的幾個學區，攻擊者往學校窗戶裡丟手榴彈，並朝正要上學的女學生臉部潑硫酸。在鄰近的赫爾曼德省，一名教師遭機車上的槍手槍殺，縱火犯將六所女子學校夷成平地，還有一名學校校長遭到斬首。到了二〇〇七年，根據英國《衛報》的報導，阿富汗南部四個省分的七百四十八所學校，近半因為塔利班的嚴重攻擊而關閉。

二〇〇七年秋天的一個早上，當瓦奇爾向妻子道別，爬進一輛破舊不堪的豐田 Corolla 汽車，朝東方往庫納爾省而去時，這就是當時的阿富汗局勢。

他的第一站是車程六小時的賈拉拉巴德，在那裡他和一位名為顧爾・穆罕默德的朋友見面。顧爾在庫納爾有幾個親戚，在瓦奇爾接下來的行程中他打算全程陪伴。他們在鎮上的旅館過夜，並於晚餐時詢問了幾名房客有關庫納爾的情況。其中一名房客是地雷清除人員，在庫納爾待了很長一段時間。他所說的話讓人心驚膽顫。

「對當地人來說情況尚可，但是對外國人和任何與外國人工作的人來說，都非常危險。」那名男子宣稱：「如果你要去庫納爾，我不認為你能活著回來。」

瓦奇爾和顧爾・穆罕默德回到房間後，瓦奇爾猶豫著是否在第二天早上調頭回家。他有妻子、六個孩子、一個老母親和十幾個需要依賴他的親戚。他怎能理所當然地冒這個險？但是他不知不覺睡著了，還做了個夢。

在夢裡，瓦奇爾在電腦螢幕前敲打鍵盤。每次當他按 Enter 鍵，螢幕就會變成明亮的綠色。然而，每次當他按 Backspace 鍵，螢幕的顏色就會變成棕色。

Enter，變成綠色。Backspace，變成棕色。

綠色。棕色。

綠色。棕色。

當瓦奇爾第二天早上醒過來，腦海裡還清楚記得夢中的景象，而夢的意義對他來說更是再清楚不過。他和顧爾・穆罕默德一吃完早餐，他立刻起身宣布：「好，我們該出發了。」

「所以你打算回喀布爾？」顧爾・穆罕默德問道。

「不，」瓦奇爾回答：「你和我要去庫納爾。」

「但是我以為你已經決定我們不該繼續這趟旅程，因為太危險了。」

「我知道，」瓦奇爾回答：「但是昨天晚上我做了個要我繼續下去的夢。」

「是什麼夢？」顧爾．穆罕默德問道。

「我的電腦螢幕在我按下Enter鍵時就會變成綠色，但是當我按Backspace鍵，就變成棕色。我認為這個夢的意思是，如果我們不繼續向前幫助索村的村民建造學校，那裡就會變成乾枯不毛之地。那些老人、婦女和孩童需要我們的幫助，所以我們應該去。如果我最後死了，那就太糟了，但是我不能就這樣忽略阿拉在夢裡要我去做的事。」

「你說得有道理，」顧爾．穆罕默德點點頭，「阿拉阿格巴（神是偉大的）！——我們出發吧。」

離開賈拉拉巴德的路向北通往興都庫什山脈，十小時後，當他們穿過楠格哈爾省前往庫納爾時，這兩個男人震懾於阿富汗這片鮮為人知的土地之美。道路蜿蜒在森林茂密的庫納爾河河谷之中，像拼圖一般整齊的梯田中坐落著許多蓋了泥房子的小村莊。水量豐沛的灌溉渠道兩旁是高大的白楊樹，微風輕吹時，淺綠色的樹葉在陽光下閃耀著。遠方的山頭覆蓋著一層白雪。每隔幾英里，就會經過幾家茶攤，賣著便宜衣服和塑膠鞋的貨攤，還有掛著新鮮羊腿的肉店。這種田園的慵懶景象讓瓦奇爾一度太過放鬆，以至於忘了這裡也飽受戰爭的威脅。

瓦奇爾在庫納爾沒有熟人，但是他隨身攜帶了幾封介紹信，書寫者包括一位庫納爾省的國會代表撒海爾．穆罕默德和幾名柯蘭達上校介紹的當地領袖。當瓦奇爾抵達距離柯蘭達上校基地幾英里的納瑞村時，他聯絡了當地的警長哈吉．尤瑟夫。尤瑟夫有著精心修剪的鬍子和黃銅色皮膚，讓人印象深刻。他跟瓦奇爾一樣，成長期間大多待在巴基斯坦的一個難民營。和瓦奇爾不一樣的是，他回家不久之後就加入了塔利班，又在六個月後因為志不同道不合而退出。這樣的舉動讓塔利班將他列入格殺名單，好幾次試圖奪走他的性命。

讓瓦奇爾意外的是，這裡看不到賈拉拉巴德那位地雷清除人員所警告的狀況。事實完全相反。哈吉・尤瑟夫很高興地接待瓦奇爾，也很重視那封國會同鄉寫來的介紹信。這位警長對於瓦奇爾和美國非政府組織的關係一點也不介意，而且他和柯蘭達上校有數面之緣，他們一起參加過幾次「吉爾嘎」。當瓦奇爾解釋索村的建校計畫時，哈吉・尤瑟夫立刻派了一名值得信賴的保鏢帶著瓦奇爾和顧爾・穆罕默德動身前往索村。

當他們越過庫納爾河上那座美國人建造的橋之後，瓦奇爾驅車進入索村，並禮貌的向村落長老自我介紹，告訴他們自己是來自拉蘭達村的阿富汗人，目前和美國一個想要幫助村裡孩童蓋學校的非政府組織合作。他請求召開「吉爾嘎」，邀請索村和學校學區附近三個村落的長老與毛拉來參加。

第二天早上會議召開時，四個村落的領袖都熱切地盼望能有所學校，早已同意捐地，並準備當場簽約進行建校計畫。瓦奇爾既高興又驚訝，但是也必須扮演踩煞車、把速度減慢的角色。他表示在簽約之前，他必須先勘查地點並編列預算；同時也必須得到摩頓森和董事會的最後同意。但是他對村落長老保證，這是好的開始。我們一定可以一起合作，你們也會有學校。

這是我們在塔利班地盤中心的第一杯茶。

一個月後，瓦奇爾和沙爾法拉茲一起回到索村。第二次拜訪的目的有兩個：除了和索村長老確認相關事宜，這兩個人也覺得應該要正式認識這位發起提議的美國軍方指揮官。所以他們到達納瑞村，先和那位友善的警長致意後，就驅車到納瑞前進作戰基地戒備森嚴的門口，向一名看來十分困惑的阿富汗國民軍士兵解釋，他們在蒙大拿的老闆曾和指揮官通過信，而他們希望能拜訪柯蘭達上校。

跟阿富汗所有的外國軍事基地一樣，納瑞前進作戰基地擁有好幾層安全關卡，通過這些關卡需要大量的信件、授權和安全檢查等證明。瓦奇爾和沙爾法拉茲除了身分證和一封柯蘭達上校的電子信副本以外，什麼也沒有。陪他們一同前來的哈吉·尤瑟夫想要幫忙，說他可以對空鳴槍來吸引基地內士兵的注意。這個提議當然被客氣的拒絕了。經過一個小時的檢查與確認，瓦奇爾和沙爾法拉茲終於來到最後一道由美國士兵把守的關卡。

「你們一定是瓦奇爾和沙爾法拉茲，為了三杯茶而來，」其中一名士兵驚叫著。「上校這幾天都在談起你們，歡迎加入！」

一兩分鐘之後，一位精瘦、鬍子刮得乾淨，迷彩服上配戴著上校軍階徽章的軍官走進來，用溫暖的擁抱歡迎他們，並用阿拉伯話說：「阿斯─薩蘭母·阿拉伊昆（平安）。」

當他們走向柯蘭達的圓拱活動屋總部辦公室時，瓦奇爾看到一個小而精緻的清真寺尖塔。瓦奇爾對於美軍基地前線之中竟然有座清真寺感到驚喜，於是問柯蘭達他是否能進去補做幾次因為趕路而錯過的祈禱。「我們走了這麼長的路，竟然還活著，」瓦奇爾解釋：「所以我想對阿拉在這一路上的祝福表示感恩。」

「沒問題，瓦奇爾。等你祈禱完之後，我們會準備好茶等著你。」柯蘭達回答：「我也堅持你要給我面子，留下來接受我們的晚餐招待，並住一晚。」

當天下午稍晚，沙爾法拉茲和瓦奇爾被介紹給幾名柯蘭達旗下的軍官和士兵認識。當晚，他們享受一頓簡單的餐點；之後，這三個男人深入討論周遭區域和推廣教育的重要性，直到夜深人靜。

能夠認識一位對阿富汗充滿熱忱的美國軍人，讓沙爾法拉茲既興奮又著迷。「關於這裡的宗教、政治和文化，這些我稱之為『生活方式』的事，你懂得真多。」他對柯蘭達說：「你們軍人用什麼詞來形容生活方式？」

「COIN，」柯蘭達毫不遲疑的回答：「反顛覆行動（Counterinsurgency Operations）的簡稱。」

「哈，COIN是錢幣的意思吧？」沙爾法拉茲驚呼，「這是個值得記住的好詞。它跟『生活方式』就像同胞兄弟。」

瓦奇爾和沙爾法拉茲在庫納爾待了七天。他們造訪了四個村落，和當地長老、毛拉和康曼達汗（地方軍閥）會面。他們兩個都喝了好幾加侖的茶。在他們踏上歸途時，索村學校的位置和規模都已得到所有人共識，大家也指派了一個小組負責監控建校計畫進度並保管課本。讓計畫可以開始進行的一千美元款項也已撥下。

二〇〇八年五月，建校工程開始動土，並持續整個夏天。那段期間，阿富汗的戰事達到最緊繃的狀況，美軍和北大西洋公約組織的軍隊死亡人數也達到二〇〇一年以來的新高。二〇〇八年七月十三日那一天，根據美國軍方報紙《星條旗》的報導，一個在努里斯坦省瓦那特村外的美軍巡邏基地，在執行前往納瑞的任務時，和塔利班交火，結果九名軍人陣亡，十五人受傷。這是美軍進駐阿富汗以來傷亡最慘重的一次。

索村的學校在九一一事件即將屆滿七週年之前落成，是我們在塔利班活躍地區所完成的第一項任務。幾天之後，二〇〇八年在阿富汗的美軍死亡人數超過同年在伊拉克的傷亡人數——第一次，在阿富汗的死亡人數超越在伊拉克的死亡人數。這是一個殘忍的里程碑，而且，好像為了強調這個里程碑的意義，學校落成一個星期後，村中長老收到塔利班發出的一封「夜電」。

這封以烏爾都語寫成的一頁信，在夜色的掩護下被釘在學校的門上。信中警告，如果有任何超過十四歲的女孩去上學，他們將會燒毀學校；任何把女兒送去上學的家庭將會成為報復的對象。

這個威脅讓村民十分憤怒，在召開「吉爾嘎」之後，他們決定一切照計畫進行。幾天後的一個晚上，瓦奇爾在工程期間租用的一間臨時教室的門遭到縱火，這是塔利班的第二個警告。長老們再度召開會議，這一次他們決定反擊。但是他們決定不使用槍，而改用更有創意的方法。他們指派一位名叫毛維．馬提猶拉的當地毛拉擔任學校校長。身為村裡最受尊敬的宗教領袖，馬提猶拉對於《可蘭經》和伊斯蘭教有堅定的信仰，但他也支持宗教外的教育，包括讓女孩子學習數學、科學、地理，以及學習讀寫達利語、帕施圖語、英語和阿拉伯語。

馬提猶拉立刻與當地的塔利班士兵召開會議，告訴他們不准進入他的學校，如果他們敢動學生和老師一根汗毛，就等於公然攻擊伊斯蘭教。那場會議之後不久，警告信就不再出現。到現在，學校都未曾遭受攻擊或威脅。

同時，我們在索村的成功任務讓瓦奇爾大受激勵，於是他和柯蘭達上校共同商量在庫納爾的第二個任務。

距離索村大約二十英里處有個叫做撒瑪拉克的村落，當地的村民也大聲表達對教育的需求。撒瑪拉克在高山上，站在村裡的制高點可以看到興都庫什山脈的北側聳立著我們在瓦罕及巴達桑省東部建造的學校。撒瑪拉克因為地處偏僻，也成為流動的塔利班武裝分子的補給站，村民的食糧和其他日常用品常受到掠奪。然而，在村民的支持下，瓦奇爾在當地建造了一所有五間教室的學校。到了二〇〇八年底，學校已有一百九十五名學生勠力於課業。

學生人口統計必定會讓附近區域的顛覆分子十分憤怒，因為有三分之二的學生是女孩。

在柯蘭達上校的引導下，我們在庫納爾的任務有了幾個未曾預見的結果，這是當初瓦奇爾從賈拉拉巴德驅車出發進入山區時未曾想見的。到了二〇〇九年秋天，我們在庫納爾省納瑞區建造了九所學校，並在一個叫做巴爾傑瑪托的村莊開始建造一所女子學校。這個村莊鄰近努里斯坦，是塔利班非常活躍集中的地方。當地警長甚至稱該地為「俄製突擊步槍環繞之地」。

儘管這些進展多麼不凡，讓我更驚訝的卻是在這些任務執行期間，瓦奇爾和沙爾法拉茲心中開始孕育的一個念頭。一個炎熱的夏日午後，當我們在喀布爾的和平賓館時，他們問我是否有興趣聽聽他們「對於中亞協會未來的大計畫」。

「當然好，」我說：「我應該聽聽看。」

「好，這就是我們的計畫。」沙爾法拉茲展開阿富汗地圖，手指劃過東北部，然後說：「這些是我們在瓦罕建的學校，對吧？」

我點點頭。

「還有這些，」瓦奇爾指著南部的一個區域，「是我們在庫納爾和努里斯坦建的學校。從地圖上看起來，它們基本上和巴達桑省相鄰，對吧？」

我又點點頭。

「還有這裡，」沙爾法拉茲接著說，把手指往西南掃向喀布爾。「是瓦奇爾在拉蘭達監造的學校。你有發現這些區域全部連結成一道弧嗎？」

「嗯，我想是的。」我說。

「那你有發現這道弧**指向**哪裡嗎？」瓦奇爾問，聲音中透露著興奮。「你有發現這個**氣勢**往哪個方向走嗎？」

「呃……我不太清楚。」

「**就是這裡！**」沙爾法拉茲大喊，手指用力點著魯斯加省中心的一座城鎮。魯斯加是坎大哈北邊一個塵土飛揚的貧困省分，也是塔利班的發源地。

我拿著沙爾法拉茲的眼鏡，更仔細地看著地圖，發現他正指著一個叫做戴拉沃德的村落。

「毛拉．歐瑪爾的其中一個藏身處？」我問。隱居、獨眼的毛拉．歐瑪爾是塔利班的最高領袖。

「**沒錯！**」瓦奇爾高喊著。「這就是沙爾法拉茲和我想的事。我們希望從現在開始十五或二十年，在我們三個人退休之前，我們能在毛拉．歐瑪爾的村落蓋一所學校。」

「而且不是**隨便**一所學校。」沙爾法拉茲補充。

「喔，不是！」瓦奇爾接著說：「它會是一所女子高中。」

「──而且如果毛拉．歐瑪爾剛好有個**女兒**……」沙爾法拉茲插話說。

「──那我們就會讓他女兒**直接**入學！」瓦奇爾用勝利的口吻呼喊著。

現在我知道他們在想什麼：一條女子學校的警戒線，一道讓婦女識字的萬里長城，從阿富汗的一頭延伸到另外一頭，等於用女子教育的前哨站包圍塔利班和蓋達組織。

當我不可置信地搖著頭，沙爾法拉茲咧嘴而笑，抓住身上的夏瓦兒卡米茲往上掀，露出裡面穿的T恤，前面用黑色麥克筆寫著一句達利語：「戴拉沃德全力以赴！」

「你們到底知不知道這個想法有多瘋狂？」我問。

聽我這麼一說，那有著鳥爪手指的男人和那來自賈洛塞難民營的男人彼此看了看，點點頭，然後做了一件我永遠不會忘記的事。

他們開始大笑。

哈哈哈哈哈哈哈哈哈哈哈哈哈哈哈哈哈哈哈！

然後他們閉上嘴，陷入嚴肅的沉默裡，這樣的沉默和方才的大笑形成荒謬的對比，也顯現出追尋這樣的夢想會變成我們未來的終身職志。

在那一刻裡，我們三個人都沒有發現，未來有多快來到我們眼前。

第十四章

在巴達桑省巡迴造訪

現在我將遠遠深入北部
玩這場大遊戲。
——吉卜林，《吉姆》

瓦罕走廊的吉普車小路盡頭

哈比卜銀行位於喀布爾市中心沙爾伊瑙區一棟四層樓建築的二樓，這個街區豐富多彩，有幾家對外國人很友善的網咖（其中一家在二〇〇五年五月遭自殺炸彈客炸毀，最近又重新開幕）和一座小型公園，公園裡正展出誤觸地雷導致截肢的可怕受害者照片。一個男人站在公園入口，手中拿著一長條鐵鍊，鐵鍊另一頭拴住一隻馴服猴子的頸部。在二〇〇八年八月一個星期六早上八點五十五分，猴子的眼光射向銀行入口，當時沙爾法拉茲和我正匆匆走出前門。沙爾法拉茲用他那隻健全的手抓著一個塑膠購物袋，那是一位每天為銀行員工烘焙麵包的女士給他的。袋子裡現在裝著二十三疊用藍色橡皮筋捆好的鈔票，總共十萬美元。鈔票上沾滿了麵粉，而沙爾法拉茲和我好似被魔鬼追趕似地向前衝去。

我們匆忙步下階梯，穿過人行道，跌進一輛鋼板凹損的計程車，司機稍微瞄一眼後就快速駛入早晨的交通中。我們很快地通過開伯爾餐廳，經過一群在路中間叫賣電話卡的小男孩，經過幾家茶店、美髮店、印度人開的錄影帶店，然後進入瓦茲爾．阿克巴汗．查克，在那裡，司機自作聰明地選了一條捷徑，卻在駛進圓環時走錯了方向。

糟了。

一名警察走到計程車前，雙拳猛烈敲打引擎蓋，車子不得不停下來。喀布爾的警察腐敗又惡名昭彰。他來到車門旁，把手伸進車窗抓住司機的衣領，用達利語憤怒地對著司機叫罵。坐在後座的沙爾法拉茲平靜地用雙手環繞司機的頸部，像老虎鉗一樣，同時以命令的口吻大聲說：「布若（開車）！」

司機很快地評估了一下眼前的選擇，然後用力踩踏油門，留下警察索然無力地踢了下車子，載著我們趕往喀布爾國際機場，我們早在八點四十分就應該要登機了。

「身懷鉅款被帶到警察局——還是不要的好。」我在沙爾法拉茲從袋子裡拿出錢時低聲嘀咕著。

然後我們開始把成疊鈔票塞進背心裡。「嘿，現在幾點？」

「九點五分。」沙爾法拉茲看著手機上的時間，咕噥著。「可惜我們不能打電話給西迪基先生。」

的確可惜——西迪基先生當時可以幫上很大的忙。這位矮小優雅的男人總是穿著灰色的羊毛長褲，搭配俄式風格的襯衫和細長的灰色領帶。三十多年來，他一直擔任喀布爾機場塔台的主管，在這段期間，你只要有他的電話號碼（意思是說，你只要願意到塔台拜訪他，跟他喝杯茶），就能在搭飛機遲到時打電話給他。他會盡一切努力不讓飛機起飛。西迪基先生休長假一事，讓沙爾法拉茲和我這樣總在最後一秒鐘才十萬火急的人感到非常困擾。

「你知道嗎，我們就快趕不上飛機了。」我說：「也許我們應該打電話問問看——」

「——瓦奇爾現在怎麼了？」沙爾法拉茲打斷我，把我要說的話說完。他已經撥了瓦奇爾的手機號碼，想知道他現在在哪裡。在聽到我們帕施圖同事的回覆之後，沙爾法拉茲因憤怒而拉下臉來。

「茶？茶?!」

他聽了一會兒，然後開始吼叫。

「你為什麼坐在那裡喝茶?!那裡現在不是喝三杯茶的地方！立刻到機場外面來！」

我們當時正通過高貴地段的外交區，那裡的印度大使館六週前遭受自殺炸彈客攻擊，印度政府希望可以重建大使館。計程車在阻塞道路的一堆驢車和一排被打扁的小貨車之間突然轉彎。同時，沙爾法拉茲繼續吼叫著。

「把我們的機票準備好！叫挑夫在一旁待命好提我們的行李！叫保安讓我們通過！」

計程車急轉半個圈，繞過停在機場入口前方水泥基座上的阿富汗空軍米格機，我們趕忙撐住自己保持平衡。幾秒鐘後，車子在入口階梯前嘎然煞車。瓦奇爾就站在階梯上，猛然發現自己正受到沙爾法拉茲透過電話及當面的雙重大聲斥責。

「要確定挑夫有把我們的袋子算進去！付錢給計程車司機！然後當你做完那件事——」沙爾法拉茲已經消失在入口處，所以他的最後指令像是遺留在身後的一把零錢，「別忘了幫我們祈禱！」

瓦奇爾把雙手捧成杯狀向阿拉祈求我們一路平安，我很快地向他致意，趕緊跟在沙爾法拉茲身後，他被保安攔了下來。

「你們要去哪裡？」那男人用命令的口氣詢問。

「杜拜。」沙爾法拉茲一邊回答一邊往前走。

我們快速通過大廳，走出一扇門，穿過戶外的廣場，在那裡另一群保安攔下我們，問我們相同的問題。

「我們要去赫拉特。」沙爾法拉茲聲明。我們快速通過他們，走進第二棟樓。

「瓦奇爾的訓練進展得不錯，不是嗎？」我們在第一個安檢掃瞄處把袋子放上輸送帶時，我這麼問。

「我現在很氣他。」沙爾法拉茲回答，然後不情願地加了一句：「但是他的確一天比一天進步。」掃瞄機後面站著一個穿短袖白襯衫、打領帶的人，看起來很討人喜歡。「兩位男士今天早上要飛去哪裡呢？」他詢問。

「坎大哈！」沙爾法拉茲回答，一邊輕拍背心口袋並往後瞄了一眼，確認五十位阿富汗學校老師的一整年薪水沒有不小心掉出來。

最後我們終於來到航空公司櫃臺，我把機票交給一位戴著黑色頭巾的年輕女士。她看了一下機票，笑著說：「很抱歉，飛往法札巴德的班機因故延誤，要到下午才會起飛。」

沙爾法拉茲和瓦奇爾想出那個在塔利班勢力核心區設置一排女子學校的點子不久後，這位中亞協會偏遠地區專案經理決定要把瓦奇爾納入旗下，讓他接受更多、更積極的培訓，以期成為第二個沙爾法拉茲。一改多年來對我在阿富汗「生活學校」的耐心輔導，這位新生訓練營監護人對於瓦奇爾的新生訓練大多充滿了用力搖手或是吼叫，禁止他做一連串違反規定的事：手機未能二十四小時開機、向陌生人透露旅行計畫、太少更換車輛和司機，以及最嚴重的罪過：坐著、打瞌睡、吃午餐，或是其他沙爾法拉茲定義為遊手好閒、不事生產的活動。

雖然這些訓練看起來很嚴厲，但是在所有的吼叫和辱罵之下，其實是了解在阿富汗帕施圖人的地區工作，若瓦奇爾暴露自己身為中亞協會聯絡人所帶來的危險。沙爾法拉茲心裡很清楚瓦奇爾比我們任何人冒著更大的風險，他也害怕瓦奇爾為推動女子教育所做的一切會讓他遭人綁架甚至殺害。

雖然沙爾法拉茲沒有明說，但瓦奇爾進步神速。除了監造拉蘭達的學校以及庫納爾和努里斯坦一連串的計畫之外，瓦奇爾也開始主持中亞協會的另一個專案。到了二〇〇八年秋天，他在喀布爾市郊成立了一個婦女電腦訓練中心，一年內就收了一千多名學生。他還在阿富汗所有我們設立的學校開設課程，教大家如何避免受到地雷傷害。然而，他最驚人的成就在於一紙公文。

沙爾法拉茲和我一直未能突破喀布爾的聯邦官僚體系，讓中亞協會登記成為阿富汗的非政府組織。這一開始不成問題，因為合作的村落給予我們全力支持與同意。但是隨著計畫開展，不是正式組織所帶來的花費愈來愈多。舉例來說，因為沒有執照，我們不能設立郵政信箱或銀行帳戶，在金流的控管上極度困難。（長達數年的時間，蘇利曼．敏哈斯必須開車往返伊斯蘭馬巴德和白夏瓦之間，把裝著兩萬到五萬美元的現金送給瓦奇爾或沙爾法拉茲，然後他們再開車載著現金經過開伯爾山口到喀布爾。因為沒有登記，除了緊急狀況以外，我們依法不能和紅十字會、聯合國與PACTEC（這是一個在阿富汗專門空運人道工作者的志工團隊）一起搭機往返喀布爾和法札巴德之間。當二〇〇四年到二〇〇八年塔利班勢力滋長期間，往返於首都和巴達桑省之間的陸地交通，月復一月地更加危險。

簡而言之，該是我們搞定執照的時候，而那個夏天，當我和沙爾法拉茲都失敗的時候，瓦奇爾卻一舉成功。

在我們的朋友道格．查玻協助下，瓦奇爾以英文和達利文完成了六十頁的非政府組織申請書，全力將這份文件送達規定單位，包括經濟部、內政部、教育部和外交部。在將近七十場會議期間，他受盡屈辱和荒謬對待。數十位審核文件的官員找到了許多問題，包括：建造新學校和重建受損學校的許可沒有分別申請；文件上的簽名和護照上的不一樣；他在喀布爾的住址前忘了加「阿富汗」三個字；中亞協會內部章程沒有明訂阿富汗員工在國定假日不需上班；忘記向銀行索取非政府組織登記費用的一千美元繳納證明；拿到繳納證明之後，未能另外填寫表格聲明繳納當日的美金匯率，諸如此類的問題。

種種要求層出不窮，但是要解決每個問題都花上瓦奇爾好幾小時甚至好幾天去完成。他總是從一個單位趕到另一個單位，可能是為了拿到某位官員的簽名，或是到街上找影印機複印文件，趕回去時卻發現剛剛要求他影印文件的辦公室已經空無一人。跑完所有流程花了他將近一個月的時間，而他在過程中一直保持冷靜。直到最後一天，當他得知當天拿不到執照是因為最後一顆章還沒蓋——那顆章被鎖在檔案櫃裡，而負責保管鑰匙的人已經下班了。

「明天再來，你就能拿到執照了。」他這麼被告知。

瓦奇爾計畫隔天前往庫納爾。明天他不可能再來一趟，於是他站在那裡聲嘶力竭地怒吼。

「你想要什麼？」他吼叫著，**「要賄賂你才能讓你做好你的工作嗎？你要的是錢嗎？好，我會給**

你錢！」

人們好奇發生什麼事，紛紛從各個辦公室跑出來看。

「我在這裡待了一個月！」他繼續發洩著怒氣，**「我們為了我的和你們的國家在蓋學校！你們這些人到底有什麼問題！今天我拿不到執照是不會走的！」**

終於，某個人拿出檔案櫃的鑰匙，執照也終於交到瓦奇爾手中。當瓦奇爾步出辦公室走到人行道時，他用手機照了一張執照的照片，傳給沙爾法拉茲和我。

這一刻我永難忘懷。

瓦奇爾這場對官僚體系的勝仗讓我們的運作到達新階段。我和沙爾法拉茲身上背心裡的十萬美金就是從我們在哈比卜銀行新開立的帳戶中提領出來，而我們飛往法札巴德的機位是旅行社幫我們以非政府組織代表的名義代訂的。

待在PACTEC用來當作候機室的空調貨櫃裡幾小時後，我們走上折疊式的階梯，低頭通過十二人座、雙渦輪螺旋槳輕型飛機的機門，飛機慢慢地滑行，經過一排見證阿富汗當前經濟和政治危機的飛機。停在跑道旁的是一架A310空中巴士，這是印度政府協助阿里安娜航空重建毀損機隊的禮物；這架空中巴士的許多零件已經拆下，因為阿富汗政府沒有經費維修飛機。之後是一排藍白色的直升機、一架固定翼飛機，由聯合國以及二十幾個國際救援組織所使用，以提供需要緊急升空的基本服務，包括醫療護理、道路建設、通訊和教育，然而這些任務都已超出阿富汗聯邦各部門的能力範圍。大約兩年前，聯合國安理會曾發出警告，由於暴力、非法藥物生產、貧窮，加上無能的政府，阿富汗已瀕臨淪為失敗國家的危險。

當輕型飛機起飛，轉向北方前往巴達桑省，我在心中默想了這次的行程。從我上次造訪巴達桑省已有八個月，這段期間沙爾法拉茲在瓦罕建造了九所學校，另有三所正在施工中。這趟行程的任務混合著視察、付帳單和討論新計畫。行程的安排是在法札巴德降落，然後前往瓦罕，一直走到沙爾哈德的道路盡頭。接下來，沙爾法拉茲會騎馬繼續往東，直到波札貢拜。在那裡會有一組從查普森河谷來的石匠負責把大石頭碎成小石塊，這樣吉爾吉斯學校的地基才能真正建造起來。同時，我應該調頭回喀布爾，搭飛機到英國，為倫敦亞洲之家滿座的觀眾演講；然後，和我的兩個孩子在愛丁堡國際書展現身。

這是我的原訂行程。然而，我**暗中**計畫陪著沙爾法拉茲一起到波札貢拜，然後還是趕上倫敦和愛丁堡的行程。在十天內，從喀布爾到瓦罕的盡頭、再趕回來，這幾乎不可能，但我已決心踏足帕米爾。更重要的是，我必須親眼看看當初把我們帶到阿富汗的吉爾吉斯人的家鄉。

一小時後，輕型飛機掠過環繞法札巴德的棕色山丘，猛地降落在蘇聯軍方建造的鋼材跑道上，滑向一棟毀損的平房建築。當飛機慢慢停下，我往窗外望去，發現有三輛福特 Ranger 小貨卡已包圍著飛機，車上坐著十二個手持俄製半自動衝鋒槍的男人。

持槍者的領袖有著濃黑眉毛，開始變灰的鬍子很仔細地刮過，除了巴達桑省邊境保衛軍指揮官瓦希德·可汗以外不會有別人。他就是那位在二〇〇五年秋天巴哈拉克暴動前夕招待我們午夜晚餐的主人；那回我初次巧遇阿都·拉希德·可汗，並和他簽下了在波札貢拜建造吉爾吉斯學校的合約。今年四十二歲的瓦希德·可汗，早從十三歲就開始對抗蘇俄，而且就像其他的早期游擊隊反抗軍一樣，都因為戰爭被迫中斷學業。他崇敬教育，視其為修補近三十年來戰爭傷害的鑰匙。他對於讓女性識字及建造女子學校很有熱忱，也和他的同僚「康曼達汗」薩哈．可汗一樣，都是我們在瓦罕走廊最重要的盟友。

瓦希德．可汗聽說我們要來，立刻從巴哈拉克火速趕來法札巴德，以便展現友好，提供沙爾法拉茲和我快速護衛的禮遇。他同時通知了當地的教育當局，他們也很想再次與我們會面。他的綠色小貨卡有加長的駕駛座、九呎的天線，武器配備則包括肩舉式火箭發射器和固定在前導貨卡車台上的點五〇口徑機槍，跟我們已經坐慣的破爛廂型車和陳舊吉普車實在天差地遠。

車隊一路呼嘯離開法札巴德，留下身後塵土飛揚。每輛貨卡都載了三名武裝士兵，臉上包裹著頭巾以防塵土和沙礫，俄製半自動衝鋒槍緊緊地夾在他們的雙膝間。貨卡的每個司機都依照瓦希德．可汗的命令，盡可能在這條可怕的泥石路上飆速——時速大約四十五到五十英里。速度非常重要，因為瓦希德和他三百二十位手下負責巡邏瓦罕走廊鄰接巴基斯坦、塔吉克和中國的八百四十英里長的邊界。身為這個區域的唯一管理單位，他們發現自己肩負的重擔不僅止於邊境管理。他們還要負責在冬天為飢民緊急配送食物，運送生病的村民到醫院，修理壞掉的卡車，找回走失的駱駝，解決地方爭端，以及處理其他問題。舉例來說，兩週前，邊境保衛軍就被要求處理一場悲劇，這是我們在吉爾吉斯學校計畫的重大挫敗。

那年初春，在廣為詢問之後，沙爾法拉茲和當地的「馬理夫」（教育署署長）終於在法札巴德找到兩位講突厥語的教師，聘請他們為吉爾吉斯的孩童上課。他們安排交通工具給這兩家人，載他們從法札巴德到波札貢拜，在正式學校建造完成前，我們在那裡搭建了帳篷臨時學校。接近傍晚時分，小貨卡已進到瓦罕走廊的半路上，靠近巴布坦吉村，車上載著兩位老師、他們的妻子和四個孩子。車子試圖通過因為冰川融化造成的徑流，卻在暴漲的奧克蘇斯河中動彈不得，所有人被迫爬上車頂，抓住門框高聲求救。隨著夜幕低垂，駕駛和其中一人被河水沖走，最後溺斃。其他人整夜在車頂上用半泡在水裡的雙腿試圖保持平衡，因為卡車在水流中不斷前後搖晃。當意外事件傳到邊境保衛軍時，瓦希德．可汗和他的部下立刻趕到現場，救出倖存者。

瓦希德的一個主要任務是保持瓦罕對外唯一道路暢通。不僅瓦希德的部隊視這條道路為關鍵動脈，這條道路也讓麵粉、鹽、食用油和其他日用品，得以在雪封道路之前的夏季運進瓦罕走廊最偏遠的幾個村落，讓村民得以度過長達六個月的寒冬。瓦希德拒絕忍受道路上任何不必要的障礙。一天下午，我們看到一輛停在路中央的貨車，車後大排長龍，瓦希德下了車，走到正在修理輪胎的男人旁邊。

「你是駕駛還是修車工人？」他問。

「我是駕駛。」那男人回答。

瓦希德的拳頭直接打在那男人的臉上，又朝他胸口賞了一記迴旋踢，把他打倒在地。他靠向那男人，叫他趕快修好輪軸，永遠不要踏進瓦罕一步。然後瓦希德回到福特貨卡車上，車子蹣跚前行，繼續我們的旅程。

接下來幾天，我們衝過旱谷、穿過小溪、經過許多小村落，一路蜿蜒崎嶇，深入阿富汗最鮮為人知、被世人遺忘的角落。當我們抵達巴哈拉克，在薩哈．可汗的核桃樹下停留向他致意，之後繼續向東前行。一路上經過一連串的岩石峽谷，最後來到薩巴克，這是一處平坦翠綠的河谷，鑲嵌著一片暗色的三角洲，乍看之下竟和斯堪地那維亞半島的凍原有些相似。從那裡開始，通往西北方的路帶我們進入一片覆蓋紅灰色岩石的土地，路上遺留著蘇俄 T-62 坦克車的斷裂殘骸。幾英里外是伊什寇生鎮，我們在旅程的第二天傍晚抵達該鎮。

我們在鎮上主要市集前的岔路轉向，開向一條通往礫石山頂的道路，抵達了我們瓦罕計畫的皇冠珠寶：一片大約足球場大小、覆蓋著泥土、石頭和水泥的未完成基地，也就是未來伊什寇生女子學校的所在地。學校完成後會是兩層樓高的建築，可以容納一千四百名女學生。建校耗資八萬美金，是當地最大的一所學校，也是中亞協會所建造過最貴的學校。這所學校也坐擁最宏偉的環境。北邊是帕米爾高原，有著覆蓋著碎石、像月球表面一樣的圓形褐色山脈；南邊高聳有著銳利山脊的興都庫什山脈，即使正值八月都覆蓋著冰霜。在它們之間湧動的是洶湧澎湃、猛烈翻騰的奧克蘇斯河，載浮載沉著乳灰色的冰川沉積物。

如果說巴哈拉克是進入瓦罕走廊的通道，伊什寇生就是大門。

我們從伊什寇生努力前進瓦罕，從一個村落到另一個村落。由於哈米德．卡札總統已經頒布命令，讓夏收節慶多加一星期，學生當時不必上課。但是我們在每個進行學校建設的地方開會，會中總有忙碌的工頭抱怨建材來得太晚、工人生病、天氣太糟、外地政府官員和其他非政府組織前來搗亂，以及林林總總的問題。沙爾法拉茲對於所有藉口都不予同情，無情地催促著工頭如期完工。在每個地方，他也都會拿出一捆鈔票，按照薪水帳冊發放必要款項，確保水泥、鋼筋、木材和其他材料都能送達。

一路走來，我們不斷受到要求新增計畫的圍攻。雖然我們有一套正式的申請程序，包括和當地毛拉、「坦茲恩」（村莊委員會）、舒拉及地區政府官員一一確認，許多村落還是希望在我們拜訪當地時直接遞交申請。我們在皮格許村學校的四間教室還沒落成，校長就發現為了因應入學需求，還需要多兩間教室。我們能夠因此增加建築預算來符合需求嗎？在康都德村，村落長老召開了「吉爾嘎」，決定要在婦女中心和女子學校外面建造一堵五英尺高的圍牆來防止男人窺視。有多餘的經費來支付圍牆嗎？

還有許多跟學校無關的要求。在一個叫做瓦爾吉安的小村莊裡，一個兩歲大的男孩因為感染，睪丸腫得像網球一樣大。男孩受病所苦，好幾天都在哭喊，而最近的醫生遠在伊什寇生，要走三天路才到得了。我們可以載他去醫院嗎？同時，即使聯合國兒童基金會早在一年前已宣布小兒麻痺症在這地區已經絕跡，還是有兩個當地小孩在冬天感染此症，我們可以幫上任何忙嗎？

在這些會面中，最讓人痛苦的是，沙爾法拉茲和我都被迫拒絕一個又一個的請求，有時候一個下午就多達二、三十次，因為我們沒有資源或是時間幫助他們。有一天傍晚，我正準備開口拒絕另一個請求，這一次是一個遞交書面申請的婦女團體，她們希望我們考慮出資建造婦女職業中心。站在那群婦女前，我轉向沙爾法拉茲。

「你今年給瓦罕的預算已經用完了，對吧？」我問著。我們都知道這是事實，但是這樣的對話可以讓我們婉轉且溫和地表達拒絕。

「用完了。」沙爾法拉茲確認了我的問題，同時拿出正在響的手機。他看了看來電號碼，立刻把電話遞給我。

是塔拉從波茲曼打來確認我的近況。

「嗨，親愛的！」我說。

「孩子們去上學了，我也準備去上班，只是想打個電話問你好不好。」她說：「現在在做什麼？」

「我們在伊什寇生，正被二十個想要職業中心的女人圍繞。她們的領袖非常努力爭取，但是我們恐怕得拒絕她們，因為——」

沙爾法拉茲在我妻子打斷我時取笑地看著我，而我只能順從地聽著。

「好的，我保證。」當她說完時我回應著：「對，親愛的，再見。」

我接下來的話是對著我面前的女人說的。

「美國的老婆大人通知我一定得想辦法為妳們的職業中心找到資金。」我向她們報告：「今天晚上她會去參加婦女讀書會，如果我拒絕妳們，我村子裡的女人會對我非常生氣——所以我會向我們的董事會請求額外經費。同時，老婆大人說妳們也可以在妳們的職業中心組一個自己的讀書會。」

這群婦女聽到好消息的歡欣表現很快地被另一通電話打斷。這次電話那頭是蘇利曼．敏哈斯，他從拉瓦爾品第打來報告「緊急事件」。

蘇利曼在五分鐘前接到一通陌生來電，電話那一頭要他稍等的是佩爾韋茲．穆夏拉夫將軍的祕書。驚愕的他把車停在一旁，下了車，站在路旁。當對方說明希望葛瑞格．摩頓森在星期六下午和巴基斯坦總統喝杯茶時，他用右手恭敬地敬了禮。

這不是可以忽略的邀請，即使我人正在瓦罕走廊。一個月前，巴基斯坦政府為了表彰中亞協會過去十五年來的努力，評選我獲得「巴基斯坦之星」的榮耀，這是巴基斯坦平民的最高榮譽。除了這獎項很少頒給外國人讓我十分榮幸之外，這座獎給予我們外交和安全的特權，讓我們在這個國家得以更有效率地行動，也同時提升了中亞協會的地位和聲譽。簡而言之，這個獎讓我們的運作更輕鬆有效。既然這座獎項的提名必須經過總統同意，拒絕他找我喝茶的邀請既粗魯又未經思考。

另一方面，這個邀請其實非常具挑戰性。我看了看手錶，確定當天是星期四晚上，發覺我只有不到七十二小時的時間從瓦罕趕回伊斯蘭馬巴德。

經過整晚討論我們下一步該怎麼走之後，沙爾法拉茲和我在第二天一早仔細地分配了我們大罐子裡的鎮痛消炎藥，互道再見，各自前往相反的方向。他穿著灰色的夏瓦兒卡米茲、橄欖綠的背心，戴著孔雀藍的軟呢帽，坐著邊境保衛軍的貨卡車繼續往東到沙爾哈德。到了那裡他會改為騎馬，把剩下的現金（大約一萬兩千美元）放在馬鞍袋裡，繼續前往波札貢拜。同一時間，我和瓦希德．可汗一同搭乘第二輛貨卡車，火速從瓦罕趕到法札巴德，然後經由喀布爾前往伊斯蘭馬巴德。

在接下來的兩天裡，我和瓦希德．可汗走過不久前才經過的路，我用手機確認了接下來行程的機票。到了法札巴德，我幾乎錯過了班機，在登機門關閉前最後一秒鐘趕上飛機。當我在喀布爾轉機時，瓦奇爾不知用什麼辦法，讓我留給他的行李得以神奇（且違法）地出現在機場大門。到伊斯蘭馬巴德的航程不到一小時，但是當我們快要抵達時，機長通知我們前方有暴風雨，飛機可能不得不返航喀布爾。感謝老天，我們的好朋友，阿斯卡瑞航空公司的伊利阿斯．米爾札上校運用了關係，讓我們享有特別待遇，准予降落。在我們著陸幾小時之後，半島電視台報導巴基斯坦國會啟動了彈劾程序，讓總統穆夏拉夫陷入政治生涯中的最大危機。

雖然這個消息有些令人震驚，但其實彈劾行動早已醞釀了一段時間。前一年的春天，穆夏拉夫企圖依貪污罪嫌解除最高法院首席大法官伊夫提哈爾．穆罕默德．喬杜里的職務。在許多巴基斯坦人心中，這位總統在一九九九年發動軍事政變攫取權力的暴力方式已危害國家憲法，因此他這次的強硬行動立刻引起廣大憤怒。許多城市的檢察官和法官走上街頭；到了夏天，許多在喀拉蚩街頭示威抗議的民眾遭到殺害，而當時的罷工情況已經讓國家陷入癱瘓。儘管面對民眾的反對，穆夏拉夫還是成功連任總統，然而最高法院拒絕確認選舉結果，直到他們裁決穆夏拉夫任職總統期間同時兼任陸軍參謀長是否符合憲法。為了報復，穆夏拉夫以國家進入緊急狀態為由，宣布戒嚴，藉此壓制最高法院對他的挑戰，但也因此招來更多民怨。

彈劾就是因這些事件而生。雖然我在當時對此一無所知，但是當第二天早上，一輛總統辦公室派出的黑色豐田佳美轎車到伊斯蘭馬巴德我下榻的飯店來接我時，穆夏拉夫掌權的時代已漸近尾聲。

我擠入車子後座，和三位決死突擊隊隊員會合，他們分別是蘇利曼、阿波．拉扎克和負責我們在巴提斯坦幾個計畫的穆罕默德．納茲爾。前往總統官邸所在地的拉瓦爾品第軍事區車程大約二十分鐘。我們途中通過一座橋，曾有兩次暗殺總統的行動在此執行。然後經過一列絞刑架，一九七九年曾執行過總理佐勒菲卡爾．阿里．布托的死刑；二十八年後，他的女兒，也是前任總理貝娜齊爾．布托，二〇〇七年十二月在附近的公園遭自殺炸彈客襲擊，不治身亡。接著車子急轉彎駛入一條兩旁種滿茂盛灌木的狹窄小路，隨後停在四個檢查站的第一站。幾分鐘之後，車子停在一棟舊式蒙古風格的美麗宅邸前，總統那位定居美國且擔任保險精算師的兒子比拉爾．穆夏拉夫前來迎接我們。

我們被帶到一間簡單雅致的等候室，室內裝飾著紅地毯和有著乾淨白色亞麻墊子的長沙發。比拉爾端出一個托盤，上面擺著杏仁、核桃、糖果和包裹優格糖衣的葡萄乾。一名男管家走進來，問我們需不需要喝茶——加入小荳蔻和薄荷的綠茶。然後，總統突然走進房間，坐在我旁邊。

「謝謝你們撥冗前來看我們。」他說：「我們準備了早午餐，希望你們能夠待上一陣子。如果阿拉願意，我們今天也許可以喝三杯茶。」

穆夏拉夫問我們在自由喀什米爾和巴提斯坦的學校情況可好，但是他似乎對我三位巴基斯坦籍的同事最感興趣，而我對於能夠舒舒服服地坐著聽他們說話，感到再高興不過了。阿波分享了他在一九五三年到一九九九年為幾個喀拉崑崙山脈的遠征隊工作，以及在錫亞琴冰川為無數要人和軍事指揮官倒茶的經歷。蘇利曼述說了他和我在伊斯蘭馬巴德機場第一次相遇的複雜版本。害羞的納茲爾也受到敦促，分享巴基斯坦軍方如何經常幫助我們，以及我們在古爾托瑞那些可抵抗砲彈的學校如何支撐下來。

最後，我們進入餐廳，穆夏拉夫的妻子謝芭也出來待客。我們在精心準備的自助餐點前坐下，餐點有雞肉、羊肉、豆子、沙拉、甜點、碎芝麻蜂蜜糖和許多傳統佳餚。

原本總統計畫只召見我們三十分鐘，但是在總統和夫人的盛情招待下，我們總共待了四個小時。這樣的發展讓我的同事在那天下午返回飯店時又驚又喜。

「即使是非常高階的代表團都只能和總統會晤非常短的時間。」納茲爾說。

「中國的總理——大概也只有三十分鐘吧？」蘇利曼推測。

「喬治・布希最多也只有**十五分鐘！**」阿波宣稱。

「沒有人會想到，像我們這麼卑微的鄉下人可以待在那裡四個小時。」納茲爾大為稱奇。「我們的家人一定不會相信，一定會覺得我們瘋了。」

「我們有照片為證。」阿波提醒著，「而且阿拉也知道所有的事。」

當我聽著三位同事興奮地閒聊，發現我自己對於剛剛發生的事感到混亂與矛盾。當然，就個人而言，總統對我們再和藹也不過了，能夠認識他並和他一起度過這些時光讓人既榮耀又愉快。然而，我並不全然確信，為了參加這場會面一路走來所付出的代價，代表了正確的決定。

為了回應一位國家元首的召見，我不顧自己對那些無權、赤貧的瓦罕人民所做的承諾，十萬火急趕了五百英里，經過帕米爾高原、興都庫什山脈和喀拉崑崙山脈。同一時間，沙爾法拉茲、瓦奇爾和其他大部分的同事，仍如同往常般繼續努力解決建校和推動教育這些枯燥但基本的工作，而他們工作的地點往往太小、太偏遠、太不重要，而無法引起那些足以影響國際事務的要人們一絲注意。

對照於我的行動和我大部分同事的工作，其間似乎凸顯了一個更大的問題：為了參加那些所謂的「重要場合」，我到底被迫離開那些能讓我個人在精神上感到滿足的工作有多遠？哈吉．阿里對這個情況會有什麼看法？如果我父親仍在世，他會怎麼說？那些我做過承諾的人，比如說阿都．拉希德．可汗和其他的吉爾吉斯人又會怎麼想？這是他們能夠了解並尊重的事嗎？

當然，大家可能會說，這些發展都植基於我們身為非政府組織所萌發的成功。但我還是無法不去思考，那些一開始讓我投入這些活動的價值和優先考量已經和以前不一樣。我當然誠心感到榮幸，能夠和巴基斯坦總統共度愉快、刺激的下午。但是九年之後，從我第一次從白夏瓦經由開伯爾山口到喀布爾，我仍然還沒有見過促使我們展開這場「阿富汗大冒險」的許多成員。

彷彿為了強調這個狀況有些不對勁，幾天之後，也就是八月十八日，佩爾韋茲．穆夏拉夫正式辭去總統職務。不管這次會面曾經對中亞協會在巴基斯坦的未來多有意義，現在也已付諸流水。而且，為了這個稍縱即逝的希望，我浪費了前往波札貢拜的最好機會。

如今，在我奢望下次與帕米爾高原吉爾吉斯人見面之前，我在此的第十個冬天也即將要結束。

第十五章

兩位戰士的會面

穆斯林社會是個我們從未盡可能去嘗試了解的微妙世界。
唯有了解欣賞這個族群的文化、需求和對未來的希望，
我們才能冀望自己能夠根除極端主義言論。
我們不能奪取別人的心智，我們必須加入他們，傾聽他們，
一次又一次去了解每個人在想些什麼。
——美國參謀首長聯席會議主席麥克．穆倫上將

麥克．穆倫上將把書交給阿富汗的中亞協會學生

二〇〇九年的夏天，美國海軍陸戰隊啟動了「彎刀行動」，四千名美軍部隊和六百五十名阿富汗士兵對赫爾曼德河谷發動攻擊。該地的罌粟產量占阿富汗總生產量的一半，塔利班的勢力十分強大。這是二〇〇四年伊拉克法魯賈戰役後，美軍陸戰隊最大規模的軍事行動。美國總統歐巴馬同意大動作增兵兩萬兩千名至阿富汗，部分是因為塔利班顛覆活動愈來愈複雜，也更加血腥殘暴。那年夏天結束時，塔利班讓大家付出高昂的代價。在八月下旬，外國士兵陣亡總人數達到兩百九十五人，二〇〇九年成為從二〇〇一年開戰以來死傷最慘重的一年。同月，美軍該年死亡人數超過一百五十五人——這個數字是二〇〇八年創下的最高死亡人數——而人數還在繼續攀升中。

塔利班針對婦女教育的宣戰也持續加劇。根據《紐約時報》記者德克斯特．菲爾金斯的報導，這年初夏，至少有四百七十八所阿富汗學校，大部分是女子學校，遭到破壞、攻擊，或是受脅迫關閉。除了暴力事件不斷增加之外，各種讓女孩子極為恐慌的精神變態方式更達到了前所未見的層次。在五月，有人將大量毒氣釋放在校園中，六十一名帕爾旺省的老師和學生受到襲擊——這一年以來的第三次。去年十一月的一個早晨，在塔利班的大本營坎大哈，六名騎著機車的男人用玩具水槍裝電池酸液噴射正走路去米爾維斯．梅納學校的十一個女孩和四位老師的臉和眼睛。

不幸的是，我們有兩所學校受到這些暴力事件的影響。二〇〇八年夏天，我們在拉蘭達的學校受到塔利班一個小隊襲擊，他們在半夜拿槍對著教師辦公室掃射。（當地的警長對此十分震怒，隨後在可以俯瞰學校的山脊上成立了一座哨所，並安排二十四小時警衛。）接著，七月，在索村下方有兩名美國士兵遭到塔利班殺害，美軍發動追捕，卻意外誤殺九名村民，並誤傷校長毛維．馬提猶拉。幸好柯蘭達上校在調離納瑞前進作戰基地之前已經和索村長老建立信任關係，稍後美軍和索村共同召開「吉爾嘎」，對此一意外事件有所諒解。

讓我深感挫折的是，我被迫在遠端監控大部分的事件發展，我多半得在蒙大拿時間凌晨五點半和沙爾法拉茲、瓦奇爾和其他決死突擊隊隊員通電話，才能得知消息。在和佩爾韋茲·穆夏拉夫會面返美後，波茲曼的辦公室仍舊持續收到大量的演講邀請。從二〇〇八年九月到二〇〇九年七月，我在一百一十八座城市演講了一百六十一場。除了在大學、小學、圖書館、書店和軍事集會中現身，我還去了聯合國兩次，接受了兩百一十六次報紙、雜誌和電台專訪，並且參加了各式各樣的活動，包括由密西根州特拉佛斯市的螢火蟲餐廳舉辦的募款茶會、舊金山皮膚科護士協會的年會致詞等。

一般美國人對於推動西南亞婦女教育的興趣超出我們的預期，為了滿足大家的需求，在這十一個月中，我只在巴基斯坦待上二十七天，甚至完全沒有時間進入阿富汗。我覺得自己更少見到塔拉、開伯爾和阿蜜拉。十二月，《戶外》雜誌製作了一期人物特輯，在其中，特輯直率但正確地形容我為亟需冬眠、有著一副疲倦眼神的熊。

持續不斷的旅行讓人疲憊不堪，但我也因此獲得一些深層回饋，尤其是和美國軍方建立更深厚的關係。在這個過程中，最讓人感謝的時刻也許就發生在感恩節的前兩天，當我飛到華盛頓特區，搭地鐵到五角大廈，漫步至訪客入口，而最近剛晉升的柯蘭達上校在那裡等著我。十個月前，他從庫納爾省返美，以協助軍方和歐巴馬新政府的合作能夠平穩過渡。

雖然我們曾通過上百封電子郵件和電話，但這是我們第一次見面，彼此都感到真誠的喜悅。在一個深深的擁抱和握手之後，他領我上樓，穿過幾層安全關卡，然後，在八點五十九分，進入美國軍方最高軍官的辦公室。

美國參謀首長聯席會議主席麥克·穆倫上將穿著肩上縫有四顆星的海軍藍外套，身旁站著十幾位資深軍官。在簡單的寒暄之後，他宣稱「我們一定得在你離開我的辦公室前喝完三杯茶」，接著親切地說：「我妻子黛博拉非常喜歡你的書。」然後，這位生涯前半段都在指揮導彈驅逐艦和巡洋艦的男人以一貫的風格結束閒談，直接切入重點。

「葛瑞格，我從阿富汗那裡得到許多壞消息。」他說：「告訴我一些那裡發生的好事。」

我於是照辦。我告訴他沙爾法拉茲在瓦罕建造的學校、瓦奇爾在庫納爾建造的學校，還有我們從薩哈·可汗和瓦希德·可汗這樣的游擊隊指揮官身上所得到的熱情支持。我告訴他，我認為建立關係和建造學校一樣重要，在我看來，美國人應該從阿富汗人民身上學習的遠多於我們想要教給他們的。也許最重要的是，我告訴他，在塔利班勢力到達顛峰的二〇〇〇年，阿富汗孩童入學的人數不到八十萬，全部都是男生；然而，今日孩童入學的總人數已接近八百萬，其中兩百四十萬是女孩。

「這些數字真驚人。」穆倫上將回應著。

「是的，」我說：「這些數字不僅證明了阿富汗人對教育的渴望，也證明他們願意將稀有資源注入這項工作，即使現在是戰時。我曾經看過孩童在畜棚、沒有窗戶的地下室、車庫，甚至是廢置公廁所改造的教室上課。我們也曾利用難民營帳篷、貨櫃和蘇聯裝甲運兵車的毀損外殼來運作學校。那裡對於教育的渴望不受限制。阿富汗人希望孩子能上學，因為知識代表了那些我們或任何人都無法提供給他們的東西，那就是希望、進步，以及掌握自己命運的可能性。」

我們原本預定會面三十分鐘，但是卻談了超過一小時，話題包括了讀些什麼床邊故事給孩子聽、我們的家庭以及我們長期不在家庭、帕施圖部落的細微差別、阿巴邊境更好的合作點子，以及美國學校對更多雙語教育的需求。在會談結束時，上將表達了他的希望，如果時間允許的話，他希望能在下次路過相關區域時拜訪我們的學校。

「上將，」我說：「我們有數十所學校需要舉辦落成典禮，我們會很希望其中一所能夠期待您的大駕光臨。」

「我答應你我一定會參與。」他回答：「我們阿富汗再見。」

二〇〇九年七月十二日那天，我從法蘭克福搭晚班飛機到喀布爾，飛機掠過伊朗的領空，在凌晨四點半通過阿富汗邊境，這時遠處的山脈頂峰已染上日出的粉紅光彩。當波音七六七開始降落，我往窗外看向阿富汗興都庫什山脈七千公尺高的山峰。在白雪皚皚的山頭之外聳立的是巴基斯坦八千公尺高的喀拉崑崙山脈。遙遠的右方綿延著自由喀什米爾的皮爾潘甲山脈，陰影和距離讓山脈輪廓看來模糊，彷彿更溫柔、更碧綠。而看不見的飛機左方，帕米爾高原的群峰盤據在瓦罕走廊。在那些崎嶇山脊和冰藍色岩石之間、在如葉脈般錯綜複雜的山谷之中，靜靜躺著數十座村落，村落長老正在大聲呼籲讓女孩子上學。

當飛機降落時，歡迎人員已經抵達，提醒了我那些可以讓我匿名隱入喀布爾生活的日子已不復返。當我一出機艙門，就遇到了來歡迎我的穆罕默德・梅爾達德，這位來自潘傑希爾河谷的塔吉克人穿著熨燙平挺的灰色大口袋連身裝，戴著一頂「帕克霍」羊毛帽，一種游擊隊員戴的圓扁帽。穆罕默德的工作包括把移動梯推向飛機艙門。他急著向我敬禮並擁抱我，這讓我們擋住了後面急著下機乘客的路。

另一個熱情的歡迎來自航站裡的賈威德，這位帕坦人一整天坐在停車場出口旁的一張棕色金屬折疊椅，我一直不了解他的工作是什麼。幾碼之外站著行李搬運員伊斯梅爾・可汗，他的家鄉在薩巴克，從巴哈拉克往瓦罕路上幾小時路程的村落。這位至少比我大二十歲的瓦希人堅持要幫我拿手提行李，並宣稱如果我想要付錢給他，對他會是莫大的侮辱。

來自賈拉拉巴德的帕坦人達烏德也在航站的另一頭歡迎我。他在蘇聯占領期間都以難民身分在白夏瓦的街頭兜售飾品。二〇〇二年，當我第一次搭機到喀布爾時，達烏德就是以一台小型手推車兜售香菸和可樂維生。他的生意愈做愈好，最近已經租了一間有空調的店，販售瑞士巧克力、裏海來的魚子醬，以及沙烏地阿拉伯來的多汁棗子。他整天把時間花在手機上閒聊，但他只要看到我，就會立刻掛斷電話，從櫃臺後拿著小禮物（通常是一瓶飲料或是糖果棒）衝出來，嘴上喊著「祝你平安」。然後我們就會進行以下的小儀式。

首先，我會試著付錢給他，然後他會抗議並拒絕收下；我會繼續把錢塞給他，他也會堅持不收。這樣的往返會持續到達烏德認為自己已經努力盡到阿富汗微妙的待客之道，也相信他已經讓我覺得自己受到歡迎。

我通過了海關、行李提領區、入境檢查和幾個安全檢核關卡，終於來到機場大門，看到瓦奇爾和沙爾法拉茲，身旁是高而莊嚴的瓦希德·可汗，他穿著邊境保衛軍的筆挺制服與黑到發亮的戰鬥靴。我們花了幾分鐘問候了彼此的妻兒父母。

因為我剛結束一連串的長途飛行，瓦希德·可汗希望先載我到旅館休息梳洗，但是瓦奇爾和沙爾法拉茲一點都不想讓我放鬆片刻。我不在的這十一個月發生許多事，一分鐘也不能浪費。他們趕我上了一輛租來的車，立刻開始第一個工作，我們馬上要進行瓦奇爾最新計畫的一次會面。

過去十二個月來，瓦奇爾所承擔的工作要求和複雜度可與沙爾法拉茲的工作量匹敵。他監督了庫納爾省納瑞學區九所學校的工程，並在努里斯坦東部的小村落巴爾傑瑪托開始建造女子學校，這個村落於七月遭塔利班占領，之後美國和阿富汗軍方又將之收復。當這些建校計畫傳開之後，瓦奇爾受到許多來自更偏遠區域的代表團所包圍，這些區域包括塔利班勢力強大的托拉博拉地區、坎大哈市、魯斯加省。每個代表團都會有一組長老來到喀布爾，有些旅程甚至得艱難地搭乘兩天的大眾運輸工具，而他們都是為了在村子裡建造女子學校來請願的。由於這些請願，瓦奇爾在我的同意下，正計畫於二〇一〇年建造十所左右的新學校，其中一所令人注目的學校正位於毛拉・歐瑪爾的家鄉戴拉沃德。

這個瓦奇爾和沙爾法拉茲預言要花二十年完成的願景，正在他們眼前展開。

然而，對女性教育的熱切興趣並不僅限於建造學校。去年，我鼓勵瓦奇爾在喀布爾成立一兩間婦女職業中心，就像我們在許多村子設置的一樣，讓婦女可以聚在一起，學習編織、刺繡和其他手工藝等技能。瓦奇爾決定用自己獨特的方式來實踐這個概念。他在街坊設立了婦女讀寫中心，也就是讓年紀較大、沒有機會上學接受教育的婦女可以學習讀寫達利語、帕施圖語、阿拉伯語以及英語。可以在私人住家開班授課，一週上課四到六天，每堂課兩到三個小時，由想要兼差賺外快的教師授課。

瓦奇爾企畫這項簡單的經營模式，一開始費用非常少，最主要的花費是支付兼職學校教師六十美元的月薪，因為她們教授知識技藝。每所讀寫中心從附近的社區招收學生，這樣來上課的婦女就不需要走遠路，她們的丈夫也比較不會反對妻子短暫離開家庭。這是一個好計畫，但是瓦奇爾卻沒料到計畫所引起的反應。

第一群報名的婦女開始把消息分享給朋友，朋友又再告訴朋友，不久每間中心都已招生額滿。一開始這些婦女來學習讀寫，但是一旦她們識字，她們變得更有企圖心。其中一些人組成讀書俱樂部，其他人則開始分享口腔衛生和生育健康等資訊，甚至擴展到營養、飲食和疾病預防的知識。沒有多久，就開始小型討論會，包括打字、學習讀日曆、算錢，還有最熱門、需求超過想像的主題：使用手機入門。

瓦奇爾很快就了解，這些熱情都來自於一群被迫過著種種束縛的生活、與外界隔絕的婦女，如今終於有機會能齊聚一堂，追求夢想。但是這樣的熱情如此炙熱，讓他無法跟得上隨之而來的需求。女人教授女人的概念非常振奮人心，每個班級的人數從四十人成長到一百人，讓瓦奇爾不得不增開授課時段到兩個、三個，有時甚至要到四個，才能應付負荷量。通常這種情況下預算會出問題，但是他所企畫的這套運作系統，除了教師薪資和消耗性用品——後者由中心所收取的象徵性學費來支付，完全沒有其他的營運費用。於是短短幾個星期，瓦奇爾開始增加教師人數，很快地又新開設了幾間中心。

瓦奇爾每週和我通電話時簡報了發展的概況；每週一到兩次，他也會寄發電子信把相關報導傳給我，但是我一直都不知道確切的數字。

「所以，你現在正在進行幾間中心？」當我們的車子往喀布爾南部鄉下疾駛時我這麼問。

「到目前為止，我們在城市的各個區域有十七間中心正在運作。」

「七間聽起來不錯。」

「葛瑞格，不是七間，是**十七間**。」

「你開玩笑吧？」

「不是開玩笑。」他說：「我們有十八位老師和八百八十位學生，但是需求遠超過於此。這就是為什麼我要你親自來看看。」

當瓦奇爾第一次找尋開班地點時，他把重點放在喀布爾的外圍區域，這些比較郊區的地帶湧入從飽受戰火蹂躪的鄉間逃出來的農夫和勞工，使得首都喀布爾的人口從二〇〇一年至今已暴增為三倍。這些區域距離有著新鋪路面和玻璃圍幕辦公大樓的市中心稍遠，有著近似阿富汗鄉間的輪廓：狹窄的泥土巷裡排列著灌溉溝渠，房子建得很低，四周環繞著高聳的土牆，由大聲吠叫的犬狗守衛著。

我們的第一站是娜吉芭・米拉在喀布爾南邊的家。娜吉芭四十多歲，有五個小孩，來自喀布爾東南方洛迦省的不識字農民家庭。洛迦是塔利班和北方聯盟交戰激烈的地區。她在巴基斯坦的難民營學會讀寫，很有數學天分。過去二十年來，她在喀布爾的一所女子高中擔任校長，學生人數達四千五百人，幾乎爆滿。在瓦奇爾的祝福下，她同意在她家裡成立一間讀寫中心，每天授課四小時，週薪則為十五美元。

我們的車子穿過沒有人行道或任何路標、迷宮般的巷弄，停在一堵泥土牆的建築物外。娜吉芭的退伍軍人丈夫米拉傑在門口迎接我們，請我們喝茶。當行禮如儀之後，米拉傑問我們想不想看看讀寫中心，然後領著我們來到建築物的後方，走進一間八乘十二英尺的小小泥磚房，這間儲藏室有著泥土地面和一扇大窗戶，四十名婦女整齊地排成五、六排，面向白板盤腿坐在地板上。這些婦女大多三十多或四十多歲。很多人帶著年幼的孩子——還在餵奶的母親就把孩子留在身邊，年紀較大的孩子則集中在教室後面。嬌小的娜吉芭穿著淡灰色的夏瓦兒卡米茲站在教室前方，身上披著黑色披風而顯得突出，也讓我想起修女的宗教服飾。

有些比較年輕的婦女戴著白色的頭巾「杜帕塔」，展現她們的學生身分，她們來這裡是為了補足學校的課業。但是大部分婦女穿著土褐色的夏瓦兒卡米茲，襤褸的穿著顯示她們屬於在城市工作的窮人階級。大部分婦女的先生是勞工，每天要工作十二到十四個小時，工作內容包括砌磚、造路、收垃圾和汽車維修。他們讓妻子來上課是希望學會讀寫可以讓妻子幫忙負擔家計。每天晚上，當這些婦女準備好晚餐、做完家事之後，大多會和女兒一起寫作業。

當我們剛走進教室，每個人都一躍而起，沉默地站著。瓦奇爾說：「坐下！」並向她們介紹我，「這是葛瑞格醫生，來自美國，希望能幫忙讀寫中心。他的太太名叫塔拉，有兩個小孩。他所募到的捐款來自於像你們一樣的尋常美國百姓。」

從白板上的字可以看出，現在這堂課上的是達利語，但是這間教室展現出女性想要學會不只單字和文法的決心。後方牆上的營養表強調了吃蔬菜水果的重要性（她們大部分的人都負擔不起）。衛生課的教材有牙刷和肥皂。我瞥見了幾本筆記，讓我震驚於她們字寫得有多小，這麼做是為了節省紙張，盡可能延長筆記本的壽命。

我開始詢問娜吉芭，問她每堂課要上多久、課程排得有多滿、學生在學哪些科目，以及她對學生的學習進度有什麼感覺。她用上課教學的語氣給我一連串的精確答案。然後我轉向學生。

「妳們靠自己完成的這些真是太驚人了，」我說：「妳們每個人都完成了了不起的事。」然後我詢問老師或學生是否有任何顧慮。

事實上，她們有。因為課程是在私人住家開辦，娜吉芭解釋說，她和其他老師會擔心飲用水不夠、偶爾才來的電力和不合適的臨時廁所。至於學生，她們願意忍受所有的不便，只要能夠趕快開始學習使用電腦和手機。

「妳們為什麼這麼需要手機？」我問。

「因為我們需要彼此聯絡、交換資訊，這樣才更能進步。」娜吉芭解釋：「還有很多其他重要的事需要討論。」

「比如說？」

「比如說即將到來的選舉。現在我們都在討論要把票投給誰。」

這件事非比尋常。我在這裡建造學校並推廣女子教育的十六年裡，從沒見過女性這麼有活力。但是娜吉芭還沒說完。她繼續解釋，她的每個學生都有來自其他省分的家人或朋友，當這些親友聽說喀布爾的情況，都爭相詢問如何在自己的家鄉設立讀寫中心。聽了娜吉芭描述這樣的概念如何快速地從一地推廣到另一地，我不禁想到，也許在塔利班動亂之下，會有另一波顛覆革命在阿富汗悄悄滋長——一場安靜且隱蔽的婦女學習與解放革命。

「也許妳和同事可以思考設立某種合作組織或是非政府組織，」我對娜吉芭說：「一種保護組織，不只協助喀布爾附近地區成立讀寫中心，也幫助國家的其他地區。妳覺得妳可以做點這樣的任務嗎？」

「當然可以。」她回答：「這樣的組織一定可以快速成長。」

所以，這個概念誕生了。三個星期之後，瓦奇爾會告訴我，娜吉芭和其他幾位老師成立了一個執行委員會，並且為她們的組織命名。到了十月，總部在喀布爾的阿富汗婦女合作組織已經在五個省分開始成立讀寫中心。

「我知道你的這個點子很受歡迎。」那天下午，在我們看過更多機構之後，我向瓦奇爾提起：「但是你沒有告訴我究竟有多少間中心，或是發展得有多迅速。」

「要數得清楚有點難——四個月之後，可能會有三十幾間。」他說：「當女人作主的時候，事情很快就開始失去控制了。」

既然瓦奇爾的點子讓人印象深刻，他的責任當然不會在庫納爾和努里斯坦建造新學校、擴展計畫到魯斯加省，以及快速成長的讀寫中心等工作之後就結束。第二天凌晨三點，沙爾法拉茲、瓦希德·可汗、他和我一起出發去瞧一瞧他最後一個工程。我們的目的地是喀布爾東北方九十英里處，阿富汗最傳奇的一處河谷。

潘傑希爾河谷的居民超過三十萬人，是塔吉克族最集中的地區，也是阿哈瑪・沙阿・馬蘇德的出生地和駐防地。在一九八〇年代，這位勇敢、具個人魅力的游擊隊指揮官曾經成功擊退蘇聯大規模進攻河谷高達九次以上，為他贏得「潘傑希爾雄獅」的外號。蘇聯撤退三年後，馬蘇德的兵力擴展到喀布爾，讓他很快成為這個國家有實力的割據軍閥中的一個。然而，一九九三年，馬蘇德的部分屬下到處搶劫並持續不斷製造暴力事件，嚴重損害了他身為國家英雄的形象，同時也為塔利班的崛起鋪路。他最終遭蓋達組織兩名自殺炸彈客所暗殺，時間距離九一一事件不到七十二小時。直到今天，這處他曾忠實護衛的河谷仍舊是許多阿富汗人心中光榮的象徵。然而，對中亞協會的同仁來說，潘傑希爾具有不同的意義。

在塔利班遭到驅逐之後，潘傑希爾因為四面八方湧來的協助與投資而受益，其中包括許多國家的非政府組織和美國軍方共同建造道路、診所、水力發電廠和許多男子學校。這處河谷目前已是阿富汗最安全和進步的地區之一，獨獨女子教育付之闕如。此外，因為潘傑希爾河谷北與巴達桑省毗連、東與庫納爾省和努里斯坦省相鄰，沙爾法拉茲和瓦奇爾希望在塔利班勢力中心建立女子教育，而其外圍的一長排前哨線，就屬這處河谷是個缺口。如果終究可以一路從瓦罕到戴拉沃德不中斷的建造女子學校，我們絕對不能錯過潘傑希爾。

在二〇〇八年夏天，瓦奇爾想辦法抽出時間到潘傑希爾河谷探勘，和當地長老建立關係，在達爾格希爾和普什顧爾兩個村落建造女子學校。達爾格希爾的學校在二〇〇八年開始招生，而普什顧爾那棟有八間教室、可以容納兩百名女學生的建築，則預計在七月十五日早上十一點半舉行落成典禮，迎接一位非常特別的賓客。

從喀布爾迤邐而來的路會經過巴格蘭空軍基地，再穿越了褐色廣闊的舒馬裡平原，來到潘傑希爾河洶湧而出的狹窄河谷口。接下來的十英里路程在懸崖與河流之間蜿蜒而行，直到河谷猛然開展，映入眼簾的一幅田園詩畫由美麗林地和灌溉農田交織而成，灰色的破碎岩石帶高達兩千英尺，屏障著這塊土地。

我們大約九點半抵達普什顧爾。學校操場已有四百多位民眾聚集，包括數十位留著鬍子的長者、省級官員組成的代表團、將要入學的兩百名女學生中的大多數、瓦希德·可汗邊境保衛軍的一排士兵，以及大約三十名全副武裝的美國士兵。附近有幾張桌子，擺了食物、飲料和瓶裝水，由我的朋友費瑟·穆罕默德嚴加看管。費瑟·穆罕默德的幼子因為誤觸了拉蘭達學校外的地雷而喪生，他最近開始非正式的擔任瓦奇爾的助理。

我們抵達後不到一小時，兩架UH-60黑鷹直升機和一架CH-47奇努克直升機從西南方飛來，在學校上空盤旋然後降落，降落時引起的塵土飛揚讓每樣東西都蒙上一層灰。首先步出黑鷹直升機的是身穿沙漠迷彩服的麥克·穆倫上將。

「嗨，葛瑞格。」他大聲蓋過隆隆的引擎聲對我說：「我希望你不介意我帶了媒體一起來。」

正當他說話時，從奇努克直升機中湧出十數位記者，包括路透社、《華爾街日報》、《華盛頓郵報》、美國國家公共電台、英國廣播公司和美國廣播公司電視台的記者，以及普利茲獎得主暨《紐約時報》社論作家湯馬斯·佛里曼。

當所有人進入一個大帳篷，找到位子坐下之後，幾個女孩穿著新學校的制服向上將獻上花環。另一組女孩拿著美國和阿富汗國旗唸誦祈禱。然後省長、地方官員、省級教育首長和幾位重要人士相繼致詞。三十分鐘後，穆倫上將站上講台。

為了要能將穆倫上將的致詞從英文翻譯成達利語，瓦奇爾挑選了一位相當優秀的十二年級學生莉瑪，她的父親是退休的石油工程師，因為家裡太過貧困，他目前在喀布爾賣木柴養活莉瑪和她十四名兄弟姊妹。莉瑪能夠流利地說五種語言（達利語、帕施圖語、烏爾都語、阿拉伯語和英語），並在瓦奇爾的一間讀寫中心兼職教書。學校開辦四年來，她在就讀高中的三千一百名學生中成績頂尖。

在莉瑪的口譯之下，上將告訴大家他帶著美國人的祝福而來，並以具說服力的熱情口吻告訴大家，教育對阿富汗的未來至關重要。「因為你們，因為在地的人民，也因為你們對於地方教育的承諾與奉獻，才會有這所學校。」他說：「在這個令人驕傲的時刻，我們都前來慶祝你們努力為自己國家建立了更好的未來。」

親眼目睹一位美國總統的主要軍事顧問出席一所有八間教室的女子學校落成典禮，毫無疑問具有象徵性的影響。對瓦奇爾和沙爾法拉茲來說，這更加肯定了他們貢獻一生的工作。但對我而言，那天最讓人感動的時刻或許是當瓦希德．可汗受邀站起來說幾句話的時候。

過去那幾年，這位身經百戰的游擊反抗軍展現出對於家鄉提倡教育的熱情奉獻，包括協助運送建材到瓦罕的學校預定地、在河中央搭救老師和他的家人。瓦希德．可汗一向沉默寡言，一直到今天早上在普什顧爾，我才有機會看到他在公開場合顯露情感。

「在我們的國家，人民飽受三十年戰火蹂躪，而我們許多游擊隊同袍也在這些山谷間為國捐軀。」他用達利語說：「我們努力捍衛國家，但也付出高昂的代價。」

他抬頭看向四周環繞的高峰山脊。

「我家鄉的一位智者曾告訴我，這些山脈看過太多苦難與殺戮，而你看到的每一岩塊和礫石都代表著一位為了對抗俄國人或塔利班而犧牲的游擊戰士。那位智者又告訴我，抗戰已經結束，應該要開始建立一個新的和平時代，而第一步就是要把這些石頭變成學校。」

他停頓了一會兒。

「我已在戰爭的陰影下戰鬥許久，因此相信一名戰士現在所能做的最好服務，就是建造學校和宣揚教育。有幸能參與這個機會是我一生最大的榮耀。」

在步下講台返回座位之前，這位阿富汗指揮官莊重地轉向那位美軍上將，俐落而迅捷地敬了禮——一名戰士對另一名戰士，一個女子教育的捍衛者對另一位捍衛者。

當致詞結束，穆倫上將花了一小時私下和學校裡興奮的學生會面。在搭上直升機離去之前，他又多停留了幾分鐘和大家握手並交換祝福。然後，當普什顧爾全村人坐下來享受一場將會成為潘傑希爾河谷傳說的盛宴時，瓦奇爾、沙爾法拉茲、瓦希德和我驅車返回喀布爾。

我們不急著趕路，先到阿哈瑪．沙阿．馬蘇德的墓前致意，途中並在三個地方停留，好讓喜歡新鮮水果的瓦希德可以買些蘋果、櫻桃和桑椹。那天下午稍晚，當我們沿著舒馬裡平原向南方前進時，我們的手指全都沾滿了桑椹汁，這時沙爾法拉茲大聲讚揚瓦奇爾。

「你在這裡建造的學校，比我們在瓦罕建造的要來得多。」他讚嘆著：「你實在非常成功！」

「這不是我的功勞，」這位帕施圖同事抗議著說：「一切都是阿拉的旨意。」

當我們終於抵達首都，瓦奇爾向我們道別，立刻去和另一群從遠方省分前來爭取建造女子學校的長者會面。同時，沙爾法拉茲和我轉而關注我們一直沒完成但卻十分急迫的任務——趕往波札貢拜。

第十六章

回首來時路

然後從帕米爾高原下來，在那裡，走失的
駱駝叫聲穿越雲霧而來。
——安德烈·馬爾侯，《阿爾騰堡的胡桃樹》

吉爾吉斯的長老在波札貢拜開會計畫建造新學校，阿富汗瓦罕走廊東部

回到二〇〇八年的秋天，當我緊急離開瓦罕中部，好搭機飛到伊斯蘭馬巴德參加穆夏拉夫總統的茶會時，沙爾法拉茲則騎馬往波札貢拜緩慢地前進。到了那裡，他發現雇用的採石工人已經用炸藥將巨大岩石裂成較小的石頭，只要再以鑿子和槌頭就能敲捶出用來建造學校牆壁的石塊。但是當他看著吉爾吉斯人的理想校地，那片如鏡般湖泊旁平坦碧綠的草地，上面堆著石匠切割出的一塊塊香瓜大小的石頭堆，他第一次發現自己正面臨著現實障礙，而那是我們要實現願景所必須克服的。

當然，物流的挑戰對我們來說一點也不稀奇。多年來，我們被迫處理一些荒唐棘手的問題。比如說，一九九六年我們在科爾飛村建造第一所學校時，必須在布勞度河上先建一座橋，才能把材料運進村子裡。二十幾個男人扛著五綑纏繞在木軸上的兩百八十四英尺長鋼索，走上十八英里的路程，才把建橋的材料送到河邊。還有，沙爾法拉茲在自由喀什米爾建造一所避震學校時，因為山崩造成道路中斷，他必須召集兩百多名男人以接龍的方式徒手傳遞水泥和其他建材。然而，儘管我們遇過各種困難的情況，吉爾吉斯學校的狀況還是獨一無二的。

波札貢拜可用來建造地基和牆壁的當地石材非常充裕，但是那裡完全無法取得水泥、鋼筋、玻璃、釘子、波紋屋頂板、油漆，或者沙爾法拉茲工程團隊在建校過程中需要的任何材料。這些建材都必須從外地運來，包括木材（帕米爾高原很少有樹）。

當然，理論上這些材料都很容易在法札巴德或巴哈拉克購買，然而，先不管道路泥濘、山崩、洪水氾濫和機械故障等經常發生的阻礙，我們是可以安排用牽引機或卡車把所有材料運進沙爾哈德。但是，到了沙爾哈德之後該怎麼辦？

瓦罕的道路止於沙爾哈德，接下來必須沿著懸崖徒步在隨時會滑動的碎石堆上走上三天，才能到達波札貢拜。這趟四十英里長的路程，爬升和下切的總高度是兩萬英尺，幾乎是喜馬拉雅山的基地營到山頂直線距離的兩倍。更何況所有爬升和下切路段都在海拔一萬到一萬四千英尺之間，空氣的含氧量根本不可能讓傳統馱獸如驢子和騾子運載什麼東西。路程的最後還要過三次河。

從沙爾哈德馱運所有建材需要至少一百頭的犛牛或雙峰駱駝，這個數量遠遠超過可供租用的馱獸。出於相同的原因，要找到一隊犛牛從查普森河谷越過艾爾沙德山口也行不通。或許可行的方式是在中國西部雇用一組補給車隊，進入瓦罕的東部邊境，那裡的地勢不至於那麼險峻。但是中阿邊界已經封鎖超過六十年，再加上目前新疆省強硬的穆斯林居民湧現出政治動盪的氛圍，中國邊境官員發給特別通行證的機率可說是微乎其微。

沙爾法拉茲站在剛鑿好的石堆旁搔著頭，心裡想著一個似乎可以說明我們的工作有多荒謬的問題：當從任何方向運送建材進來都不太可能的情況下，你要如何在世界的屋脊上蓋學校？

即使像他這樣大膽創新的人，這個計畫在他看來都十足瘋狂。

沙爾法拉茲在七月時提交了一份購買二手卡瑪斯的預算申請。卡瑪斯是一種重型卡車，由韃靼共和國製造，因其堅固可靠而廣受好評（這款卡車在達卡越野拉力賽贏得八次勝利，並曾作為蘇俄軍隊的運輸工具）。在瓦罕那足以讓車軸斷裂的惡劣道路上，卡瑪斯是少數能載運極大負荷而不至於每跑幾英里就拋錨的車種之一。而且沙爾法拉茲計算過，購買這輛車可以省去把建材運進瓦罕西部所付出的過高租車費用，兩年內就能回本。中亞協會的董事會通過這項預算，於是這輛整個夏天都在運送建材的灰色破舊卡瑪斯，如今變成沙爾法拉茲通往波札貢拜的鑰匙。

接下來幾天的某一刻，卡車會離開伊什寇生，緩慢吃力地越過三百英尺長的橋樑進入塔吉克，然後沿帕米爾公路往北行，經過古老的紅寶石礦區庫伊拉爾，前往塔吉克的城市霍羅格。在那裡，沙爾法拉茲會把四十袋的水泥和其他建築材料裝運上車，然後花上一整天經過路程單調的帕米爾高原到達穆爾加布。穆爾加布在波斯語中指的是「眾鳥之河」。

同時，沙爾法拉茲也訂購了從帕米爾森林砍下的一百九十棵白楊樹。這些樹會鋸成木材，等到卡瑪斯抵達穆爾加布時裝上車，這時卡車已經因為巨量負荷而發出哀嚎聲；然後卡瑪斯繼續沿著阿克蘇河谷南行八十英里，在中國西部和帕米爾高原最高峰——海拔兩萬四千七百五十七英尺的慕士塔格峰——之間的無人邊境地帶蜿蜒而行。

卡瑪斯最終會抵達瓦罕走廊的最東邊，並在此轉回阿富汗境內，接著以最低檔行駛在蘇俄軍隊占領期間供坦克通行的泥路上，這條路自從蘇俄撤出阿富汗之後幾乎未再使用。抵達這條泥路的盡頭時，卡瑪斯會卸下車上所有貨物，轉由犛牛負載，走完進入波札貢拜的最後一段路程，大約兩天左右。

路程總計：將近九百英里。

所需時間：未知。

不用說，這項任務前所未見，況且，若沒有我們在瓦罕最強大的盟友協助，想要以如此非正統的運輸方式穿越限制重重的阿富汗和塔吉克邊界，絕對不可能。

瓦希德．可汗在普什顧爾對著穆倫上將發表「把石頭變成學校」演說的前幾個星期，就已經聯繫塔吉克邊境保衛軍的指揮官，詢問是否可能因應這次的特別遠程運輸，給予一次性的通關許可。儘管瓦希德對於邊界兩側都深表敬意，塔吉克一開始對於這種不尋常的要求還是有所抗拒。（因為塔吉克南方長期遭受走私大量海洛因、槍枝甚至童奴的困擾，邊界人員一向極度小心且警備森嚴。）然而，瓦希德．可汗保證會親自全程護送，以確保不會違反任何通關許可的規定。這樣的保證讓塔吉克的態度改變，因為如果拒絕，就是對瓦希德．可汗的人身攻擊。瓦希德．可汗這麼做將迫使他必須把工作職責放下，時間長到會大量增加他的負擔。但是在可汗眼中，這是身為穆斯林戰士最重要的任務。

當時還有一些進度落後的細節尚待解決（像是學校的門窗還在伊什寇生組裝，沒法趕在卡瑪斯出發之前完成）。然而，沙爾法拉茲的策略十分明確：既然從任何方向進入波札貢拜都是不可能的任務，他決定，榮耀世界屋脊的第一所學校，將會由四面八方而來的資源共同完成。查普森的石匠和木匠會遠從南方越過艾爾沙德山口而來。大部分的水泥和木材會大膽地往北穿越塔吉克，推進到瓦罕走廊東邊的盡頭。至於支付建校最後階段費用的兩萬美元，則會在我和沙爾法拉茲的背心口袋裡，從西方進入瓦罕。

在參加完穆倫上將出席的普什顧爾學校落成典禮之後，沙爾法拉茲和我從潘傑希爾河谷開車回到喀布爾。我們推算如果立刻出發前往巴達桑省，應該可以趕在瓦希德．可汗護送的犛牛隊之前抵達波札貢拜，這樣就能有時間和阿都．拉希德．可汗以及其他吉爾吉斯人一起召開儀式性的「吉爾嘎」。然後，第二天就能開始動工。如果夠幸運的話，就能在下一個冬天帶來的第一場暴風雪冰封帕米爾高原之前，完成學校的牆壁和屋頂。然而，我們面臨一個問題。

「到下個星期結束之前，都沒有從喀布爾飛往法札巴德的班機。」當我們回到喀布爾時，沙爾法拉茲這麼告訴我。

「那我們有什麼選擇？」我問道。

「往北的路非常危險。」他說：「我們必須通過康都德村，可能會遭到塔利班攻擊。但是如果你想要準時到達波札貢拜，我們就得一路開車向前。」

「那就這麼做吧。」我回答：「就像我們以前一樣。」

第二天早上，我們租了一輛豐田車子，雇了一位熟識且信任的司機阿哈馬，開始了我們的突襲戰。這是三年來我第一次經由陸路交通前往巴達桑省，一路上看到的所有改變讓我感到十分驚訝。二〇〇三年，當我第一次搭車北上時，放眼望去都是戰爭造成的毀敗與枯萎景色。公路兩旁的建築幾乎全毀，道路旁埋設了許多地雷，即使只是路邊暫停都非常危險。然而，如今鄉村已經重拾生機。田園裡許多農人忙著照料葡萄藤、蘭花、小麥和大麥。在那一刻，我突然能夠想像和平出現在阿富汗會是怎樣的景況。

公路的路面都已重新鋪設，所以一路行來十分順暢。我們在晚上十點通過沙蘭隧道，三小時後停在普里昆利休息喝茶，那裡是孤兒阿都的家鄉，在我第一次北上時，這男孩幫我們修理車子水箱。我向當地人打聽他的近況，但是一無所獲，我們只能繼續上路。

八月的夜晚天氣非常清朗，星星閃耀的光芒既清澈又明亮，讓我想起蒙大拿的天空。夜色愈來愈深，我望向窗外，突然有種似曾相識的飄浮感，把我帶回開始建校頭幾年，無數次沿著印度河峽谷行駛在喀拉崑崙公路上，進入巴提斯坦的類似景象。那些在夜晚掠過眼前的山脈名字和村人說的語言，現在都已不同了。但是所有的事──從開著的車窗飄進來的塵土味、公路旁卡車休息站在夜間閃耀的金屬粉紅光芒、道路的律動，還有遼闊的風景──所有景象顯示出我在巴基斯坦的那幾年、在阿富汗度過的那些時光，全都是整個故事的一部分，是一趟不斷展開的旅程，最後的終點依舊是個謎。

然而，當時間過了午夜，漸漸步向第二天的清晨，我發現自己的精力已透支到了極限。那些在美國永無止盡的空中飛人募款行程、那些因瓦奇爾的讀寫中心而生的旋風似旅行，以及為了普什顧爾學校落成的混亂準備工作，現在似乎都對我緊追不放。就我所知，沙爾法拉茲非常努力工作；但是，雖然他長我幾歲，但是看起來總是比我精力充沛。

在巴格蘭鎮的北方某處，過去幾個星期以來所累積的負面情緒和倦怠感終於淹沒了我，如此來勢洶洶，好像有人拿著濕毛巾想要悶死我。宛如一名長跑選手跟不上領先群，我發現，自己再也趕不上沙爾法拉茲。如果就決心、頑強和拒絕放棄這幾點來說，我們兩個還可說是旗鼓相當；但若純就彈性而言，我的朋友兼同事就遠遠超越過我，早跑得不見蹤影。

「也許我們應該休息一下。」當我們看到另一座加油站的燈光時，我這麼說：「我們靠邊停吧。」「我們不停，」沙爾法拉茲命令著：「這一帶最近常有塔利班出沒。我們得通過康都德村再休息。」

我們繼續往前開，在午夜一點三十分左右通過了康都德村，但是一直等到我們到達安全地帶塔里堪，遠遠超出暴亂組織的活動範圍，沙爾法拉茲才讓司機停在路旁的一處茶攤，我們全都癱軟在「查波伊」，一種床腳很短、床面用粗繩編織的行軍床。

事後證明沙爾法拉茲的直覺非常準確。在我們經過康都德村一個月之後，塔利班的暴亂分子劫持了兩輛油罐車，激怒北約戰鬥機發動空襲，結果造成八十多人喪生，其中包括數十名平民。二十四小時之後，報導這場空襲餘波的《紐約時報》記者史蒂芬·法瑞爾和他的阿富汗翻譯全都遭到挾持。四天以後，一項由英國突擊隊員執行的營救任務使得一名英國士兵陣亡，而那位名叫穆罕默德·蘇丹·穆納迪的阿富汗翻譯也不幸喪生。

《紐約時報》刊載了穆納迪死前一個月，這位有兩個孩子的三十四歲父親所寫的部落格文章：

當記者還不夠，沒辦法解決阿富汗的問題。我想從事這個國家的教育工作，因為大部分人民都是文盲。這是阿富汗人最主要的問題。

沙爾法拉茲和我大約五點之後醒過來，輕輕推了司機的腳，把他塞進後座，然後繼續上路。沙爾法拉茲手持方向盤，太陽剛剛露臉，我們進入了巴達桑省。這富饒的土地、崎嶇的丘陵和斷裂的峽谷展露了令人熟悉的歡迎氣息，而當我們經過幾所中亞協會建造的學校，在有歸屬感的土地上移動的感覺更加強烈。我們先來到法哈爾學校，接著經過法札巴德女子學校，再來是薩哈．可汗在巴哈拉克的學校——在那裡，往南可至壽哈女子學校和傑赫若姆女子小學。我們繼續往東，沿途經過伊斯堪女子小學、科慕瓊學校、沃都哈女子中學，以及齊亞巴哈女子小學與中學。

在一般行程裡，我們都會短暫拜訪每所學校，停下來喝杯茶，但是這次不行。一進入瓦罕走廊，沙爾法拉茲大踩油門，又快速通過了十一所學校。這一共二十所學校讓我們眼見為憑，了解即使經歷永無止盡的挫敗和進度落後，我們在阿富汗北部這段期間還是成就了有價值的事。儘管我曾得意，也曾沾沾自喜，但從不曾受制於更強大的情緒。經過這一整年的缺席，我已經忘記：儘管瓦罕條件嚴苛、生活困苦，卻是一個可愛到無法形容的地方。

處處可見讓人信服的證據。去年冬天是瓦罕過去十二年來最糟的冬天，暴風雪彷彿永無止盡，將帕米爾高原覆蓋在皚皚白雪之下，一直到六月氣溫都還在零度以下。這種氣候條件讓家畜難以存活，許多村落的動物都遭受巨大損失。終於開始融雪時，苦難卻未停止，比平常更嚴重的雪崩、山崩和山洪爆發一波接著一波而來。然而到了現在，瓦罕走廊終於因為苦難的另一面而受益。

因為雪峰縮小和冰川融化所帶來的濕氣，即使到了盛夏，充滿活力的晚春翡翠綠色仍然拒絕轉為棕黃色調。從這個村莊到下個村莊，每塊田地種的小麥、馬鈴薯或是小米都大為豐收。在這片閃耀的綠色拼布上聳立著雙壁式建築，也是瓦罕獨特的地質景觀：南邊，興都庫什山這道堡壘阻隔了巴基斯坦；往北，越過阿姆河，帕米爾的壁壘分隔了塔吉克邊界。一眼望去，那崎嶇山峰、滾滾河水、橘紫相間的岩石、野玫瑰和毛莨飛揚的花瓣，都在廣闊無垠的天空下展開，彼此和諧又衝突的合奏展現了無與倫比的美麗與雄偉。

從喀布爾出發的第二天，我們抵達了第二十一所、也是最後一所學校，沙爾哈德學校。道路在這裡終止，而瓦罕走廊中心地帶的景色也換成帕米爾高原的冷峻線條。在這裡，即使是盛夏季節，都感覺冬天的腳步已近。嵌在沙爾哈德附近山河間的平原，全都覆蓋著厚重糾結的苔原植物，讓人彷如置身於靠近北極的加拿大北部。

除了看起來壯觀，讓沙爾哈德如此震撼人心的是，比起瓦罕、甚至阿富汗任何地方，到了這裡時間彷彿就已凍結。好幾棟低矮的泥石屋聚在一起成為村落，頭髮蓬亂的孩童看管著一群群毛茸茸的犛牛和足蹄像鑵子的雙峰駱駝，彷彿現在還是史前更新世時期。附近的田地用野山羊和馬可波羅羊的白骨和羊角做成圍牆，男人用兩千年來沿用至今的犁翻動土地。

我們抵達時已經連續開了四十個小時的車。我們把車停在塔什．伯伊的房子前。塔什．伯伊是當地首領，負責瓦罕走廊這塊區域的民政。自從他十年前接受藥物治療，成功戒除危害瓦罕走廊許多家庭的鴉片癮之後，就激烈主張識字和女子教育。塔什．伯伊家裡有妻子、孩子和大家族的十五名成員，是瓦罕傳統中「有爐床的房子」。六角形的建築內部，泥地中間有一塊凹陷是為爐床，四周由覆蓋著厚毛毯和地毯的隆起平台所環繞，家人大部分的時間都待在平台上。粗削的木梁支撐著屋頂，另有蘇俄 T-62 坦克車車輪履帶做成的長鋼梁幫忙支撐屋頂，增添一點現代色彩。

我進入瓦罕最遠處就是沙爾哈德。在進入房子享用一碗湯麵之前，我停下來瞄了一眼路的盡頭。大約往南十五英里聳立著興都庫什山脈的峭壁。往那個方向走一天半可以到達艾爾沙德山口的北口。還有，往東四十二英里是波札貢拜的吉爾吉斯人古墳場。如果沙爾法拉茲和我明天一大早就開始趕路，我們三天之內就能和瓦希德·可汗與阿都·拉希德·可汗見面。

我帶著希望步入屋內，不到七十二個小時，我們就能夠完成延宕了十年的工作。然而，也就是此時，命運之神顯然認為必須向我展現一個惱人的事實，那就是在這個地方，沒有一件事會照計畫發生。

在非洲鄉下長大的好處之一就是我的身體強健過人。我在巴基斯坦和阿富汗工作十六年只生過兩次重病。然而，第二天早上醒來，我感到全身發冷、四肢無力，酸痛和寒冷彷彿直達骨髓。一小時後，我的頭不停暈眩、嚴重發燒。

暈眩和沉重頭痛的症狀讓我懷疑自己染上瘧疾，我在坦尚尼亞的童年曾經感染過兩次。但是在瓦罕這麼高海拔的地方不會有蚊子。不管我得了什麼病，我都抵擋不了它的攻勢。塔什·伯伊和沙爾法拉茲灌了我一大壺的綠茶，在我身上蓋了四、五層被子，我開始胡言亂語。

在發燒的混亂中，我失去了時間感，只有偶爾清醒過來，知道周遭發生什麼事。有幾次，我模糊感覺到有人又在我身上蓋了一層被子，或是用兩三根手指在我的腿上和頭上用力按壓，然後放開。還有幾次，我聽到沙爾法拉茲和塔什·伯伊的家人低聲討論我的狀況，並思索該怎麼做。有一兩次，我在半夜醒來，發現一群老者安靜地坐在我身邊為我守夜。沙爾哈德的村民擔心我的病情，從不留下我一個人。在我生病這段渾渾噩噩的時間裡，一直感覺到有人輪流數小時坐在我身邊、握住我的手。

當日與夜的界線不再清楚，我對現在的感覺已經流失，過去的景象取而代之。我回想起童年對抗瘧疾的情景，長達六個月不能上學。我的心思也回到科爾飛，我第一次在那裡受到照顧的情形似乎和現在沙爾哈德村民對待我的情況合而為一。在晚上，除了塔什·伯伊的發電機轟鳴作響，我也聽到群聚在屋外的犛牛在月光下哞叫著——這些聲音讓我以為自己回到蒙大拿，被一群水牛環繞的站在大平原上。有一度，一位年長的婦女把恍惚的我搖醒，問我想不想吸一點鴉片，她說這樣可以讓我不那麼痛苦。

「不用了，謝謝。」我說：「我已經吃藥了。」

當我繼續昏睡，我可以聽到沙爾法拉茲有韻律地搖著那罐止痛退燒藥的罐子，就好像搖著沙鈴一樣。

喀噠—喀噠—喀噠。

喀噠—喀噠—喀噠。

第三天早上，我醒來時感到全身劇痛，但意識卻如同屋外土地中潺潺流過的河流一般清澈。我退燒了。

我坐起身來，喝了一點茶，吃了一點麵包，試著估算要花多久時間到波札貢拜。

當坐在房間另一頭的沙爾法拉茲意識到我在做什麼，他無言地搖了搖頭。

「從這裡只要走三天的路。」我感受到他的懷疑，這麼說道。

「你太虛弱了，沒辦法走路，而且你不能繼續下去。」他回答：「我們得帶你離開這裡。」

「不要這樣。不然我騎著犛牛去如何？」

「葛瑞格，你在瓦罕生病就不能貿然行事。這裡沒有藥、沒有醫生，如果你病情加重，也沒辦法讓你盡快離開。三年前我曾經遇過和你類似的狀況，當時我太過逞強，差點送命。我不會讓這種事發生在你身上。塔拉永遠不會原諒我的。」

「但是，沙爾法拉茲，我們做得到的！」

然後他說了一句我這些年在亞洲未曾聽過的話。

「葛瑞格，我哪裡也不會帶你去。」他說話的聲音很小，但是語調如此堅定，完全沒有商量餘地。

「我不會這麼做。我們要回喀布爾。」

稍晚，當沙爾法拉茲和我驅車離開瓦罕走廊，朝著我們之前走過的路往喀布爾而去，我突然有種不祥的預感，不止一次而是兩次沒能登上帕米爾高原，會不會表示波札貢拜和K2一樣，變成我一輩子遙不可及的地方。這次從瓦罕撤退讓我不安地聯想到一九九三年的秋天，我拒絕從K2撤退到巴托羅冰川，當時我迷了路，在曠野中度過一夜，最後狼狽地撞見科爾飛村。

從幾個角度來看，上次的潰敗和這次如出一轍。這兩次經驗讓我感到嚴重挫敗，因為達不到對我重要且有意義的目標。更糟的是，這兩個經驗都迫使我了解自己讓承諾的對象失望了。攀登K2那一次，我承諾要把妹妹克莉絲塔戴過的項鍊留在峰頂上，卻違背了誓言。波札貢拜這一次，我將對吉爾吉斯騎馬人食言。雖然我們已經成功地從法札巴德到沙爾哈德建造了二十一所學校，幾乎瓦罕走廊的每個村落都有一所；然而，唯一尚未到達的村子，卻代表我們當初冒險進入阿富汗的承諾。眼看另一個冬天即將到來（這是第十一個！），彷彿註記著我們仍舊無法實現當初的諾言——這個承諾意義最為重大，因為在這條路盡頭所有我們想要服務的人，沒有一個比吉爾吉斯人更需要我們的幫助。

然而，我當初攀登K2的失敗和現在的情況還是有所差異。有別於十六年前那個在巴托羅冰川上迷路並受到素昧平生的村民善意對待的失敗登山客，我的身邊已沒有陌生人，也不再迷失。沙爾法拉茲和我一路無語地離開瓦罕，儘管當時我還不清楚，但是在世界屋脊上建校的這個幾乎不可能完成的任務即將展開。

第十七章

最後完成的一所好學校

世界遺棄了阿富汗。

——阿哈馬・拉希德，《全球聖戰》（二〇〇一年）

前往阿富汗瓦罕東部的犛牛隊伍

那一季的第一場暴風雪在九月五日侵襲瓦罕東部，高達八英寸的積雪讓沙爾法拉茲不得不回到巴達桑省，當時的他穿越阿富汗北部要完成另一場漫長而艱難的衝刺。他在喀布爾向我道別之後，立刻搭機飛到法札巴德，確認卡瑪斯和瓦希德·可汗已經在穿越塔吉克的路上。他在那裡租了第二輛卡車，準備從巴哈拉克搬運另外四十袋水泥和吉爾吉斯學校的門框與窗框到沙爾哈德。當第二輛卡瑪斯啟程往東邊去，沙爾法拉茲立刻趕在前頭往沙爾哈德去，要在當地想辦法湊齊十二頭犛牛。這是個大挑戰，因為當時犛牛都在高海拔的夏季牧場放牧，三個星期之後才會下山。

當沙爾法拉茲正為犛牛煩惱時，瓦希德·可汗正在瓦罕的頂部穿越塔吉克，並在每一個休息站為卡車補充貨品。在法札巴德，他買了各式各樣的工具，包括泥刀、鐵鎚、錘線、合股線、打包用鋼絲，以及石匠用的角尺。在伊什寇生，他買了二十幾把鏟子、幾箱炸藥和八台手推車。過橋進入塔吉克之後，他一路北上霍羅格，又搬了砌地基用的三十八袋便宜俄國水泥和幾袋石灰上車。他在第二天抵達穆爾加布，確認了兩週前訂購的一百九十棵直徑四英寸的白楊樹已經剝去樹皮，鋸成十五英尺長的圓柱，用來架構學校屋頂。然後他和司機轉向南方到阿富汗邊界，在那裡通過了作為阿富汗北界的帶刺鐵絲網圍欄，然後跟著蘇俄坦克的舊時痕跡前往吉爾吉斯人的放牧地。

吉爾吉斯人帶著馬、羊、駱駝和犛牛，游牧在一塊兩千平方英里的區域。他們的人口大約兩千人，分成好些個族群。每個族群的人數都很少，以免對帕米爾高原的草原增加重擔。然而一年裡有幾個時間，他們會聚集在三個彼此相距大約三十五英里、呈三角形分布的營地。第一個營地在塔吉克邊界南方數英里外，坐落在恰克馬克湖東岸，這座湛藍淺水湖的第一次文字記載出現在玄奘至西方取經的著作《大唐西域記》中，玄奘於西元六四四年經過瓦罕回到中國：

至波謎羅川（音近帕米爾）……據兩雪山間，故寒風淒勁，春夏飛雪，晝夜飄風……播植不滋，草木稀少……波謎羅川中有大龍池……當贍部洲中，其地最高也。

瓦希德·可汗馬上就發現坦克履痕的形狀已然不完整，察覺到近二十年來已幾乎沒有車輛出入附近。卡瑪斯又花了一整天才抵達位於世界中心、吉爾吉斯人稱為卡拉吉勒加的營地，這裡毫無生活機能可言。公共設施包括三間坍塌的煤渣砌塊房子、二十頂圓頂帳篷、一個足球場大小的畜欄，畜欄四周環繞著低矮的土牆，用來保護這些游牧民族的牲畜不受壞天氣或是狼群的傷害。但是這裡值得一提的就是周圍牧場十分豐饒，這也是許多吉爾吉斯人每年夏天聚集到此的原因：廣大的草地上滿是厚實的青草，肥沃到能在十天內將最瘦的牲畜餵得又飽又胖。

坦克車的痕跡到卡拉吉勒加就消失了。接下來的十五英里，卡瑪斯在無路的草原上開路，輪胎重壓布滿礫石的三角洲，直到無法前進為止。到了這裡，必須卸下卡車上所有貨物，讓卡車調頭長路漫漫回到伊什寇生。那些剛卸下的工具和水泥必須改由犛牛隊負載，走完到波札貢拜的十五英里路程。

在這段時間，沙爾法拉茲已在沙爾哈德找到十二頭犛牛。當第二輛卡瑪斯載來了門框、窗框和水泥之後，他把這些建材全部馱上犛牛背，然後展開從西邊前往波札貢拜的三天艱難旅程。在這同時，另一組犛牛隊，也是由沙爾法拉茲籌組的六頭犛牛小隊，則把屋頂板從巴基斯坦馱過了艾爾沙德山口。

當這一切正在進行時，我回到美國盡力應付大量的大學演講邀請。在那些時間永遠不夠用的日子裡，我有時會在研討會的空檔躲到川堂裡，或是在通過機場安全檢查前停下來，打通電話給沙爾法拉茲確認進度。九月十日那一天，他告訴我由十二頭犛牛負載的建材已經抵達波札貢拜，他目前正在安排另外六頭犛牛，好去載運瓦希德・可汗在卡拉吉勒加和波札貢拜之間卸下的貨物。他預計在屋頂板從艾爾沙德山口運抵學校工地的同時也能回到工地現場。只要所有建材就定位，工程團隊就會立刻全力開工。

所有的事情看來都安排得極為巧妙，所以當我在九月十五日深夜接到沙爾法拉茲的電話時，心想他一定是來報喜訊的，告訴我工程進度正常，正火速朝向完工目標前進。不料，他告訴我他正在卡拉吉勒加，坐在病入膏肓、生命垂危的阿都・拉希德・可汗身邊。

即使在阿富汗這樣一個承受過多苦難與不幸的國家，也很少有人比阿都・拉希德・可汗更加命運多舛。一九三七年秋天，阿都・拉希德・可汗出生於媽媽和阿姨在恰克馬克湖旁搭建的圓頂帳篷裡。這位吉爾吉斯人領袖曾經目睹了他們民族史上最黑暗的時期，社會分裂和經濟衰敗幾乎從不間斷。一九七八年，當蘇聯入侵阿富汗前夕，吉爾吉斯人被迫放棄身家財產、遠離家園，到巴基斯坦尋求庇護，但是那裡的氣候和生活條件幾乎讓人無法忍受。如同我在第一章所述，當時他們分裂為二，比較大的族群決定接受土耳其政府提供的政治庇護，在一九八二年展開一項他們稱之為「最後出走」的旅程，前往安那托利亞，一直定居到今日。與此同時，比較小的族群無法離開家鄉，選擇跟隨阿都・拉希德・可汗回到帕米爾高原，重拾祖先的游牧生活方式——這個決定讓他們陷入阿富汗目前所面臨的混亂中。

在蘇聯占領的最後幾年，阿都・拉希德・可汗巧妙地運用策略，一邊與蘇聯軍隊合作（蘇聯在帕米爾高原大約有一千名駐軍），一邊私下提供阿富汗游擊隊補給與後勤支援。藉由混雜著外交和欺騙的手段，他得以避免眾人對憎恨的蘇聯採取狂亂的報復，同時受益於俄國人在貿易和發展上的協助。

然而蘇聯一退出阿富汗，境內彼此競爭的游擊山頭黨同伐異，讓這個國家陷入內戰；實際上，這一小群游牧民族發現自己的政府遺棄了他們。

一九九〇年代，塔利班逐步獲得權力並控制了國家百分之九十以上的地區，這宣告了巴達桑省以外地區與外界的聯絡通訊和接觸已全面斷絕。隨著時間過去，吉爾吉斯人益發貧窮與悲慘；當來自巴哈拉克的地方軍閥為了增加對抗塔利班的經費而在瓦罕種滿鴉片時，更加速了吉爾吉斯人的衰落。到了二〇〇一年冬天，當美國軍方為了報復九一一攻擊，驅逐塔利班分子使之四處流亡時，瓦罕的吉爾吉斯人正飽受鴉片藥癮、慢性營養不良、不當醫療照顧和經濟崩潰的蹂躪。到了這個地步，阿都·拉希德·可汗覺得他唯一的選擇就是求助。

二〇〇五年秋天，我在巴哈拉克的暴亂中首次和這位吉爾吉斯人領袖見面。他為了學校、醫療照顧、警察保護、獸醫服務、道路建設、郵局——任何可以證明吉爾吉斯真的屬於阿富汗的具體設施，第二次（還有第三次）離開瓦罕前往喀布爾懇求卡札政府；遇見當時，他正從這趟讓人筋疲力盡、費用過高的旅程中返回家鄉。他每一次的懇求總是得到誇大的承諾，但是從未實現——只有一次例外。二〇〇七年夏天，一輛破舊的灰色廂型車被派遣沿著和我們的卡瑪斯卡車相同的路線，緩慢吃力地穿越塔吉克邊界，循著坦克舊跡越過苔原，停在波札貢拜；在那裡，司機下了車，自行走路回家。那輛廂型車顯然是聯邦政府為了帕米爾東部的全面醫療照顧計畫而來，卻未運載任何醫療補給、任何護士或醫生，也沒有多餘的汽油。至今，那輛已經生鏽廢棄的車輛所負擔的唯一任務，很顯然只是為了證明，對於任何人來說吉爾吉斯人有多麼不重要。

二〇〇八年夏天，當我為了巴基斯坦總統的邀約而提早結束前往波札貢拜的旅程，吉爾吉斯人的處境愈來愈絕望。到目前為止，吉爾吉斯人能夠度過永無止盡的帕米爾冬天，完全仰賴他們唯一盟友瓦希德・可汗的幫助。他在每年雪季來臨之前的秋天，利用邊境保衛軍的貨卡運送一袋袋的麵粉、米、鹽、茶和衣服。即使有了這些幫助，這群游牧民族仍深受饑饉之苦，也頻頻遭受疾病的威脅。二〇〇八年到二〇〇九年那個漫長的冬季，終於讓吉爾吉斯人瀕臨崩潰邊緣，死亡人數達到新高。當春天來臨時，已有二十二人死亡，其中有十四名婦女或因懷孕問題或因產程不順而過世。以一個成人不到九百人的族群人口，這樣的折損讓人無法承受。這數據除了讓瓦罕東部變成全世界產婦及嬰兒死亡率最高的地區之外，也讓男女人口比率失衡，再加上那些來不及出生就夭折的嬰兒，要花十年以上時間才能恢復人口平衡。

兩個月後，村民尚未從這些死亡事件回過神來，有一架阿富汗軍用直升機在高山草原上轟轟作響，接著降落在波札貢拜。直升機內走出一個叫做阿布杜拉・阿布杜拉的政治人物，他花了數小時和大家握手，並詢問大家在即將到來的總統選舉會投票給誰。儘管政府的確花了力氣呼籲吉爾吉斯人參與選舉，到了二〇〇九年八月二十日選舉那天，卻沒有任何一個投票箱出現在帕米爾高原上。姑且不論這個錯誤源自於政府腐敗、官僚無能，或單純只是聯邦選舉委員會忘了吉爾吉斯人，這是阿都・拉希德・可汗和他的人民第二次在選舉時被剝奪投票權。（在二〇〇四年十月的總統選舉，的確有一個投票箱抵達帕米爾高原，但是在運回喀布爾時，運送的直升機在山區墜毀，那些選票也隨之消失。）

二〇〇九年未能將投票箱送達似乎暗示著羞辱的可能性，那就是阿富汗政府對吉爾吉斯人的漠不關心，已經嚴重到認為他們的選票一點也不重要。這種情況在阿都・拉希德・可汗向耆老尋求建議時，引起了一些令人沮喪又不安的問題。這些耆老詢問，在下個春季，全族人為何不帶著圓頂帳篷和牲畜，開始最後出走？如果阿富汗政府不要也不在乎他們，他們是否可能在中國、塔吉克或吉爾吉斯中找到一個願意接納他們的地方？到了這個地步，他們還有什麼損失？

九月的第二週，前幾年的艱苦與失望對這位年邁的吉爾吉斯地方軍閥產生了不良影響，他的健康狀況急轉直下。當阿都．拉希德．可汗臥病在床的消息傳到波札貢拜，沙爾法拉茲騎上他的長毛白馬卡吉爾，徹夜趕往卡拉吉勒加。儘管卡吉爾已經有一個星期沒休息了，牠還是在破曉之前完成了這趟三十英里的旅程。

當白馬與騎士步履蹣跚進入卡拉吉勒加，沙爾法拉茲看到數十名憂心的吉爾吉斯人聚集在阿都．拉希德．可汗的圓頂帳篷內外。這位領袖身上蓋著五、六條毯子，正受到充血性心衰竭的症狀所煎熬：他的皮膚濕冷、脈搏加速、呼吸困難；但是這些症狀都無法阻止阿都．拉希德．可汗看到沙爾法拉茲的極度不悅。

「你不是應該在蓋學校，為什麼來這裡？」他低啞地說。

「我聽說你生病了，」沙爾法拉茲回答：「一定得來看看你好不好。」

「你的職責不包括擔心我！如果你不在波札貢拜，我們的學校怎麼能在冬天來臨前完成?!」

當沙爾法拉茲聆聽訓斥，他了解到我們承諾要完成的任務突然變得無比緊急與重要。前一年吉爾吉斯人遭受的悲劇和背叛，讓波札貢拜的計畫不再只是建造學校而已。除了為這個族群的未來灌輸一點希望，這個計畫或許變成讓吉爾吉斯人在二〇一〇年春天不必拋棄家園、永遠流離失所的唯一原因。為了履行這項任務、實現諾言，一定得趕緊讓學校落成，但是時間就快不夠了。

第二天早上，當卡吉爾正在喝水並上鞍時，沙爾法拉茲打電話給我，告訴我危急攸關的狀況。

「這裡的狀況十分緊急，」他說：「你可以幫忙嗎？」

我當下的反應是拋下一切立刻飛去阿富汗，但是我立刻了解，我到了那裡也幫不上什麼忙。因此，我打了電話給瓦希德．可汗，他開始聯絡他在阿富汗和塔吉克軍方的朋友，詢問是否有辦法把阿都．拉希德．可汗後送到醫院。結果運氣不佳。然後我詢問伊斯蘭馬巴德阿斯卡瑞航空公司的伊利阿斯．米爾札上校，他的回答是：沒有官方的同意，從巴基斯坦最近據點出發的直升機，離卡拉吉勒加是犛牛走六天的距離。最後，我試著聯繫一位在新疆喀什的朋友契歐姆．穆罕默德，他負責組織從K2北側攀登的遠征隊，和中國軍方的關係很好。但是也落空了。

在無計可施的情況下，我做了一直以來希望避免的事：打開我的筆記型電腦，寫一封正式（並且非常不要臉）的電子郵件，企圖運用我在美國軍方最高階的新關係。

電子郵件的收件人有兩位：一位是陸軍少將柯提斯．斯卡帕洛帝，他是阿富汗東部的美軍指揮官；另一位是海軍上將艾瑞克．歐森，他主管位於佛羅里達邁克迪爾空軍基地的海豹特遣隊。這兩位將軍和中亞協會都曾有聯繫：斯卡帕洛帝曾於七月陪同穆倫上將到潘傑希爾河谷參加普什顧爾女子學校的落成典禮，歐森則指定《三杯茶》為派遣到阿富汗的特種部隊官兵必讀書籍。我在信中先解釋了我曾暗自立誓絕不因要求協助而增加美軍負擔，也說明了為何會違背誓言，並提供阿都．拉希德．可汗的所在位置和他目前的狀況。然後我直指問題的核心。

「我們也將完成為吉爾吉斯人建造的第一所學校，對阿都．拉希德．可汗來說，能夠活著看到學校在冬天之前開學是最重要的事。」我在信中寫道：「我了解這一定是個不可能的任務、瘋狂的請求，毫無希望達成，但是我無論如何要請求：如果有可能派一架直升機到以下地點將阿都．拉希德．可汗醫療後送到喀布爾或巴格蘭，我們會永遠感激。請原諒我唐突的請求，但是我們已經詢問過民間和阿富汗政府，卻得不到任何幫助。」

幾乎同時，我也向巴格蘭空軍基地的美軍送出請求，詢問他們是否能夠派一架奇努克直升機到瓦罕東部，把剩下的建材送到波札貢拜，這樣學校就能立刻動工。我希望奇努克能夠變成空中保險：如果醫療後送的希望落空，也許奇努克能在返回巴格蘭時順便載送阿都．拉希德．可汗，也算是一石二鳥之計。

歐森和斯卡帕洛帝都立刻慷慨地保證他們會討論對策，盡可能幫忙。那天深夜，歐森寫了一封信給美軍中央軍事指揮部指揮官大衛．佩特拉斯將軍，詢問有無可能到卡拉吉勒加醫療後送阿都．拉希德．可汗。第二天下午，佩特拉斯把歐森的信轉寄給喀布爾的國際維和部隊和美國軍方駐阿富汗的指揮官史丹利．麥克克里斯多上將。「史丹，」他寫道：「這聽起來是個穩固重要關係的機會，但是我了解路程非常遙遠。可行嗎？謝謝──大衛。」

幾小時後，麥克克里斯多把信轉給他的一位重要下屬。「葛瑞格．摩頓森說的話對我來說很重要，」他強調，「所以好好研究是否可行。」

當世界上最精密的軍隊機器開始運轉，我於是打電話給沙爾法拉茲。

「幫我告訴阿都．拉希德．可汗，援助即將來臨。」

如果這個長篇故事的最後一章是好萊塢電影情節，肯定很容易預料接下來會發生的事：第二天早上，十二噸重的雙迴轉翼奇努克直升機──二〇〇五年地震後在自由喀什米爾執行多項重要任務的同一架直升機──會讓卡拉吉勒加的每隻山羊、綿羊、馬、駱駝和犛牛嚇得魂飛魄散。奇努克在波札貢拜卸下了剩餘的建材之後，載運阿都．拉希德．可汗直線前進巴格蘭的醫院。直升機在興都庫什山脈的山脊上方逐漸遠離的戲劇性剪影訴說了瓦罕最偏遠角落裡，在傳統穆斯林、美國軍方和一個致力於推廣婦女教育的小小組織三者之間的獨特夥伴故事。

唉，可惜這裡不是好萊塢，而是阿富汗。在這裡上演的生命故事通常混亂、令人困惑，也不公平，更常脫稿演出。所以，真正的情況是這樣的。

電子郵件忙亂地在將軍和他們的部屬之間往返著，負責阿富汗東部的區域指揮中心正忙著標示各種可能路線。然後，九月十七日星期四，麥克克里斯多少將的評估小組有位航空顧問告訴他情況看來不太妙。衛星定位系統找到了阿都．拉希德．可汗的確切位置（用沙爾法拉茲的衛星電話傳送），發現醫療後送任務的撤離點距離中國不到「九號鐵桿的飛行距離」（大約一百公尺），對一個高度敏感的國界來說，這個距離近到足以引起外交事件。同樣麻煩的是，卡拉吉勒加附近欠缺加油站，而這趟飛行距離的耗油量逼近直升機油箱的臨界點，這也大幅增加了這趟任務的危險。最後，幾位軍醫在檢視了阿都．拉希德．可汗的症狀之後，認為以他的年紀來看，醫療對他的幫助極為有限。

一天後，我接到斯卡帕洛帝少將的電子郵件，說明這項任務過於艱難及危險，所以無法執行。「我很抱歉無法提供更多幫助。」少將寫著：「從巴格蘭出發的直升機需要耗費多日，由於海拔甚高，加上途中沒有休息點和加油站，將會極度危險。我會為阿都．拉希德．可汗祈禱。」

這不是我所希望的結果，但是當我看著將軍的回信，心中知道這是正確的決定。儘管評估小組的建議聽起來有些冷酷，卻顯現了最重要的問題：拿兩名美國直升機機組員的性命來冒險，同時又可能導致國際事件，只是為了一名恐怕藥石罔效的病人，這樣做對嗎？在我內心深處，我知道答案是否定的——於是我做了一個阿都．拉希德自己也會強烈同意的決定。「康曼達汗可汗也知道你們已為他的利益盡了最大考量，而他希望我代為表達他的深切感謝。」我這麼回信。

當我寄出這最後一封回信，我希望我誠摯的感謝能夠隱藏自己對於這個決定的同等失望——無論如何強調阿富汗人有多麼不幸，在那裡，沒有一件事會以我們視為理所當然的方式解決。

然而，在當時我並不真正了解，在阿富汗，混亂、困惑和不公平時而會以一種最不可能、神奇的方式交織在一起，照射出可能與希望的光芒，而那光芒將會超出好萊塢所能想像，以最好的方式呈現。

簡言之，這就是這個故事結束的方式。

尾聲

在神話中，這些鳥被馴服了。在艱困時期
牠們為了天堂而離開聖地，
而牠們的歸來是和平的誓約。
如果一隻灰鴿加入牠們，牠會在
四十天內變成白鴿。
而每第七隻鳥都是一個精靈。
——柯林・施伯龍，《絲路之影》

在瓦罕走廊波札貢拜的吉爾吉斯孩童

當九月五日那場暴風雪的積雪融化之後，天氣變得比較穩定，整個帕米爾高原籠罩在一片金黃色的秋意之中，而冬天亦尚未降臨。晴朗的白天和涼爽的夜晚創造出理想的建築條件，而當時的氛圍則瀰漫著緊急的氣息。每個吉爾吉斯人醒來的早晨，他們會向外凝視四周兩萬英尺高的山峰，並觀察雪線又往山谷裡下降了多少。九月中旬，雪線在海拔一萬六千英尺處，幾天之後，降到一萬四千英尺處。當雪線降到山谷底，那就表示大勢已去了。

九月十九日那天，我撥電話給沙爾法拉茲，讓他知道直升機任務取消，也發現他正在努力解決另一個混亂局面。到目前為止，他已經把所有瓦希德．可汗卸下的第一批建材運到波札貢拜，但是第二趟貨物卻在另一個地點卸貨——吉爾吉斯人在秋天使用的營地高茲克弘，位於塔吉克邊界南方約五英里處、恰克馬克湖的西岸。從高茲克弘到波札貢拜的路程耗時三天，但以沙爾法拉茲有限的犛牛數量，大約要一個月才能運完所有的貨物，包括最後幾包水泥和架構屋頂的一百九十根木頭柱子。以這種速度，學校絕對不可能及時完工。

同時，阿都．拉希德．可汗自己也有麻煩。當他生病的消息傳開，帕米爾高原上所有男女都放下手邊的工作，或徒步或騎馬趕赴卡拉吉勒加，以表達他們的祝福和支持。如此做當然十分感人並讓人鼓舞，但也表示當最需要人力的時候，波札貢拜的人力卻正在流失，而阿都．拉希德絕對無法忍受這種情況。「現在不是看著一個老頭死去的時刻，」他一點也不想克制挫折感，指責那些祈福者說：「如果你們不幫忙建造我們的未來，你們在這裡就一點價值也沒有！」

夜晚是這位病重領袖唯一的平靜時刻，他的家人會把他抬出圓頂帳篷外，讓他躺在蒼穹之下，仰望那些曾經指引他的祖先離開蒙古草原的繁星。也許就是在這些星座之中，他發現了那個正在尋找的答案。

第二天早上，阿都·拉希德召集所有人說明情況。他宣布，儘管美軍想方設法，仍舊不能派直升機載他就醫，或是把剩下的建築材料運到工地。以他目前的健康狀況，他決定接受命運，順從阿拉的旨意。但是，學校又是另一回事。

「我們生活在世界的邊緣，既然沒有任何援助會到來，我們沒有選擇，只好自己來。」他宣布：「學校是最優先的工作。到了這個地步，我們幾乎沒有任何剩餘的資源。但是從現在開始，我們做的每一事都只有一個目標。因夏拉，如果阿拉願意，我們要完成我們開始要做的事。」

因此，他發布了一項官方命令，要求立刻把帕米爾高原上所有可用的犛牛送到高茲克弘。所有跑得快的馬都集攏並上鞍，騎士由四面八方的草原出發移動。二十四小時之內，一長排毛茸茸的黑色野獸從四周高山往恰克馬克湖西岸而去。

當沙爾法拉茲打衛星電話給我，告訴我吉爾吉斯領袖的政令宣布，我認為為了讓學校及時完工，這個聰明策略將會讓一切步上正軌。但是更讓我印象深刻的是，隱藏在這個行動之下的無私和決心。阿都·拉希德·可汗揮霍了他個人財產和健康，只為了增進人民的福祉，他決心用盡最後的資本——一位將死之人最後願望所產生的精神力量——讓部落人民為了更大的目標聚集在一起。這是領導風範的最佳展現，也是一堂學習崇高、堅持和優雅的課，要到了路的盡頭，人們才會看到。而這些風範也帶來了感人的結果。

九月二十一日，四十三頭犛牛抵達高茲克弘，在那裡馱上水泥和木材後前往波札貢拜。帕米爾高原的人民從未見過如此景象，那是他們有生以來見過最長的犛牛隊伍；而還有更多犛牛在路上。

同時，六十多名吉爾吉斯男人趕往波札貢拜，協助來自查普森河谷負責建造工程的八名石匠。他們一天工作十四個小時，幫忙運水、攪拌水泥、粗搭屋頂骨架，只當婦女在空地上準備好午餐時短暫休息。我根據沙爾法拉茲所描述的情形判斷，這種景象簡直就像中亞版的阿米緒人合力建造穀倉。

所有工作的中心是一位鳥爪男人。從沙爾法拉茲的衛星電話追蹤定位系統所標記的地點，我清楚地看到他無所不在：在恰克馬克湖的南方不斷地數落犛牛的飼主，要他們催促犛牛走快一點；騎馬疾馳至學校去騷擾石匠；然後趕回高茲克弘監督第二趟犛牛隊伍是否組成，並繼續組織第三隊。我毫不費力地想像出他眺望遠方的山脈，記錄雪線又往下降了一百碼，然後無情地用登山杖鞭策蹂躪可憐又筋疲力盡的卡吉爾，趕往下一個地點。

一天晚上，七點三十分，我在波茲曼家中的電話聲響起。當時塔拉坐在屋外前廊，腿上是我們的狗塔許，開伯爾在起居室練習鋼琴，阿蜜拉則在廚房桌上寫數學作業。

「怎麼了？」我問。

「沒事，長官——學校建好了。」

我看了看桌上的日曆，日曆旁邊是小男孩阿都的照片，這個無父無母的孤兒技工，曾在我們第一次進入阿富汗北部、前往巴達桑省的路上，修好了我們的水箱和水管。那天是九月二十八日星期一。距離對阿都．拉希德．可汗的騎馬人許下承諾已經將近十年，如今，這項誓言終於實現了。

有人告訴我，夏天在帕米爾高原深處那個廣大碗狀的河谷，一眼望去會看到數以百計的綿羊和山羊低頭吃草，在那個河谷的中心有一條冰冷的藍色小溪蜿蜒通過如茵的草地，流入一座像天空般湛藍的小湖，而湖面和四周草地總是在從不停止的風勢吹拂下微微顫動。

有人告訴我，距離湖邊大約兩百碼，地面稍微隆起，隆起地面的南邊斜坡所形成的角度可以盡可能地吸收陽光；在那裡矗立著一所擁有四間教室的學校，地板是搗實的泥土，牆壁則是石頭建成的，窗戶和門框漆成漂亮的紅色。如果你站在門口、望向遠方，往南可以看到興都庫什山脈的頂峰，往東則可以看到中國的天山山脈；而如果你走到學校的後方，你會看到塔吉克的大帕米爾山脈完全占據了北方的天際線。

當我在十月初寫下這些文句時，有人告訴我，在明年春天之前，我們無法知道阿都‧拉希德‧可汗的進一步消息，不管他是生是死。要到明年春天，通往興都庫什山脈的山口才會再度開啟，才能再度策馬北上進入帕米爾。而現在，沙爾法拉茲必須為卡吉爾套上馬鞍，返回查普森河谷的艾爾沙德，回到已經九個月不見的家人身邊。同時，當草地被雪冰封、吉爾吉斯人也與外界斷絕一切聯繫的這六個月，有人告訴我，將會有大約兩百名學生入學，而他們所學的技能、所接觸的觀念，將會帶來沒有人預料得到的改變——有好的，也有壞的。

有人告訴我，阿都‧拉希德‧可汗的人民已經接受這種不確定性，因為他們孩子的心智就像學校旁那座湖的湖面，因為他們知道想要抑制教育所點燃的火焰，就像把石頭丟進湖裡並試圖用手防止漣漪形成一樣枉然。

這些事大多是沙爾法拉茲告訴我的，因為我始終未能親身到達波札貢拜，親眼看看這個地方；然而有一部分的我，心中還是希望有一天能夠成行。如果我終於能夠站在世界的中心、古絲路的要津，看看我們在阿富汗花園最偏遠角落種的花開得好不好，我會充滿感激。在我可能會有的情緒中，我想像我會為那些成就深感滿足與驕傲。而那也是為什麼另一部分的我認為，也許始終未能參觀那個地方其實是最好的結局。

不管喜不喜歡，我想要親眼看看在帕米爾高原上那所珍貴學校的原因，可能不符合我在學校落成上所扮演的角色；因為當我們認真探究，除了把一頭犛牛也載得動的美國民眾捐款送到那所學校之外，在波札貢拜完成的每一件事，其實都和我無關。我現在必須承認，我有一度很難接受這個事實。當我剛知道醫療後送阿都・拉希德・可汗和運送剩餘建材到波札貢拜的直升機不會啟航時，我對於事情的發展感到十分沮喪。畢竟我不止一次非常努力地想要到達吉爾吉斯人的居住地，而兩次都失敗了。現在美軍也是如此。毫無疑問地，我對這些結果非常失望，也對難以面對的真相視而不見；而這個真相是，對我們來說，嘗試很重要，更重要的是擁有失敗的經驗。

幾天之後，我卻開始了解，吉爾吉斯人所需要的，比起我、美軍或其他非他們族群之人所能提供的任何協助都來得珍貴和不可或缺。他們最需要的不是我們的幫助，而是自己有能力自助所產生的權能感受。

在上帝的慈悲下，他們毫無疑問地完成了他們想要的。

在阿富汗和巴基斯坦的一百三十一所中亞協會的學校，沒有一所比瓦罕吉爾吉斯人的學校更偏遠、海拔更高。在沙爾法拉茲・可汗的協助下，這座有四間教室的學校坐落在淺水湖旁的綠草坡上，屹立在海拔一萬兩千四百八十英尺高的「巴米當亞」（世界屋脊）中心。除了我們在科爾飛村的第一所學校，沒有一所學校比波札貢拜更貼近我的心，因為沒有一所學校像這一所一樣，對於人性尊嚴和自我價值刻畫得如此深刻、如此令人難以辯駁。

因為達成了政府、軍隊和非政府組織都失敗的任務，這一群貧困的游牧民族能夠在他們國度最高聳、最遙遠的角落，完成比建設學校更偉大的任務。他們燃起了希望之火，不僅照亮了吉爾吉斯人自己，也照亮了阿富汗每一個村莊和城鎮——這些地方的孩童渴望讀書，而他們的父母也夢想建造一所不只對男孩開放、也讓女孩就學的學校。特別是那些被手持AK-47步槍的男人所包圍的地方，那些男人抱持荒誕謊言，對著一個想要學習算數但也持續研讀《可蘭經》的女孩臉上潑電池酸液。

多虧了吉爾吉斯人所完成的事，現在所有阿富汗人民看著帕米爾高原，都會想起一群衣衫襤褸的騎馬人翻山越嶺找尋某人能夠幫他們建校的傳奇故事——結果是，最後完成學校、實現諾言的，是他們靠著自己的雙手去完成。

今日，那個傳奇故事就刻在學校牆壁的石頭上，當天空降雨，雨水洗刷牆面石頭，這個傳奇的話語就從山上流向阿富汗的田園、花園和果園裡。而當雨水和話語匆匆流逝，誰不會轉向身旁的人，帶著謙卑和敬畏悄聲地說：「如果**這所學校**是我們之中情況最差、最沒有價值和最受忽略的人有能力完成的，那我們還有什麼做不到的事？」

先不管我們所遭遇的一切，我們怎能不繼續用雙手守護這個破碎但壯麗的國家的命運，以及所有孩子（男孩和女孩）的未來？

而了解這所有一切之後，難道不該是時候把所有從我們身邊拿走的東西要回來嗎？

這些問題的答案展現了一則傳奇能夠運用支配的權力——而沒有人比那些遭到剝奪受教權的人，更深受真相糾纏或是忍受更大痛苦了。

如果我有機會和我的良師兼好友哈吉．阿里——不識字的他現正長眠於科爾飛村麥田旁的杏樹之下——分享這所四間教室小學校的故事，我相信他一定會讚許地點點頭。

他是了解微小事物價值的人。

致謝

現今，全球有一億兩千萬學齡兒童因為性別歧視、貧窮、非法剝削、宗教極端主義和政府腐敗，仍然無法識字，並被剝奪受教權。

我不斷希望與祈禱在下個十年，我們能盡全力讓更多孩子學習識字，並提供教育機會，而其中有三分之二是女孩。如果《石頭變學校》這本書能夠成為一種催化劑，那就再好也不過了。

如果要好好感謝過去十六年來，在這趟驚人旅程中扮演重要角色的數千位善良人士，篇幅肯定會和這本書一樣長。限於篇幅，我很遺憾無法在此一一致謝。

本書的兩位共同作者貢獻了數千個小時，幫助我將《石頭變學校》介紹給大家。麥克・布萊恩，謝謝你這一整年來幾乎每天堅持不懈地研究，為本書奠定了基礎。還有凱文・費達爾科，謝謝你幫我找到最扣人心弦的方式來建構敘事，並持續一百多天每天工作十六個小時，讓這本書得以在二〇〇九年十二月出版。你們最讓我感動的是，熱情地引導本書付梓過程中所表現的無私、謙遜和優雅。若沒有你們不懈的努力和耀眼的才能，絕對不會有《石頭變學校》這本書。我以一杯我們在瓦罕和巴提斯坦分享的犛牛酥油茶敬你們。巴夫（太棒了）！

感謝中亞協會蒙大拿辦公室八位不可思議的女人——珍妮佛・史畢斯（經理）、蘿拉・安德森、密雪兒・萊克斯森、琳西・蓋提爾、琳賽・葛力克、克莉絲提安・雷汀格、莎迪亞・阿什拉夫，以及潔娜薇芙・查玻。言語無法形容我有多麼感謝妳們過去三年來經營這個呈倍數成長的基層組織時所默默給予的耐心支持。另外也要感謝卡琳・若瑙、喬爾・卡勒瓦、絲特凡妮・福瑞斯、CPA、道格・查玻、特魯・庫瓦亞瑪、葛麗卿・布里納、夏儂・甘農、比利・德爾尼、陶希德・阿許拉夫，以及許多在中亞協會必須做到超越能力所及的諸事時，幫助我們持續下去的人。

我還要感謝多年來幫助我、激勵我的多位作者，包括《追風箏的孩子》、《燦爛千陽》的作者卡勒德・胡賽尼（和他的妻子蘿雅），同為人道主義者的他為本書寫序，也一直以卡勒德・胡賽尼基金會（www.khaledhosseinifoundation.org）名義幫助難民；《希望的理由》（*Reason for Hope*）一書的作者珍古德是我的好友，她的「根與芽計畫」（www.rootsandshoots.org）激勵了數百萬孩童；湯馬斯・佛里曼是一位作者暨《紐約時報》專欄作家，對我們的工作表達強烈興趣；最近出版《半邊天》（*Half the Sky*）一書的作者紀思道和伍潔芳夫婦，都相信給予婦女權力能夠改變世界；《後美國世界》（*The Post-American World*）一書作者法理德・札卡瑞亞相信教育是追求和平最強大的武器；《全球聖戰》和《一片混亂》的作者阿哈瑪・拉希德，分享了伊斯蘭宗教學校和聖戰士的全面知識；《夾縫之地》（*The Places in Between*）一書作者羅立・史都華，藉由青山基金會（www.turquoisemountain.org）來幫助阿富汗人民。還有《騎兵隊》（*Horse Soilders*）一書作者道格・史丹頓、《阿富汗的吉爾吉斯人和瓦希人》（*The Kirghiz and Wakhi of Afghanistan*）一書作者納齊夫・沙拉尼，以及《異教徒》（*I Is for Infidel*）一書作者凱西・甘農。

感謝過去十年來我有幸拜訪的數百所公私立學校和大學，他們都把《三杯茶》納入新生體驗、榮譽計畫，或是必讀書單裡。我生命中最有意義的經驗，有些就是我和這些師生交換啟發性的心得。對我來說，你們是真正的英雄！

那些走出自己、開始從事了不起的非營利工作的數十位青少年和兒童，你們真是激勵人心。包括：加勒特・魏斯和凱爾・魏斯（www.fundafield.com）、愛希莉・舒艾勒（www.africaid.org）、查克・波納爾（www.littleredwagonfoundation.com）、安娜・道森（www.peruvianhearts.org）、麻州劍橋小學的學生（www.cambcamb.org）、密西根州法明頓學校和康乃迪克州丹柏立學校的學生（www.schoolinsudan.org）。

同時也感謝那些報效國家的軍人，他們經常冒著生命危險，並總是與家人聚少離多。過去兩年來，我有幸拜訪數十個軍事基地、機構和軍事學校，並與其交流。謝謝美國參謀首長聯席會議主席麥克・穆倫上將撥冗參加我們在阿富汗女子學校的落成典禮，也謝謝他的夫人黛博拉把《三杯茶》這本書介紹給他。

我也要向以下軍事指揮官和他們的夫人致敬，他們和我分享不只一杯茶，也鼓舞了我：美國中央軍事指揮部指揮官大衛・佩特拉斯將軍、美國海豹特遣隊指揮官艾瑞克・歐森上將、國際（與美國）維和部隊駐阿富汗軍隊指揮官史丹利・麥克克里斯多上將、海軍航空指揮官湯瑪斯・基爾克蘭中將、海軍陸戰隊特種作戰指揮部指揮官馬斯廷・羅伯遜少將、美國海軍陸戰隊指揮官詹姆斯・康威將軍、海軍陸戰隊特種作戰指揮部副指揮官史蒂芬・戴維斯上校、國外地區（非洲）軍官傑森・尼克森少校、海軍航空部隊幕僚長理查・巴特勒上尉、駐阿富汗的兩位指揮官約翰・麥克當納少將和柯提斯・斯卡帕洛帝少將；以及所有的軍官、士官和所有在他們麾下服役的士兵。

我也想特別感謝五角大廈的約翰・柯爾比上尉的鼓勵，以及最後但並非最不重要的，克里斯多夫・柯蘭達上校，因為他有遠見，向阿富汗的長老們伸出友誼之手。

這十六年來，我們從未用過聯邦政府或美國國際開發援助署的一分一毛錢來建造學校或買一枝筆。但我的確欠加州共和黨眾議員瑪麗．波諾深深的感謝，她教我如何倡導巴基斯坦和阿富汗的女子教育。同時也要感謝：北達科他州民主黨眾議員厄爾．波馬洛伊、俄亥俄州共和黨眾議員吉恩．舒密特、蒙大拿州共和黨眾議員丹尼．雷貝格、蒙大拿州民主黨參議員馬克斯．鮑卡斯、緬因州共和黨參議員奧林匹亞．斯諾、科羅拉多州民主黨參議員馬克．烏達、印第安那州共和黨參議員理查．盧格、馬里蘭州民主黨參議員班．卡汀、麻州民主黨參議員約翰．凱利和他的妻子泰瑞莎．海因茨，以及前總統柯林頓、前第一夫人蘿拉．布希、老布希總統暨夫人、國務卿鮑爾和珊卓拉．歐康諾大法官。

我必須感謝以下七位觸動我生命的人，他們和我同為南達科他大學的校友：湯姆與梅蕾迪．布洛考夫婦和他們的家人、拉爾斯與阿洛．歐佛斯凱、唐與凱洛．柏克蘭，以及《今日美國》的創辦人艾爾．紐哈斯。

身為一名人道主義者，我也要感謝那些有奉獻精神的救援人員，他們在非常不利的環境下打擊文盲、疾病、貧窮、戰爭、環境惡化、違反人權等等不幸。

感謝威斯康辛雷河市的西城小學在一九九四年發起了「捐一塊錢給和平」活動，現在全世界已經有超過四千五百所學校參與這個活動——你就是世界和平的希望。

也感謝以下單位的支持：讀書俱樂部、婦女團體、工作坊、民間組織、退役軍人協會、美國大學婦女聯合會、書店、圖書館，以及每位助《三杯茶》一臂之力並推廣女子教育重要性的人。

我也要謝謝以下人士真實且堅若磐石的支持：喬治．麥克考恩、塔拉特．賈巴爾、茱莉亞．柏格曼、約翰與吉妮．邁森巴赫、喬伊．德蓋洛、羅伯特．厄文、南西．布拉克、安．拜爾斯德費爾、班．萊斯、查理．施曼斯基、比爾．蓋洛威、路易斯．羅和德博士、吉姆．威克懷爾、史蒂芬．斯溫森、安德魯與麗莎．馬可斯博士、大衛與尤妮絲．賽門森、瑪麗．佩格勒老師（我在非洲的第一位老師，年逾八旬，目前住在英國，還會寫信托海運寄給我）、潔妮與康拉德·安克、珍妮佛·威爾森、文斯與路易絲·拉爾森、萊拉、布藍特與金·畢夏、喬恩·卡拉克爾、約翰與安·里格比、湯尼·歐布萊恩、馬克與蘇—愛柏拉·詹金斯、基斯·漢伯格、里奇·高慕卡、傑夫·麥克米倫、安德魯·勞森、蘇珊·羅斯、尼克與林肯·貝里曼、塞勒馬·哈桑·阿里、沙密拉與薩希德·貝格、莎拉·湯姆森、約翰·顧薩、湯姆和茱蒂·沃恩、莎拉和索哈伊柏·阿巴西、安潔莉娜·裘莉、潘·海貝特醫生、已故的雷·羅伯茲（《三杯茶》原來的編輯）、尚·霍爾尼、帕齊·科林斯、迪爾德麗·艾特爾、吉姆與瑪格麗特·拜爾斯德費爾、寶拉·洛依德，以及荷西·弗爾凱特。

謝謝你，我的伊斯蘭導師薩依德·阿巴斯·瑞斯維先生，你是我所認識最謙遜的人，總是耐心地教導我伊斯蘭教的真義，也就是信仰寬容、正義和和平。願阿拉的祝福永遠與你和你家人同在。

我也要特別感謝在阿富汗及巴基斯坦的哈吉·尤瑟夫、哈吉·菲達·穆罕默德·納沙德、巴希爾·巴茲准將、伊利阿斯·米爾札上校、瓦辛·伊夫塔克哈爾·揚尤亞上尉、法魯克·瓦爾達克·薩哈·可汗、瓦希德·可汗、古拉姆·紐里斯塔尼、阿都·拉希德·可汗、瓦力·波茲·阿赫瑪帝、傑·阿格哈、胡珊大師、沙阿·以實馬利·可汗、塔什·伯伊、哈吉·伊布拉印、哈吉·穆罕默德·阿里、哈吉·阿都·阿奇茲、毛拉維·拉希迪、塔瓦哈、帕維、阿姿札、莉瑪、嘉涵、塔赫拉、魯賓娜、娜吉芭·米拉、比比·賴哈納，以及烏茲拉·法札德。還有兩位在我們初臨此地時就一直幫助我們，如今已不在人世，他們是哈吉·阿里，以及喬杜里·扎卡烏拉·邦古准將，這位慈悲天使在二○○七年於土耳其墜機身亡。

一直以來，我們深受美國企鵝出版集團無限恩惠，你們藉由出版《三杯茶》和《石頭變學校》這兩本書，讓數百萬位讀者看到我們一直在奮鬥的目標。你們的辦公室變成第二個家，你們的部落首領都是了不起的領袖，包括皮爾森的主席暨總裁瑪喬麗・斯卡迪諾、企鵝集團的主席暨總裁約翰・麥金森、美國企鵝集團的總裁大衛・山克斯、維京出版社董事長蘇珊・彼得森・甘迺迪、企鵝平裝本董事長凱瑟琳・寇特。

不用說，若是沒有我的編輯、導師兼登山同好、也是維京出版社發行人保羅・斯洛維克的引導，這本書無法完成。二〇〇三年我帶著《三杯茶》的概念到這家公司拜訪時，就是在他的辦公室裡討論我的想法。從那時開始，保羅一路陪伴著我，儘管我不時會失去聯繫，他始終對我保持信心。他的支持、智慧、編輯專業知識和堅定對我來說極其珍貴。

幾個月前，企鵝集團在紐約為我舉辦了一個派對，以慶祝《三杯茶》成人版和青少年版，以及《傾聽風的聲音》兒童繪本成績出色。我當時驚訝地發現，企鵝集團全公司上下有四百四十位同事在這幾本書或多或少盡了一份力！我要感謝你們的奉獻與心意，尤其是以下這些人，他們都密切參與了這本新書的出版：南西・雪波爾特、凱洛琳・科爾波恩、路薏絲・貝瑞佛曼、諾依琳・盧卡斯、埃爾克・西加爾、寇特妮・艾力森、大衛・馬汀、荷莉・華生、凱特・洛伊德、丹尼斯・史威姆、凱倫・邁爾、保羅・巴克利、潔思敏・李、珍妮佛・王、哈爾・費森登、薩比拉・可汗，以及公司合作夥伴的文字編輯希拉蕊・羅伯絲、查證員珍・卡沃利納，布萊恩・布魯納協助我們整合地圖、照片和資料。企鵝集團中我還要感謝的是愛琳・克瑞特、艾倫・沃克、潔基・費榭帝、蒂芬妮・湯姆林、珍娜・慕利門、凱特琳・普拉特、香塔・紐林、艾麗莎・尼豪斯，以及櫃臺的瑪麗蓮・希爾斯，她總是讓我不經許可就溜進辦公室裡。我另外要大聲感謝企鵝集團精裝本和平裝本的出色銷售團隊，他們向全世界各式各樣的書店熱情推銷我的書。最後，但並非最不重要的，謝謝你，飾演《追風箏的孩子》電影版女主角的阿圖莎・里奧妮，為《石頭變學校》和《三杯茶》青少年版的有聲版配音。謝謝大家！

當我童年住在坦尚尼亞時，我的父母登普西和潔琳・摩頓森每天晚上在燭光和後來的電燈下讀床邊故事給我、妹妹桑尼雅、凱芮、克莉絲塔聽。那些故事點燃了我們對世界和其他文化的好奇，也激勵我從事塑造我生命的人道工作。我終身奉獻在教育工作的母親，不斷給我啟發，而在一九八〇年因為癌症早逝的父親，他的精神永存我心，陪伴我去做每件事。爹地，你是我的巴巴、卡卡和拉飛奇（父親、兄弟和朋友）。也謝謝我出色的妹妹桑尼雅和凱芮、她們的夫婿狄恩・瑞文和唐・帝森，以及他們的家人——你們的愛與奉獻對我是很大的激勵。

謝謝我令人驚奇的孩子，阿蜜拉和開伯爾，我好愛你們。我很抱歉錯過了你們的大半童年，這是我工作中最讓人痛苦的現實，不能看到你們第一次走路、綁鞋帶或是騎車，讓我深感悔恨。你們總是無條件地愛我，我每一天都極為感謝能擁有像你們這麼棒的孩子，這多麼難得啊。現在我更常待在家，迫切想要慶祝在一起的每一刻。

塔拉，妳是我的妻子、密友、伴侶、知己、孩子的母親，以及我一生的至愛。我在一九九五年遇見妳六天就決定和妳廝守終生，對妳有無盡的感謝。過去十六年，我雖然經常無法陪在妳身邊，但是妳的支持與愛，使我能追隨我的心。謝謝妳無怨無悔的犧牲，也謝謝妳願意成為我這趟奇異旅程的避風港。

葛瑞格・摩頓森

二〇〇九年十月一日

如果您被《石頭變學校》的故事感動

如果您被《石頭變學校》的故事感動，也想付出一些心力，以下是一些您可以幫忙的方式：

1. 到本書的網站www.stonesintoschools.com，您可以看到更多資訊、書評、活動，和大家一起集思廣義。如果您要購買英文版，可以直接在網站線上購買，所有收入的百分之七將捐入中亞協會（www.ikat.org），作為巴基斯坦及阿富汗地區的女子教育獎學金。
2. 把《石頭變學校》推薦給您的朋友、同事、讀書會、婦女團體、教會、社會團體、清真寺、大學或是高中，或是介紹給任何關心教育、孩子閱讀識字能力、登山探險、文化交流、伊斯蘭教、巴基斯坦或阿富汗的團體們。
3. 請看看您的社區圖書館裡有沒有《石頭變學校》這本書，如果沒有，請捐這本書給圖書館，或者建議圖書館添購本書。此外，也邀請您在其他地區的親友採取同樣的行動。
4. 鼓勵您社區中的獨立書店或連鎖書店進這本書。
5. 在網路書局如亞馬遜（www.amazon.com）、邦恩諾伯（www.barnesandnoble.com）、博德書店（www.borders.com），或是部落格上寫書評。您的直接推薦能幫助這本書的傳播。
6. 請您當地報紙編輯或電台考慮介紹這本書。

7.「捐一塊錢給和平」（www.penniesforpeace.org）是特別針對學校孩童推動的活動，請您當地的學校參加這個活動、參與改變世界的行伍，從捐一塊錢、一隻鉛筆開始。從一九九四年以來，透個這個活動，中亞協會已經募集超過八百萬個一塊錢了！

8. 如果您願意支持我們推動教育和識字閱讀的工作，特別是幫助女孩子們，您可以捐款到我們組織：Central Asia Institute, PO Box 7209, Bozeman, MT 59771。我們的電話是1-406-585-7841，網址為www.ikat.org。在巴基斯坦或阿富汗，一個孩子一個月的教育費用是美金一元（約台幣三十三元），一隻鉛筆的費用是一分（不到台幣四毛），一位老師一天的薪水是美金一點五元。

9. 如果有媒體或《石頭變學校》相關的聯絡需要，請將電子郵件寄至info@stonesintoschools.com或電洽406-585-7841。

其他進一步資料，請聯絡：

中亞協會
Central Asia Institute
P.O.Box 7209
Bozeman, MT 59771
406-585-7841
www.ikat.org
info@ikat.org

國家圖書館出版品預行編目資料

石頭變學校 / 葛瑞格.摩頓森(Greg Mortenson)著；
劉復苓, 張毓如譯. -- 二版. -- 臺北市：馬可孛羅文
化出版：家庭傳媒城邦分公司發行, 2014.08
面；　公分. --（Eureka；2039）
譯自：Stones into schools
ISBN 978-986-5722-23-4(平裝)
1. 摩頓森（Mortenson, Greg）　2. 教育　3. 阿富汗
4. 巴基斯坦
520.9362　　　　　　　　　　　　103013735

【Eureka】2039
石頭變學校

原著書名❖Stones into Schools
原著作者❖葛瑞格・摩頓森（Greg Mortenson）
譯　　者❖劉復苓　張毓如
封面設計❖江宜蔚
總 編 輯❖郭寶秀
特約編輯❖曾淑芳

發 行 人❖涂玉雲
出　　版❖馬可孛羅文化
104台北市中山區民生東路二段141號5樓
電話：(886)2-25007696
發　　行❖英屬蓋曼群島商家庭傳媒股份有限公司城邦分公司
104台北市中山區民生東路二段141號2樓
客服服務專線：(886)2-25007718；25007719
24小時傳真專線：(886)2-25001990；25001991
讀者服務信箱：service@readingclub.com.tw
劃撥帳號：19863813　戶名：書虫股份有限公司
香港發行所❖城邦（香港）出版集團有限公司
香港灣仔駱克道193號東超商業中心1樓
電話：(852)25086231　傳真：(852)25789337
E-mail：hkcite@biznetvigator.com
馬新發行所❖城邦（馬新）出版集團
Cite (M) Sdn. Bhd.(458372U)
11 Jalan 30D/146, Desa Tasik, Sungai Besi, 57000 Kuala Lumpur, Malaysia
輸出印刷❖前進彩藝有限公司
初版一刷❖2010年6月
二版二刷❖2014年11月
定　　價❖320元（如有缺頁或破損請寄回更換）

ISBN：978-986-5722-23-4 (平裝)

城邦讀書花園
www.cite.com.tw